कार्यालय प्रबन्ध : सफल प्रबन्धक

भाग-1

कार्यालय प्रबन्ध : सफल प्रबन्धक

भाग-1

कविता सिंह

शिका पब्लिशिंग हाउस

पुर दिल्ली

इशिका पब्लिशिंग हाउस

ए -25, "गणेश सदन", गली न. 4, आदर्श बस्ती,
बी.एल. हाउस के पास, टोंक फाटक,
जयपुर-302018 (राजस्थान) भारत
फोन : 0141-2761280, Mob. 9887532741
Email: ishikapublishinghouse@yahoo.in

दिल्ली कार्यालय : 102, प्रथम मंजिल, 'सत्यम हाउस'
4324/3, अंसारी रोड़, दरियागंज, नई दिल्ली - 110 002
फोन : 011-45652440

ISBN: 9788189471231 (2 भाग)

टाइपसेटिंग : बी.एस. कम्प्यूटर्स, जयपुर

मुद्रक : थॉमसन प्रेस, नई दिल्ली

भूमिका

मनुष्य एक सामाजिक प्राणी है। समाज से दूर वह भाग नहीं सकता। बिना समाज के उसकी उन्नति होना असम्भव है। मानव उन्नति के लिए यह आवश्यक है कि मनुष्य अपने विचारों को मौखिक, लिखित अथवा किसी भी रूप में दूसरे मनुष्य पर व्यक्त करे। समाज में मौखिक विचार-विनियम (exchange of ideas) का इतना प्रभाव नहीं पड़ता जितना कि लिखित विचारों का समाज पर प्रभाव पड़ता है क्योंकि लिखित विचार एक स्थायी धरोहर हैं। अत: विचारों के आदान-प्रदान के लिए पत्र लिखने की आवश्यकता पड़ी। पत्र लिखने की दूसरी आवश्यकता इसलिए भी हुई कि आज के सभ्य समाज में मनुष्य का समाज उसके अपने नगर तक ही सीमित नहीं रहता। नगर से प्रान्त, प्रान्त से देश तथा देश से अन्तर्राष्ट्रीय (International) समाज बनाना मनुष्य का आज का अपना प्रयास ही नहीं अपितु स्वभाव बनकर रह गया है। कार्य दिवसों पर सरकारी दफ्तरों की केन्द्रीय रजिस्ट्री (Central Registry) में सभी तरह के पत्र प्राप्त किये जाते हैं जिन्हें डाक के नाम से सम्बोधित किया जाता है। इन सभी पत्रों को सरकारी अथवा राजभाषा (Official Language) में प्राप्ति कहा जाता है। केन्द्रीय रजिस्ट्री से ही सारी प्राप्तियाँ दूसरे विभागों, प्रभागों, शाखाओं और अनुभागों को भेजी जाती हैं।

आमतौर पर वे सभी पत्र जो एक दफ्तर या मन्त्रालय के नाम आते हैं एक निर्धारित लिपिक जिसे आवक लिपिक (Receipt Clerk) कहते हैं, द्वारा प्राप्त किये जाते हैं। अगर पत्र किसी अधिकारी के व्यक्तिगत नाम से आता है तो उस पत्र को आवक लिपिक बिना खोले उसी अधिकारी के पास भेज देता है।

केन्द्रीय रजिस्ट्री से आने वाली सारी डाक को दैनिकी लेखक अनुभाक-अधिकारी की मेज पर रखी हुई बाएँ हाथ की ट्रे में रख देता है। जैसे ही डाक ट्रे में रखी जाती है वैसे ही अनुभाग-अधिकारी उस सारी डाक का अच्छी तरह अवलोकन करता है और उन पर प्राथमिक और गौण (Primary and Subsidiary) शब्द लिखकर सारी डाक को दो श्रेणियों में विभक्त करता जाता है। नई आवती (F.R.) को छोड़ कर अनुभाग-अधिकारी सारी आवश्यक डाक को शाखा-अफसर या अवर सचिव को अवलोकनार्थ भेज देता है। जिस डाक को वह शाखा अफसर के पास भेजना आवश्यक नहीं समझता उसे अपने मातहत अमले (Subordinate Staff) के नाम अंकित कर देता है।

लेखक

अनुक्रमणिका

1

एक विवेचन

THE DISCRIMINATION

(क) सामान्य परिचय
(GENERAL INTRODUCTION)

मनुष्य एक सामाजिक प्राणी है। समाज से दूर वह भाग नहीं सकता। बिना समाज के उसकी उन्नति होना असम्भव है। मानव उन्नति के लिए यह आवश्यक है कि मनुष्य अपने विचारों को मौखिक, लिखित अथवा किसी भी रूप में दूसरे मनुष्य पर व्यक्त करे। समाज में मौखिक विचार-विनियम (exchange of ideas) का इतना प्रभाव नहीं पड़ता जितना कि लिखित विचारों का समाज पर प्रभाव पड़ता है क्योंकि लिखित विचार एक स्थायी धरोहर हैं। अत: विचारों के आदान-प्रदान के लिए पत्र लिखने की आवश्यकता पड़ी। पत्र लिखने की दूसरी आवश्यकता इसलिए भी हुई कि आज के सभ्य समाज में मनुष्य का समाज उसके अपने नगर तक ही सीमित नहीं रहता। नगर से प्रान्त, प्रान्त से देश तथा देश से अन्तर्राष्ट्रीय (International) समाज बनाना मनुष्य का आज का अपना प्रयास ही नहीं अपितु स्वभाव बनकर रह गया है। इस प्रकार की सामाजिकता को बनाये रखने के लिए पत्र-व्यवहार की आवश्यकता पड़ी।

पत्र-व्यवहार के दो रूप होते हैं। **प्रथम**, साधारण या प्रारम्भिक (Elementary), **दूसरा**, उन्नत (Advance)। प्रारम्भिक पत्र-व्यवहार या प्रारम्भिक आलेखन की शैली बहुत साधारण तथा सरल होती है तथा इसमें विचार भी सरलता से व्यक्त किये जाते हैं जबकि उन्नत आलेखन की अपनी एक विशेष शैली होती है। उस शैली में परिवर्तन करना असम्भव होता है। जिसे हम प्रारम्भिक आलेखन कहते हैं उसे विषय के दृष्टिकाण से नीचे लिखे शीर्षकों में बाँट सकते हैं।

1. पारिवारिक-पत्र (Family Letters)—इसके अन्तर्गत सगे-सम्बन्धियों को पत्र लिखे जाते हैं। ऐसे पत्रों का विषय एकदम परिवारों के समाचारों तथा समस्याओं तक ही सीमित रहता है। जैसे शुभ समाचार, बधाई समाचार, शोक समाचार आदि।

2. निमन्त्रण-पत्र (Invitations Letters)—किसी भोज तथा उत्सव पर जब सम्बन्धियों या मित्रों को बुलाया जाता है तो निमन्त्रण-पत्र लिखे जाते हैं।

3. व्यावहारिक-पत्र (Formal Letters)—व्यावहारिक पत्र समाचार-पत्र के सम्पादक के नाम, नगर-पालिका जैसी संस्थाओं के अधिकारियों के नाम विविध विषयों पर लिखे जाते हैं।

4. व्यापारिक-पत्र (Commercial Letters)—किसी फर्म का प्रबन्धक, व्यवस्थापक या संचालक अपने व्यापार की उन्नति के लिए दूसरे व्यापारियों के नाम पत्र लिखता है। इस प्रकार के पत्र नगरीय (Local) प्रादेशीय (Inland) अन्तर्राज्यीय (Inter-state) एवं अन्तर्राष्ट्रीय (International) स्तर पर व्यापारियों तथा फर्म द्वारा लिखे और भेजे जाते हैं। इस प्रकार के व्यवहार से व्यापार में चार चाँद लग जाते हैं।

5. आवेदन-पत्र (Applications)—प्रार्थी की ओर से अवकाश हेतु, रिक्त पद पर नियुक्ति हेतु आदि जैसे विषयों पर उच्च अधिकारियों के नाम जो पत्र लिखे जाते हैं उन्हें आवेदन-पत्र कहते हैं।

(ख) पत्र लिखने की आवश्यकताएँ
(NECESSITIES TOWRITE-LETTERS)

प्रेषक का पता—पता लिखते समय मकान नम्बर, गली नम्बर, मोहल्ला, नगर, जिला, प्रदेश एवं पिन कोड सभी कुछ लिखना चाहिए। पूरा पता लिखने से सबसे बड़ा लाभ यह है कि पत्र प्राप्त करने वाला तुरन्त यह समझ लेता है कि पत्र कहाँ से आया है। **दूसरा लाभ** यह है कि पत्र प्रापक के पास यदि प्रेषक का पता अंकित नहीं है—जैसा कि बहुत से लोग करते हैं—तो उसी पते पर पत्रोत्तर भेज दिया जाता है। यह सब कुछ पत्र के दायीं ओर सबसे ऊपर लिखा जाता है।

दिनांक—पत्र पर पते से ठीक नीचे दायीं ओर पत्र लिखने की तारीख लिखी जानी चाहिए। तारीख लिखनें से यह ज्ञात होता है कि पत्र वास्तव में कब लिखा गया और निश्चित स्थान पर पहुँचने में कितना समय लगा। पत्र का उत्तर देने में भी सुविधा रहती है और पत्रोत्तर देने में विलम्ब से बचा जा सकता है।

सम्बोधन तथा अभिवादन—यह सब कुछ पत्र के बायीं ओर लिखा जाना चाहिए। सम्बोधन तथा अभिवादन (Salutation) लिखते समय यह ध्यान रखना चाहिए कि आयु, सम्बन्ध तथा पद के अनुसार सम्बोधन व अभिवादन शब्द बदलते रहते हैं जिनका यथा स्थान वर्णन किया जायेगा।

पत्र का मुख्य भाग—प्रेषक इस भाग में उन सभी समाचारों को लिखता है जो पत्र पाने वाले को भेजने हैं। सम्बोधन तथा अभिवादन के बाद पत्र के मुख्य भाग को एकदम नई पंक्ति से तथा नये अनुच्छेद (Paragraph) से आरम्भ करना चाहिए। इसी भाग में सर्व प्रथम प्राप्त पत्र का हवाला (Reference) अवश्य ही देना चाहिए।

स्वनिर्देश—पत्र का मूल विषय समाप्त होने के बाद पत्र प्रेषक को अपने पद तथा निजी सम्बन्धों के आधार पर स्वनिर्देश (Subscription) लिखना चाहिए। स्वनिर्देश शब्द भी निजी सम्बन्धों के आधार बदलते रहते हैं जिनका उल्लेख यथा स्थान किया जाएगा।

हस्ताक्षर—स्वनिर्देश के ठीक नीचे पत्र प्रेषक की अपने हस्ताक्षर करने चाहिए। बिना हस्ताक्षर के पत्र अमान्य माना जाता है तथा उस पर किसी प्रकार की कार्रवाई हेतु उचित ध्यान दिया जाना आवश्यक नहीं।

पता—पता भी पत्र का एक आवश्यक अंग है और परीक्षा में पत्र लिखते समय पता अवश्य लिखना चाहिए। पते के दो भाग होते हैं। **प्रथम भाग में** सेवा में लिख कर अगली पंक्ति में पत्र पानेवाले का नाम, दूसरी पंक्ति में उसकी उपाधियाँ या पद, तीसरी पंक्ति में मकान नम्बर, गली नम्बर या मोहल्ला, चौथी पंक्ति में गाँव या कस्बे का नाम, पाँचवी पंक्ति में नगर का नाम तथा डाकघर और अन्तिम पंक्ति में मण्डल तथा प्रदेश का उल्लेख होना चाहिए। आजकल पिनकोड लिखने की भी प्रथा है। पिन कोड अवश्य ही लिखा जाना चाहिए इससे पत्र के शीघ्र पहुँचने की सम्भावना रहती है। **द्वितीय भाग** में पत्र के बायीं ओर प्रेषक का पता लिखा जाता है। लिफाफे पर बायी ओर पता लिखने का सबसे मुख्य कारण यह है क यदि पत्र अपने गन्तव्य स्थान (Destination) पर किसी कारणवश न पहुँच सके अथवा डाकिया द्वारा किसी कारण से वितरित न किया जा सके तो पत्र डाकघर द्वारा पत्र भेजने वाले को वापिस कर दिया जाता है।

इन सभी अंगों का निर्देश पत्र लिखते समय निम्न रूप में करना चाहिए—

रूप-रेखा

(1)	**प्रेषक का पता**	10991, चौधरीवाड़ा, सिकन्दराबाद-203205 बुलन्दशहर (उ. प्र.)
(2)	**दिनांक**	5 जनवरी, 2009
(3)	**सम्बोधन** **तथा** **अभिवादन**	पूज्य पिताजी सादर प्रणाम **या** प्रिय श्री जैन, सस्नेह आशीर्वाद
(4)	**मुख्य भाग**	आपके / तुम्हारे पत्र दिनांक ...... के उत्तर में निवेदन है कि........
(5)	**स्वनिर्देश**	आपका सेवक
(6)	**हस्ताक्षर**	मोहनलाल
(7)	**पता**	

(i)—श्री रमेशकुमार शर्मा
ग्राम-पौण्ढरी,
डा. बुलन्दशहर
जि. बुलन्दशहर (उ. प्र.)
पिन-203001

(ii) —श्री नैनसुखदास सागर
एम. ए., एल. टी.,
उप-प्रति विद्यालय निरीक्षक,
मुजफ्फरनगर (उ.प्र.)
पिन-251001

(ग) सम्बोधन एवं परिसमाप्ति
(SALUTATIONS & SUBSCRIPTIONS)

सम्बोधन	**अभिवादन**	**स्वनिर्देश**
बड़े पुरुषों के लिए		
पूज्यपाद	नमस्ते	आज्ञाकारी
माननीय	प्रणाम	दास
मान्यवर	चरण-वंदना	सेवक
बड़ी स्त्रियों के लिए		

पूजनीया	नमस्ते	दास
श्रीमती	चरण-वंदना	सेवक
पूज्या	प्रणाम	आज्ञाकारी

बराबर वालों के लिए

मित्रवर	नमस्ते	आपका
प्रियवर	नमस्कार	शुभचिन्तक
प्रिय	जय रामजी की/जय हिन्द	शुभाकांक्षी आदि

पति के लिए

प्रियतम	नमस्ते	प्रियतमा
हृदयेश	वंदना-चरण	अर्धांगिनी
प्राणनाथ	चरण स्पर्श	अभिन्नहृदया आदि
राम	—	आपकी अपनी ही

पत्नी के लिए

प्राणप्रिये	नमस्ते	प्रणयी
प्राणेश्वरी	आशीष	प्रेमपात्र
मधुलिके	—	तुम्हारा

छोटों के लिए

चिरंजीव	शुभ	शुभचिन्तक
आयुष्मन्	आशीर्वाद	हिताकांक्षी
प्रियवर	प्रसन्न रहो	हितेच्छुक

छोटी स्त्रियों के लिए

आयुष्मती	आशीर्वाद	शुभेच्छुक
प्यारी देवी	सौभाग्यवती रहो	हितचिन्तक

2. निमन्त्रण पत्र

प्रिय महोदय	—	कृपाकांक्षी
प्रिय महाशय	जय हिन्द	अनुग्रहाभिलाषी
महाशय	—	आपका कृपाकांक्षी

3. व्यावहारिक पत्र

प्रिय महाशय	—	भवदीय
प्रियवर	जय हिन्द/जय रामजी की	आपका

4. व्यापारिक पत्र

महोदयगण	—	भवदीय
महोदय	—	आपका
प्रिय महोदय	—	आपका

5. आवेदन-पत्र

महोदय	—	भवदीय

□□□

2

पत्रों के विभिन्न रूप
DIFFERENT TYPES OF LETTERS

(क) पारिवारिक-पत्र
(i) बड़ों के लिए पत्र

पुत्र की ओर से पिता को पत्र—1

9-ए/73, पश्चिमी विस्तार क्षेत्र,
करौल बाग, नई दिल्ली-110005
दिनांक : 2-5-2009

पूज्य पिताजी सादर प्रणाम,

आशा है कि आप पुर्लिया अस्पताल से स्वास्थ्य-लाभ करके घर लौट आये होंगे और घर पर भी अब आपका स्वास्थ्य बिल्कुल ठीक ही होगा ऐसी आशा है। वैसे आप स्वयं परेशान हैं अत: मैं अपने कार्य-कलापों से आपको और परेशान तो नहीं करना चाहता था पर विवश होकर लिखना पड़ रहा कि इस मास का मासिक व्यय अभी तक प्राप्त नहीं हुआ, जबकि प्रत्येक मास की प्रथम तिथि को मुझे अपना दर्शन देकर कृतार्थ करते थे। यहाँ 15-5-2009 से ग्रीष्मावकाश होने के कारण विद्यालय बन्द होने जा रहा है। अत: बड़ी परेशानी में पड़ा हुआ हूँ कि क्या करूँ? मेरी परिस्थिति को समझते हुए तार द्वारा रुपया भेजकर मेरा उद्धार कीजिए जिससे बिछड़ी हुई आत्मा अपने स्थानपर पहुँचकर निश्चिन्तता की साँस ले सके और आपकी सेवा सुश्रषा की जा सके।

पूज्य माताजी, चाचाजी तथा चाचीजी को नमस्ते और अनुजों को यथायोग्य प्यार।

आपका आत्मज़
प्रेमचन्द रस्तोगी

शिष्य की ओर से गुरुजी को पत्र—2

राजकीय दीक्षाविद्यालय,
हरिद्वार–249401
दिनांक : 1–9–2009

आदरीय तथा पूजनीय गुरुजी सादर प्रणाम,

यदि आप भूले न होंगे तो यह तुच्छ प्राणी आपका किसी समय एक तुच्छ शिष्य था। आपकी कृपा से इस तुच्छ सेवक ने आज वर्तमान पद प्राप्त किया है। अब मैं चाहता हूँ कि आपकी कृपा से डी. लिट. हेतु शोध कार्य करूँ। इसके निमित्त मैंने निम्न विषय चुने हैं। कृपा कर अपनी सद् सम्मति देकर कृतार्थ कीजिए और यह भी परामर्श देने का कष्ट कीजिए कि इन विषयों में से कौनसा विषय उपयुक्त रहेगा और शोध–कार्य के लिए किन–किन पुस्तकों का अध्ययन आवश्यक है।

विषय ये हैं—

(1) कबीर तथा उनकी संस्कृति

(2) हिन्दी साहित्य में सतसई परम्परा

(3) हिन्दी भाषा का भूगोल

(4) पंत–साहित्य पर पाश्चात्य साहित्य का प्रभाव

आशा है कि शीघ्र ही आपका उत्तर प्राप्त होगा। कष्ट हेतु धन्यवाद।

आपका कृपापात्र,
गोकुल प्रसाद जैन

(ii) बराबर वालों के लिए पत्र

मित्र को पत्र—3

5–ए/210, करौल बाग,
पश्चिमी विस्तार क्षेत्र,
नई दिल्ली–110005
दिनांक 10 फरवरी, 2009

प्रिय श्री प्रेम,

मेरी ओर से आपको सदा यह शिकायत रहती है कि पत्रोत्तर समय पर नहीं दिया जाता। पर भई! यह ज्ञात होना चाहिए कि वियोगपक्ष संयोगपक्ष की अपेक्षा अधिक

प्रबल है। यदि प्रेम को प्रेम का बदला प्रेम-पत्र में तुरन्त मिल जाय तो उससे क्षणिक (momentary) आनन्द ही प्राप्त होगा क्योंकि जो मजा हिज्र-ए-यार में देखा वह विसाले-यार में न देखा। क्यों, ठीक कहा न? फिर आप तो हिन्दी साहित्य के प्रगाढ़ पण्डित हैं तब भी इस प्रकार का आक्षेप। आपने पदमावत्, विद्यापति, सूर, तुलसीदास सभी प्राचीन तथा आधुनिक कवियों का वियोगपक्ष पढ़ा है। कितना मार्मिक है। वियोग के पश्चात् संयोग मानों मृत्यु उपरान्त स्वर्ग या आत्मा का परमात्मा में मिलना है। शृंगारिक संसार, जो सूर्य के समान प्रकाशवान् तथा तापयुक्त है, को यदि चन्द्रमा की शीतलता नहीं मिलेगी तो संसार अपने शृंगार से ही भस्म हो जायेगा। आप तो जानते हैं कि सागर और चन्द्र का चोली-दामन का साथ है। सूर्य उसको नष्ट नहीं कर सकता। सूर्य द्वारा उत्पन्न विघ्न चन्द्र की शीतलता से तुरन्त नष्ट हो जाएगा।

आशा है आपकी शिकायत का समाधान हो गया होगा। यदि अब भी किसी प्रकार का भ्रम हो तो बताइएगा। यदि छुपाया तो अच्छा नहीं।

आपका शुभाकांक्षी

रामचन्द्र सिंह सागर

बहिन के नाम पत्र—4

57, सुभाष नगर,
मेरठ-201003

दिनांक 10-11-2009

प्रिय बहन शान्ति नमस्ते,

मैं तुम्हें भूल गया, राम-राम। भला निराश, दुखित तथा पद-दलित राम कभी शान्तिदायक बहिन शान्ति को भूल सकता है। पत्रोत्तर शीघ्र न देने का तात्पर्य यह तो नहीं होता कि सदैव के लिए ही शान्ति का बहिष्कार कर दिया हो। तुम्हें मालूम होना चाहिए शान्ति! कि सागर पर सूर्य का ताप, चन्द्रमा की शीतलता, नदियों का अपार जल, घन पर घन, वर्षा पर वर्षा, हिम पर हिम आदि अनेक प्राकृतिक अवयवों का दिन-रात आक्रमण होता है, पर सागर सबको सभी का उचित अनुदान प्रदान कर सबको प्रसन्न रखता है। एक के भी अभाव में सागर में ज्वार-भाटा उठने लगता है और लहरों के रूप में बड़े-बड़े तूफान आ जाते हैं जिससे संसार भयभीत हो उठता है। इसी प्रकार तुम्हारे अश्रुओं को पोंछनेवाला यह भाई बहिनों तथा अन्य मित्रों को यथायोग्य प्रेम-अनुदान प्रदान करता है। यदि ऐसा न हो तो जीवन में अशान्ति रूपी तूफान आकर इस शरीर रूपी संसार को नष्ट कर देगा ऐसी परिस्थिति में किस का सहारा रहता है—केवल शान्ति का। राम ने शान्ति को बहिन के रूप में इसलिए तो नहीं अपनाया कि स्वयं दुखित हृदय के भावों से निर्मल

शान्ति को मलिन कर दिया जाए। राम की उन्नति के लिए राम को पग-पग पर शान्ति की आवश्यकता है। चाहिए चारों ओर शान्ति। राम डरता है कि शान्ति डर कर कहीं राम का हाथ न छोड़ दे, क्योंकि शान्ति उसकी सहोदरा तो नहीं।

तुम्हारा भाई

रामानन्द कुलश्रेष्ठ

रूसी महिला की ओर से लेखक को हिन्दी में लिखा गया एक पत्र-5

फ्रून्जे-2,

किरगीज सोवियम सोशलिस्ट रिपब्लिक,

यू.एस.एस. आर.

दिनांक 7-5-2009

श्रीमत् भाई

नमस्ते

आपका पत्र और फोटो मिला पर जवाब देर से दे रही हूँ। इसके लिए आपसे क्षमा चाहती हूँ। आशा है कि आप इस बात पर मुझसे नाराज न होंगे। आपका अच्छा मित्रतापूर्ण पत्र पढ़कर मुझे बड़ी खुशी हुई। मैं इतना जानती हूँ कि आप हमारे मित्र हैं और हम दोनों बच्चों को पढ़ाते हैं।

पत्र मित्र बनाकर हम दोनों एक-दूसरे की समझ व समझा सकेंगे। आपके देश भारत और आपके देश के रहने वालों में मुझे सदा से ही दिलचस्पी रही है। और मेरी दिलचस्पी इतनी ज्यादा बढ़ गई है कि मैं भारत के लोगों को बहुत ही इज्जत से देखने लगी हूँ। मेरी ही नहीं बल्कि हमारे देश के सब लोगों की यही मनोकामना है कि भारत और रूस की मित्रता सदा बनी रहे, सदा अमर रहे।

मेरे पत्र से आपको मालूम होगा कि मैं हिन्दी भाषा अच्छी नहीं जानती हूँ। मेरे पत्र मं गलतियाँ होंगी। गलतियों के लिये आपसे क्षमा चाहती हूँ। मेरी मनोकामना हिन्दी भाषा अच्छा जानना बहुत दिनों से है। इस विषय में मैं आपकी सहायता चाहूँगी। आशा है आप अवश्य ही मेरी कुछ सहायता करेंगे। कोई पुस्तक जिससे हिन्दी अच्छी सीख सकूँ भेजने का कष्ट करें। मैं आपकी अत्यन्त आभारी रहूँगी। आप भी लिखिये कि आपको यहाँ से किस-किस चीज की जरूरत है। मैं भेजने में जरूर कामयाब हो जाऊँगी।

आप सोचते होंगे यह भी कैसी मित्र है। अपना कुछ परिचय दिया नहीं और करने लगी बड़ी-बड़ी बातें। अब मैं आपको अपने विषय में कुछ बतलाना चाहती हूँ। मैं एक रूसी लड़की हूँ। मेरी आयु इक्कीस वर्ष है। पिछले साल मैंने विश्वविद्यालय की

उपाधि पाई है और किर्गिजिया की राजधानी फ्रून्जे में काम करने लगी। मैं हिन्दी, उर्दू, अंग्रेजी कुछ जानती हूँ। मेरी रुचि पुस्तकों और संगीत की ओर अधिक है। इसके अतिरिक्त मैं प्राकृतिक दृश्य की बहुत प्रेमी हूँ। हिन्दी या उर्दू में लिखी हुई कहानियों से बड़ा आनन्द आता है।

अपना परिचय भेजने का कष्ट करें। पत्र का जवाब शीघ्र देने का कष्ट करें। आपके लिए, आपके घरवालों के लिए, आपके देशवासियों के लिए मेरी शुभकामनाएँ ग्रहण कीजिए।

आशा है कि आप स्वस्थ व सकुशल होंगे। मैं आपको अपना फोटो भेज रही हूँ। हार्दिक शुभकामनाओं के साथ,

आपकी रूसी बहिन

वालिया

हंगरी-निवासी डा. श्री आर्पाद देब्रेत्जनी की ओर से हिन्दी में लिखा गया लेखक के नाम पत्र-6

बुडापेस्त, 3, सिलाधेगी

कोसुध लाजोस उत्का 6,

हंगरी।

अप्रैल 1, 2009

भाई सागर

मुझे आपके द्वारा प्रेषित मार्च 16, 1962 का पत्र और आपके द्वारा प्रेषित दिसम्बर 15, 1961 का पत्र एवं आपके द्वारा लिखित दोनों पुस्तकें "प्रारम्भिक आलेखन" तथा "हिन्दी व्याकरण परिचय" मुझे सब मिले। उनके लिये आपका धन्यवाद। मैंने इतनी देर तक उत्तर नहीं दिया उसका कारण था। मैं दो बार बीमार था और मुझे विश्वविद्यालय में तथा घर पर भी बहुत-सा काम करना पड़ा। मेरे विलम्ब का एक अन्य कारण था कि मुझे लिपस्टिक भेजने की आज्ञा प्राप्त नहीं हो सकी। परन्तु मेरे मित्र रदो को अभी तक एक लिपस्टिक पर आज्ञा मिली और उसने अभी तक आपको लिपस्टिक भेज दी है। भेजने की आज्ञा मिलते ही मैं भी एक लिपस्टिक भेजूँगा। मेरे विलम्ब के लिए मुझे क्षमा कीजिए।

आपके द्वारा प्रेषित आपकी दोनों पुस्तकें बहुत अच्छी हैं। मैं अपना विचार उनके सम्बन्ध में थोड़े समय के बाद लिख दूँगा।

आपको मेरी पुस्तक मिली इसके कारण में बहुत प्रसन्न हूँ। आपके द्वारा ''देश-विदेश के झण्डों की कहानी'' नामक एक पुस्तक लिखने का विचार मेरे अनुसार बहुत अच्छा है। मैं अपने देश के राष्ट्र ध्वज का संक्षिप्त इतिहास अंग्रेजी भाषा में लिख भेज रहा हूँ। आशा है कि वह आपके लिए पर्याप्त होगी। एक सोच की बात है कि आपका स्वास्थ्य अच्छा नहीं रहता। मैं चाहता हूँ कि आप शीघ्र ही फिर स्वस्थ हो जाएँ।

मैं लिंग तथा विभक्ति-सम्बन्धी अशुद्धियाँ अपने पत्रों से दूर करने का प्रयत्न करूँगा, लेकिन यह न भूल जाएँ कि विदेश में हिन्दी भाषा अपनाना एक सरल बात नहीं है।

यदि हंगरी में हिन्दी के प्रचार-प्रसार करने में आपके लिए उपाय दिखाई देगा तो मैं आपको उसी समय लिख दूँगा।

मेरी ओर से श्रीमती सागर को सादर वन्दना तथा परिवार को सस्नेह अभिवन्दन।

आपका हंगेरियन मित्र

डॉ. आर्पाद देब्रेत्जनी

डा. जॉर्ज रदो की ओर से लेखक को लिखा गया पत्र-7

बुदापेस्त,

10 जून, 2009

आदरणीय श्री सागर

आपका दिनांक मई 24, 1962 का पत्र और अगले दिन पुस्तक भी हस्तगत हुई। जल्दी से आपको यह पत्र लिखता हूँ। यह इसलिए कि जून 12, 1962 से पाँच छः सप्ताहों की यात्रा करूँगा। वापस आकर आपकी पुस्तक अध्ययन करूँगा। देखता हूँ कि उसमें अहम हिदायतें और सूचियाँ मिलीं जो अन्य व्याकरण पुस्तकों में अनुपस्थित हैं।

पत्र का पढ़ना और लिखना मुझको अभी तक बहुत कठिन है परन्तु लाभकारक भी है। मेरे हिन्दी अध्ययन में व्यवहार लगभग नहीं था। मैं समझता नहीं हूँ कि क्या मैं या हम पत्र में लिखना चाहिए।

भारत का राष्ट्रीय गीत जन, मन, गण में कोई शब्द मिला जो शब्द-कोशों में नहीं मिला। ये कैसे शब्द हैं? कृपा करके गीत का अधिक अंग्रेजी टैक्स्ट मुझको भेजना।

मेरी उम्र 49 है। 1960 तक सरकारी मुलाजिम था। उससे लिखनेवाला हूँ। अंग्रेजी, रूसी, जर्मनी, फ्रांसीसी, इटालियन और पोलिश पद्य और गद्य हंगेरियन भाषा पर उलथा करता हूँ और साहित्य का इतिहास, विज्ञान लेख लिखा करता हूँ।

सम्मान से आपका हितैषी

जॉर्ज रदो

(iii) अनुजों के लिए पत्र

माताजी की ओर से पुत्र को पत्र-8

[पत्र संख्या एक का उत्तर]

57, सुभाष नगर

मेरठ-201003

दिनांक 10-5-2009

प्रिय प्रेम चिरंजीव रहो।

तुम्हारे पत्र के अनुसार तुम्हें एक सौ रुपया आज तार-मनीऑर्डर द्वारा भेज दिया गया है। निराश न होना पुत्र। देर-सवेर हुआ ही करती है। फिर अभी इधर तुम्हारे पिताजी का स्वास्थ्य भी ठीक नहीं है। अभी चल-फिर नहीं सकते। कमजोरी बहुत है। तुम्हारे पिताजी की तुम्हें देखने की बहुत इच्छा है। अत: 15-5-1988 को सायं तक अवश्य ही घर पहुँच जाना। शेष सब ठीक है।

तुम्हारी शुभेच्छुक माता,

आशा रानी आर्या

गुरुजी की ओर से शिष्य को पत्र-9

[पत्र संख्या दो का उत्तर]

495, प्यारे लाल शर्मा मार्ग,

मेरठ-201003

दिनांक 20-10-2009

प्रिय श्री जैन,

सस्नेह आशीर्वाद

आपका पत्र मिला। डाक टिकट रखने की क्या आवश्यकता थी? इतना तो अधिकार अपने शिष्यों का होता ही है।

जो विषय आपने भेजे हैं उन पर पहले से ही अनेक विश्वविद्यालयों में शोधकार्य चल रहा है। उत्तम हो यदि आप इस दिशा में और सचेष्ट होकर अपने अनुकल कोई विषय खोज सकें। आगरा विश्वविद्यालय में कार्य करने के लिए आपको यहाँ का नियमित छात्र बनना पड़ेगा और प्रति वर्ष सौ दिन यहाँ बिताने होंगे। अतएव पण्डित जी का सुझाव है कि आप दिल्ली विश्वविद्यालय के हिन्दी विभाग से ही इस सम्बन्ध में प्रयत्नशील हों।

श्रद्धेय पण्डित जी आपकी प्रगति पर हर्ष व सन्तोष प्रकट करते हुए आपको आशीर्वाद भेज रहे हैं।

शुभाकांक्षी

योगेश खण्डेलवाल

बहिन की ओर से भाई को पत्र-10

[पत्र संख्या चार का उत्तर]

कटहरा बाजार,

ज्वालापुर (हरिद्वार)-249407

दिनांक 15-11-2009

भाई राम,

पत्र पढ़ा पत्र क्या था मानो किसी ऐसे हृदय की पुकार थी जिसको जीवन में अशान्ति तथा असफलता का ही मुँह देखना पड़ा हो। तुम्हारी बहिन सहोदरा न सही पर समय पर पसीने के स्थान पर अपना खून बहाने को तैयार रहेगी। शान्ति के बाह्य हृदय को ही देखा है, आन्तरिक हृदय को नहीं। शान्ति अशान्ति का मुकाबला डटकर करेगी चाहे अशान्ति के थपेड़ों से—जिसका आज सारे संसार पर प्रभुत्व छाया हुआ है—एक बार तो पैर डगमगा जाएँ पर हार नहीं मानेगी। शान्ति राम की पग-पग पर उन्नति देखना चाहती है। यद्यपि शान्ति निर्धन है पर उसे भाई का सागर रूपी प्रेम ही चाहिए। प्रेम-सागर जिस निर्धन शान्ति को मिला हो उसे और क्या चाहिए। शान्ति सदैव वहीं वास करती है जहाँ उसे भाई का प्रेम मिलता है। चाहे वह एक प्रतिशत ही क्यों न हो। फिर मुझ शान्ति को तो प्रेम का सागर मिला हुआ है। तुम्हारी इस शान्ति बहिन को तभी शान्ति मिलेगी जब उसका भाई अशान्ति पर विजय पाकर बहिन शान्ति को प्रसन्न करेगा। उस दिन बहिन अपने सागर भाई को टीका करेगी। मानो भाई के साथ-साथ उसकी शान्ति का भी जीवन सफल होगा। अत: यह कभी अनुभव न करना राम। कि उसकी कोई सहोदरा नहीं है। हाँ। यह तो लिखना भाई कि भाभी कब ला रहे हो? क्योंकि भाभी के लिए यह शान्त हृदय बहुत अशान्त रहता है।

अच्छा, प्रेम सहित प्यार।

तुम्हारी भगिनी

शान्ति

(ख) निमन्त्रण पत्र

निमन्त्रण-पत्र अन्य पत्रों की अपेक्षा एकदम भिन्न होते हैं। प्राय: निमन्त्रण-पत्र मुद्रित रहते हैं पर जब दस-बीस व्यक्तियों को निमन्त्रित किया जाता है तो हाथ से भी लिखकर या टाइप करके भेज दिया जाता है। कम आय वाले व्यक्ति भी प्राय: हाथ से ही निमन्त्रण-पत्र लिखकर भेजते हैं। निमन्त्रण पत्र लिखते समय या मुद्रित कराते समय निम्न बातें याद रखनी चाहिएँ—

(1) सबसे ऊपर केवल प्रापक का नाम **'श्री/श्रीमती'** करके लिखा जाता है। मुद्रित पत्रों में इन शब्दों के आगे नाम लिखने के लिए स्थान छोड़कर रेखा दे दी जाती है। यहाँ केवल प्रापक का नाम लिखा जाता है।

(2) निमन्त्रण-पत्र में सम्बोधन व अभिवादन के शब्द नहीं होते।

(3) स्वनिर्देशात्मक शब्द केवल **'दर्शनाभिलाषी'** लिखा जाता है।

(4) स्वनिर्देश के ठीक नीचे प्रेषक का नाम लिखा जाता है। प्रेषक के नाम में एक नाम भी लिखा जा सकता है और अनेक भी।

(5) प्रेषक का पता तथा दिनांक बायीं ओर लिखे जाते हैं।

विवाह का निमन्त्रण पत्र-1

(पत्र रूप में)

7/75, कमला नगर,

नई दिल्ली-110007

20-6-2009

प्रिय रमेश,

जैसा मैंने गत पत्र में लिखा था कि अनुजा आयुष्मती निर्मला के विवाह की बातचीत दरियागंज दिल्ली निवासी श्री मक्खन लाल अरोड़ा के चिरंजीव कुंवर इन्द्र पाल अरोड़ा के साथ चल रही थी सो विवाह अब निश्चित हो गया है जिसकी तारीख 8 जुलाई, 1987 निश्चित हुई है। अत: आपसे सानुरोध प्रार्थना है कि आप सपरिवार विवाह पर दर्शन दें। अन्यथा शिकायत ही रहेगी।

विनीत

राम प्रकाश 'कुमार'

जल-पान निमन्त्रण पत्र-2

(मुद्रित रूप में)

श्री/श्रीमती..

आज सायं चार बजे नवजात शिशु के नामकरण

संस्कार के शुभ अवसर पर जलपान

हेतु गृह पर निमन्त्रित है।

दिनांक 10-3-83 दर्शनाभिलाषी

20, चौधरीवाड़ा डालचन्द शर्मा

बुलन्दशहर-203001 यादराम शर्मा

निमन्त्रण पत्र-3 **(कवि-सम्मेलन हेतु)**

नार्थ प्लाजा गेट नं. 1 व 8 **(केवल दो के लिए)**

दिल्ली प्रशासन

साहित्य कला परिषद् एवं हिन्दी अकादमी, दिल्ली

द्वारा आयोजित

गणतन्त्र दिवस कवि सम्मेलन

उद्घाटन : **श्री कृष्ण चन्द्र पन्त,** शिक्षा मन्त्री, भारत सरकार

मुख्य अतिथि : **श्री जगप्रवेश चन्द्र,** मुख्य कार्यकारी पार्षद, दिल्ली प्रशासन

अध्यक्ष : **श्री कुलानन्द भारतीय,** कार्यकारी पार्षद, (शिक्षा) दिल्ली प्रशासन

स्थान-आई. पी. स्टेडियम, नई दिल्ली

दिनांक : 23 जनवरी, 1985 रात्रि 8.30 बजे

आप सादर आमन्त्रित हैं।

सचिव **सचिव**

साहित्य कला परिषद् हिन्दी अकादमी

टेलीफोन : 278277 टेलीफोन : 2521098-2519139-2515668

कृपया रात्रि 8.15 बजे तक अपना स्थान ग्रहण करने का कष्ट करें।

नोट—धूम्रपान निषेध है। कैमरा, माचिस, गैस लाइटर, खाने के पैकेट, ब्रीफ केस, लेडीज पर्स, बच्चों के दूध की बोतल, बोतल व चाय के कप, किसी भी प्रकार के हथियार स्टेडियम में लाना वर्जित है।

आमन्त्रित कवि

श्री अशोक चक्रधन	श्री भवानी प्रसाद मिश्र
श्री ओम प्रकाश आदित्य	श्री भारत भूषण
श्री कन्हैया लाल 'नन्दन'	श्री मधुर शास्त्री
श्री कुमार शिव	श्री रत्न सिंह 'रत्न'
डॉ. कुंवर 'बेचैन'	श्री रामनाथ अवस्थी
डॉ. मधुलिका सागर	आदि आदि

निमन्त्रण पत्र-4 **(समारोह में भाग लेने हेतु)**

निवासी कल्याण समिति एवं मनोरंजन क्लब

(रैजिडैन्ट्स वैलफेयर एसोसिएशन)

सैक्टर 6, रामकृष्णपुरम्, नई दिल्ली-110022

द्वारा

सोमवार 16-5-83 सायं 6 बजे समाज सदन में

वार्षिक समारोह एवं पारितोषिक वितरण

मुख्य अतिथि : श्रद्धेय व. न. गाडगिल, दूर संचार मन्त्री, भारत सरकार

अध्यक्ष : श्रद्धेय मुहम्मर इसरार अहमद, संसद सदस्य

कार्यक्रम

मुख्य अतिथि का आगमन	7.00 बजे	पुरस्कार वितरण	7.30 बजे
राष्ट्रीय गान	7.05 बजे	मुख्य अतिथि द्वारा भाषण	8.00 बजे
माल्यार्पण एवं अभिनन्दन	7.10 बजे	अध्यक्षीय भाषण	8.20 बजे
सचिव का स्वागत भाषण	7.20 बजे	रंगा रंग कार्यक्रम	8.30 बजे

समापन 9.00 बजे

उत्तराकाक्षी	**भवदीय**
श्री आर. आर. शर्मा (प्रधान मनोनीत)	राज कुमार शर्मा, प्रधान सचिव
दूरभाषा : 552456	एवं
चौ. फतेह सिंह, कार्यवाहक प्रधान	कार्यकारिणी सदस्य

समारोह में भाग लेने हेतु निमन्त्रण पत्र-5

विश्व बन्धुत्व, अन्तर्राष्ट्रीय सद्‌भाव एवं भाषायी सहयोग से अनुप्राणित

तृतीय विश्व हिन्दी सम्मेलन

भारत की राजधानी

नई दिल्ली में

आयोजित किया जा रहा है

आप इस महान् अवसर पर सादर आमन्त्रित हैं।

विनीत

बलराम जाखड़	मधुकर राव चौधरी	सुधाकर पाण्डे
अध्यक्ष	कार्याध्यक्ष,	कार्याध्यक्ष
राष्ट्रीय समिति	संगठन समिति	संगठन समिति
विश्व हिन्दी सम्मेलन	विश्व हिन्दी सम्मेलन	विश्व हिन्दी सम्मेलन
अध्यक्ष	अध्यक्ष	संसद सदस्य
लोक सभा	राष्ट्र भाषा प्रचार समिति	राज्य सभा
सिद्धेश्वर प्रसाद	शंकर राव लोंढे	रवीन्द्रनाथ श्रीवास्तव
महासचिव	महासचिव,	सचिव
राष्ट्रीय समिति	राष्ट्रीय समिति	संगठन समिति
विश्व हिन्दी सम्मेलन	विश्व हिन्दी सम्मेलन	विश्व हिन्दी सम्मेलन
	मन्त्री,	प्रोफेसर,
	राष्ट्र भाषा प्रचार समिति	दिल्ली विश्वविद्यालय

उद्‌घाटन समारोह

शुक्रवार, 28 अक्टूबर, 1983

10 बजे पूर्वान्ह, इन्द्रप्रस्थ स्टेडियम

उद्‌घाटन : श्रीमती इन्दिरा गाँधी

प्रधान मन्त्री भारत

अध्यक्ष : डॉ. आर. एस. मैग्रेगर

कैम्ब्रिज विश्वविद्यालय, इंगलैण्ड

समापन समारोह

रविवार, 30 अक्टूबर, 1983

3 बजे अपराह्न, इन्द्रप्रस्थ स्टेडियम

देश-विदेश के वरिष्ठ साहित्यकारों तथा

हिन्दी सेवियों का सम्मान, प्रस्ताव, घोषणाएँ

अध्यक्ष : डॉ. बलराम जाखड़ **अध्यक्ष : राष्ट्रीय समिति**

मुख्य अतिथि : श्रीमती महादेवी वर्मा

(ग) व्यावहारिक-पत्र

व्यावहारिक-पत्र लिखते समय निम्न बातों को ध्यान में रखना चाहिए-

(1) प्रेषक का पता तथा पत्र लिखने की तारीख उसी प्रकार लिखी जाएगी जिस प्रकार पारिवारिक पत्रों में लिखी जाती है।

(2) प्रेषक के पते तथा तारीख के बाद बाईं ओर प्रापक का पता '**सेवा में**' उप-वाक्य लिखकर लिखते हैं।

(3) सम्बोधन स्वरूप महोदय, श्रीमान जी, महानुभाव, सम्पादक, संचालक आदि जैसे शब्द लिखे जाते हैं।

(4) अन्त में शिष्टाचार के नाते **धन्यवाद** का शब्द लिख देना चाहिए।

(5) स्वनिर्देश में भवदीय, विनीत, आपका, प्रार्थी जैसे शब्द लिखे जाते हैं।

सम्पादक के नाम पत्र-1

10991, सतनगर,

करौल बाग, नई दिल्ली-110005

दिनांक : 12-6-1988

सेवा में,

सम्पादक,

नवभारत टाइम्स,

नई दिल्ली-110002

महोदय,

कृपया निम्न समाचार को नवभारत टाइम्स के आपकी अपनी बात शीर्षक के अन्तर्गत प्रकाशित करने का कष्ट करें।

धन्यवाद,

भवदीय

(कुमारी मधुमिता सागर)

समाचार

प्रयाग महिला विद्यापीठ ध्यान दें

मैंने तथा मेरी कुछ सहपाठिनियों ने मई, 1988 में होने वाली विभिन्न परीक्षाओं के लिए आवेदन-पत्र पूरित करके भेजे थे पर आज तक हमें न तो परीक्षा-तिथि ही भेजी गयी और न ही अनुक्रमांक जबकि परीक्षा को समाप्त हुए भी एक मास हो चुका है। आज तक हमारे पत्र दिनांक 22 अप्रेल तथा 22 मई का भी कोई उत्तर प्राप्त नहीं हुआ। क्या विद्यापीठ के अधिकारी इस ओर ध्यान देंगे?

<u>सम्पादक के नाम पत्र-2</u>

5-ए/170, गली नं. 5,

देवनगर, नई दिल्ली-110005

दिनांक 19-7-1987

सेवा में,

सम्पादक

दैनिक हिन्दुस्तान

नई दिल्ली-110001

महोदय,

आपके इस पत्र द्वारा मैं नगर निगम, दिल्ली के अधिकारियों का ध्यान इस ओर आकर्षित करना चाहता हूँ कि देवनगर की गली नं. 5 को प्राय: दिन-रात शौच तथा मल-मूत्र के लिए प्रयोग किया जाता है जिसके कारण गली में सदैव असहनीय दुर्गन्ध उठती रहती है। सारा मुहल्ला इस दुर्गन्ध से परेशान है। यदि वर्षा ऋतु में भी इस गली का इसी प्रकार उपयोग हुआ तो हो सकता है कि अनेक प्रकार के रोग के कीड़े पैदा हो जाएँ जो रोग फैलाने में सहायक सिद्ध होंगे। अत: नगर निगम के अधिकारियों से प्रार्थना है कि इस प्रकार की गन्दगी को दूर करने के लिए ठोस पग उठाये जाएँ।

भवदीय,

बनवारीदास गुप्ता

क्षेत्र के डाकपाल के नाम पत्र-3

92-ब, कमला नगर,
दिल्ली-110007
दिनांक 5-2-1988

सेवा में,
डाकपाल,
सब्जी मण्डली डाक वितरण क्षेत्र,
दिल्ली-210007

महोदय,

सादर निवेदन है कि मेरा स्थानान्तरण दिल्ली से देहरादून को हो गया है। अत: भविष्य में मेरे समस्त पत्रों को निम्न पते पर परिवर्तित करने की कृपा करें।

धन्यवाद,

भवदीय
पी. सी. सुब्रह्ण्यम

देहरादून का पता

पी. सी. सुब्रह्मण्यम,
द्वारा श्री एम.पी. सहस्त्रबुद्धे,
27, माल रोड़, देहरादून-248001

(घ) व्यापारिक-पत्र

जो पत्र एक व्यापारी की ओर से दूसरे व्यापारी को या ग्रहक को व्यापार की दृष्टि से लिखे जाते हैं उन्हें व्यापारिक-पत्र कहते हैं। व्यापारिक-पत्र लिखते समय निम्न बातों को ध्यान में रखना चाहिए। यथा—

शीर्षक—फर्म का नाम व पता पत्र के ऊपर मुद्रित रहता है। इसमें कार्यालय तथा व्यापार का नाम, तार का पता व टेलीफोन संख्या मुद्रित रहता है। यदि यह सूचनाएँ मुद्रित न हों तो दायीं ओर लिख दी जाती है या टाइप कर दी जाती हैं।

पत्रांक व दिनांक—इनको दायीं ओर लिखते हैं। इनके आगे उचित पत्र संख्या तथा तारीख लिख दी जाती है। पत्र संख्या भावी सन्दर्भ (Future Reference) के लिए लिखी जाती है।

प्रापक का पता—पत्र के बायीं ओर अंकित किया जाता है।

अभिवादन—एक व्यक्ति को अभिवादन प्रिय महोदय, माननीय महोदय या श्रीमान लिखा जाना चाहिए और एक से अधिक व्यक्तियों की फर्म के लिए प्रिय महोदयगण या सदस्यगण लिखना चाहिए।

विषय—सम्पूर्ण पत्र का आशय एक या दो वाक्यों में लिख दिया जाता है।

पत्र का कलेवर—पत्र को तीन परिच्छेदों में बाँट लिया जाता है। **प्रथम** परिच्छेद में विषय-प्रवेश किया जाता है। **द्वितीय** में मूल विषय का वर्णन और **तृतीय** परिच्छेद में सधन्यवाद शब्द शिष्टाचार के नाते लिख देते हैं।

स्वनिर्देश—स्वनिर्देश व्यावहारिक-पत्रों के ही समान होता है।

हस्ताक्षर—फर्म के साझेदार अपना नाम लिखकर हस्ताक्षर करते हैं जैसे श्यामलाल रामलाल। पर जब एक व्यक्ति को सर्वाधिकार दे दिया जाता है तो कृते, वास्ते, हेतु या निमित्त शब्द हस्ताक्षरों के बाद फर्म के नाम के साथ लगाते हैं।

संलग्न पत्र—पत्र के साथ भेजी जाने वाली समस्त सामग्री का उल्लेख हस्ताक्षरों के बाद बायीं ओर कर दिया जाता है।

पुनश्च या अनुलेख—यदि हस्ताक्षरों के बाद कोई विशेष बात लेखक को लिखनी हो तो **पुनश्च** (Post Script) या **अनुलेख** शब्द लिखकर ही लिखना चाहिए और उसके बाद भी हस्ताक्षर कर देना चाहिए।

व्यापारिक पत्र-1

[पुस्तकों के लिए क्रयादेश निमित्त]

यंगमैन एण्ड को.

पुस्तक प्रकाशक तथा विक्रेता,

नई सड़क, दिल्ली-110006

पत्रांक—यंगमैन/520/60 दिनांक 20-6-1988

सेवा में,

व्यवस्थापक,

आत्माराम एण्ड संस,

दिल्ली-110006

प्रिय महोदय,

आपका पत्रांक योकुल/2015/88 दिनांक 5-6-1988 सूची-पत्र के साथ प्राप्त हुआ। धन्यवाद। कपया निम्न पुस्तकें उचित कमीशन काटकर हमें शीघ्र ही पत्रवाहक के हाथ भेज दें। बिल भी साथ ही भेजने का कष्ट करें।

पुस्तकों का विवरण

(1) 100 प्रतियाँ इंग्लैण्ड का शिक्षा-विधान, 1944 लेखक डॉ. सागर

(2) 500 प्रतियाँ- कार्यालय कार्य-विधि लेखक डा. सागर

(3) 200 प्रतियाँ- प्रारम्भिक आलेखन लेखक डा. सागर

(4) 100 प्रतियाँ- काम शिक्षा लेखक डा. सागर

(5) 100 प्रतियाँ- नारी सौन्दर्य (नखशिख वर्णन) लेखक डॉ. सागर

(6) 100 प्रतियाँ- केन्द्र प्रशासन, कार्यालय प्रक्रिया एवं नियमावली लेखक डॉ. सागर

कृते यंगमैन एण्ड को.

तुलसीराम अरुण

व्यवस्थापक

व्यापारिक पत्र-2

[लेखक के नाम पत्र]

टेलीफोन नं. 2374 तार : पुस्तक

पुस्तक भण्डार

भारत के प्रमुख पुस्तक प्रकाशक और विक्रेता

पटना-800001

पत्र संख्या 3304/57 दिनांक 22-3-1957

सेवा में,

डा. श्री रामचन्द्र सिंह सागर,
5-ए, 10001/5, सतनगर, करोलबाग,
नई दिल्ली-110005

प्रिय महोदय,

आपका कृपा-पत्र मिला। धन्यवाद। उत्तर में निवेदन है कि आप अपनी पुस्तक की प्रकाशित प्रतियाँ 15 अप्रेल 1957 तक चाहते हैं। हम उक्त पुस्तक का पूर्ण विवरण जाने बिना आपको ठीक-ठीक बताने में असमर्थ हैं। यदि आप निम्नलिखित बातों के उत्तर लौटती डाक द्वारा भेजें तो हम अपना निर्णय आपको सूचित करेंगे—

(1) पुस्तक का आकार,
(2) पुस्तक किन-किन टाइपों में प्रकाशित होगी?
(3) पुस्तक की अनुमानित पृष्ठ संख्या,
(4) मुद्रण पाण्डुलिपि के अनुसार होगा या आप भी प्रूफ पढ़ेंगे,
(5) पुस्तक में कोई चित्र छपेगा या नहीं? यदि हाँ, तो कहाँ से मिलेगा?
(6) प्रकाशन सम्बन्धी आपकी क्या शर्तें होंगी?

उपरोक्त बातों के स्पष्ट उत्तर प्राप्त होने पर ही हम इस सम्बन्ध में निर्णय कर सकेंगे। कृपा बनाए रखें।

भवदीय

श्यामचन्द्र सिन्हा

प्रबन्धक

(ङ) आवेदन-पत्र

आवेदन-पत्र लिखते समय निम्न बातों को ध्यान में रखना चाहिए—

(1) व्यक्तिगत पत्रों की भाँति आवेदन-पत्र पर दायीं ओर प्रेषक का पता तथा तारीख नहीं लिखी जाती, पर कभी-कभी प्रेषक का नाम, पता तथा स्थान छपा रहता है और तारीख का स्थान भी निश्चित रहता है। आवेदन-पत्रों में हस्ताक्षर के ठीक नीचे अपना पूर्ण पता लिखना चाहिए और तारीख बायीं ओर। कुछ विद्वान् जो अंग्रेजी परिपाटी को मानते हैं, तारीख के नीचे पता लिखना उचित समझते हैं, पर अब हमें अंग्रेजीपन को छोड़ना है। अत: प्रत्येक कार्य में अपनत्व आना चाहिए।

(2) आवेदन-पत्र में सबसे ऊपर **सेवा में** या **प्रापक** शब्द लिखकर अगली पंक्ति में प्रापक का पद और पता लिखना चाहिए। पता हर दृष्टिकोण से पूरा होना चाहिए। यह सब कुछ बायीं ओर लिखा जाता है।

(3) सम्बोधन तथा अभिवादन व्यक्तिगत पत्रों के समान आवेदन-पत्रों में नहीं लिखा जाता। आवेदन-पत्र **महोदय** शब्द से आरम्भ कर दिया जाता है।

(4) **सविनय निवेदन है, सादर निवेदन है या निवेदन है** शब्दों से आवेदन पत्रों का कलेवर आरम्भ कर देना चाहिए।

(5) शिष्टाचार के नाते अन्त में **धन्यवाद** शब्द लिख देते हैं।

(6) स्वनिर्देश में सदैव **भवदीय** या **प्रार्थी** शब्द ही लिखा जाएगा। आपका विश्वासभाजन या आपका स्नेहभाजन शब्दों का प्रयोग शत-प्रतिशत अशुद्ध है। **भवदीय** शब्द के ठीक नीचे अपने हस्ताक्षर करके पूर्ण पता लिखना चाहिए और बायीं ओर केवल तारीख।

आवेदन का पत्र-1 **(आकस्मिक अवकाश हेतु)**

सेवा में,

अनुभाग अधिकारी,

हिन्दी अनुभाग, गृह मन्त्रालय,

नई दिल्ली-110001

महोदय,

सादर निवेदन है कि मैं गत रात से ज्वर से पीड़ित हूँ। अत: मैं दो दिन तक कार्यालय उपस्थित होने में असमर्थ हूँ। कृपया दिनांक 11 व 12 जनवरी 2009 अर्थात् दो दिन का आकस्मिक अवकाश स्वीकृत करने का कष्ट करें।

सधन्यवाद।

भवदीय,

पूनमचन्द्र आर्य

हिन्दी अध्यापक,

संघ लोक सेवा आयोग हिन्दी प्रशिक्षण केन्द्र,

नई दिल्ली–110011

नई दिल्ली

10 जनवरी, 2009

आवेदन पत्र–2 **(चिकित्सा अवकाश हेतु)**

सेवा में,

प्रधानाचार्य,

राजकीय दीक्षा विद्यालय,

हरिद्वार–249401

महोदय,

निवेदन है कि गत चार दिन से मैं ज्वर से पीड़ित हूँ। डाक्टरों का कहना है कि मुझे मियादी बुखार है जिसका प्रभाव कम–से–कम 21 दिन तक रहता है। अत: मैं तारीख 1–6–89 से 15–7–89 तक विद्यालय आने में असमर्थ हूँ। फलस्वरूप मुझे डेढ़ मास का चिकित्सा–अवकाश प्रदान कर कृतार्थ करें। साथ ही मेरा 1–6–89 से 4–6–89 तक के आकस्मिक–अवकाश को चिकित्सा–अवकाश में परिवर्तित करने का कष्ट करें। डाक्टर का प्रमाण–पत्र संलग्न है। अवकाश–काल में मेरा पता निम्नलिखित रहेगा—

पता–

श्यामलाल

द्वारा श्री चितरन्जन दास गुप्ता,

20/95, रेलवे रोड़, हरिद्वार–249401

दिनांक 6–6–2009

भवदीय,

श्यामलाल

सहायक प्रधानाध्यापक,

राजकीय दीक्षा विद्यालय, हरिद्वार,

आवेदन पत्र-3 **(प्रसूतिका अवकाश हेतु)**

सेवा में,

आचार्या,

रघुनाथ महिला महाविद्यालय,

मेरठ-250001

महोदया,

सादर निवेदन है कि मैं आठ मास के गर्भ से हूँ। इस दशा में मेरा कहीं आना-जाना अथवा किसी प्रकार का शारीरिक परिश्रम करना मेरे लिए हानिकारक है। फिर डॉ. श्रीमती वर्मा का परामर्श है कि ऐसी दशा में मुझे पूर्ण विश्राम करना चाहिए। अतः नियमानुसार मुझे तीन मास 1-4-2009 से 31-6-2009 तक प्रसूतिका अवकाश प्रदान कर कृतार्थ करें। मेरा गृह-पता पूर्ववत् ही रहेगा।

भवदीया

मेरठ सरोजनी कुलश्रेष्ठ, प्राध्यापिका

दिनांक 25-3-2009

नौकरी हेतु प्रार्थना पत्र-4 **[समाचार-पत्र के विज्ञापन के आधार पर]**

सेवा में,

प्रबन्धक,

एम.एस. इण्टर कॉलिज,

सिकन्दराबाद-203205 (बुलन्दशहर)

महोदय,

निवेदन है कि दिनांक 20 जून, 2009 के दैनिक हिन्दुस्तान टाइम्स में प्रकाशित विज्ञापन के आधार पर ज्ञात हुआ है कि आपके कॉलिज को भूगोल प्रध्यापक (लेक्चरर) के रिक्त पद हेतु एक योग्य प्राध्यापक की आवश्यकता है। मैं इस पद के लिए अपनी सेवाएँ प्रस्तुत करता हूँ। मेरी शैक्षिक योग्यता तथा अध्यापन कार्य का अनुभव निम्न रूप में है—

(1) एम.ए. (भूगोल)	प्रथमश्रेणी	आगरा विश्वविद्यालय
(2) बी.ए. ऑनर्स	प्रथम श्रेणी	अलीगढ़ विश्वविद्यालय
(3) बी.टी.	प्रथम तथा द्वितीय श्रेणी	आगरा विश्वविद्यालय

मैं तीन वर्ष तक अग्रवाल इण्टर कॉलिज, सिकन्दराबाद में भूगोल अध्यापक के पद पर कार्य कर चुका हूँ। इस विषय पर मैंने हाई स्कूल कक्षाओं के लिए संसार के प्रादेशिक प्रदेश नामक एक पुस्तक भी लिखी है जो उत्तर प्रदेश शिक्षा बोर्ड द्वारा हाई स्कूल कक्षाओं के लिए स्वीकृत है।

इसके अतिरिक्त पाठ्येतर गतिविधियों में मेरी बहुत ही रुचि है। स्काउटिंग की दीक्षा प्राप्त की है। हॉकी तथा वालीवॉल का अच्छा खिलाड़ी हूँ जिसके कई प्रशंसा पत्र मेरे पास हैं। मेरी आयु इस समय लगभग 32 वर्ष है।

आशा है कि उपरोक्त वर्णित योग्यता तथा अनुभव के आधार पर आप अपने कॉलिज में सेवा करने का अवसर प्रदान कर कृतार्थ करेंगे।

आज्ञानुसार प्रमाण-पत्रों की शुद्ध प्रतिलिपियाँ आवेदन-पत्र के साथ संलग्न हैं।

सधन्यवाद।

प्रार्थी,

सेवाराम शर्मा

1/71, चौधरीवाड़ा,

सिकन्दराबाद 203205 (बुलन्दशहर)

दिनांक 22-6-2009

संलग्न—प्रतिलिपियाँ-10

ज्ञातव्य—जब स्वतन्त्र रूप से रिक्त पद हेतु प्रार्थना-पत्र भेजा जाता है तो उसका आरम्भ निम्न प्रकार से होता है—

"निवेदन है कि मुझे विश्वस्त सूत्रों से ज्ञात हुआ है कि आपके विद्यालय में .... पद के कुछ स्थान रिक्त हैं। उन रिक्त स्थानों में से एक के लिए अपनी सेवाएँ प्रस्तुत करता हूँ। मेरी शैक्षिक योग्यता तथा अध्यापन-अनुभव निम्न प्रकार है।"

(प्रार्थना पत्र की शेष विषय-वस्तु ज्यों की त्यों ही रहेगी)

आजकल कम्प्यूटर का जमाना है। कम्प्यूटर द्वारा अभ्यार्थी की योग्यता, अयोग्यता का पूर्ण विवरण तैयार कर लिया जाता है। कम्प्यूटर द्वारा कुण्डली तैयार करने के लिए विज्ञापनों में विशेष प्रकार का आवेदन पत्र संस्थान द्वारा समाचार पत्रों में प्रकाशित कराया जाता है। उसी आवेदन पत्र की कुछ प्रतियाँ सर्वसाधारण की जानकारी के लिए नीचे उद्धृत की जा रही हैं। यथा

आवेदन पत्र-5 प्रतियोगिता परीक्षा में सम्मिलित होने के लिए

एअरमैन के रूप में चयन के लिए आवेदन-पत्र का प्रारूप

(टंकित/हस्तलिखित अंग्रेजी अथवा हिन्दी में)

(उम्मीदवार द्वारा भरा जाए)

परीक्षा केन्द्र का नाम

केवल कार्यालय प्रयोग के लिए

पंचिंग नं.......................

निरीक्षित द्वारा ....

किस श्रेणी के लिए आवेदन कर रहे हैं :

तकनीकी गैर तकनीकी

पासपोर्ट आकार (5 × 7 से. मी.) का फोटो सामने की ओर से सत्यापित कराकर यहाँ चिपकाएँ

केन्द्र ___________________________

कोड ___________________________

1. पूरा नाम (साफ अक्षरों में) ___________________________
2. पिता का नाम (साफ अक्षरों में) ___________________________
3. पति का नाम ___________________________
4. पता ___________________________

____

पिन कोड ___________________________

5. राष्ट्रीय ___________________________
6. जन्म तिथि

उदाहरण के लिए 07 नवम्बर 68

0	7	1	1	6	8

7. कद .... (सेमी.) वजन .... (किग्रा.) छाती .... सेमी. फुलाव ..... सेमी.

8. शैक्षिक योग्यताएँ............ मैट्रिक से प्रारम्भ सभी शैक्षिक योग्यताएँ लिखें।

प्रमाण पत्र/डिग्री की फोटोस्टेट/सत्यापित प्रति संलग्न करें।

पास की गई परीक्षा	प्राप्त अंकों का योग	अंक प्रतिशत	पास करने का वर्ष	अध्ययन किए विषय	बोर्ड/विश्व विद्यालय

(i) मैं प्रमाणित करता हूँ कि मैंने एक ही आवेदन पत्र जमा कराया है। मैं जानता हूँ कि ऐ से अधिक आवेदन पत्र देने पर मैं परीक्षा के लिए अयोग्य करार दिया जाऊँगा।

(ii) प्रमाणित किया जाता है कि ऊपर दी गई सूचनाएँ मेरे विश्वास और ज्ञान के अनुसार सही हैं।

तारीख :

स्थान : उम्मीदवार के हस्ताक्षर

प्रवेश-पत्र

रोल नं. __________

1. पूरा नाम (बड़े अक्षरों में) __________
2. पिता का नाम (बड़े अक्षरों में) __________
3. जन्म तिथि __________
4. शैक्षिक योग्यताएँ __________

यहाँ पासपोर्ट आकार की फोटो लगाएँ (5×7सेमी.) असत्यापित प्रति

5. पहचान चिन्ह (i) ____________

(ii) ____________

उम्मीदवार के हस्ताक्षर

केवल कार्यालय प्रयोग के लिए

रोल नं. ____________ परीक्षा केन्द्र ____________

परीक्षा तारीख ____________ समय ____________

नोट—कृपया अपने साथ प्रवेश पत्र, दो लिफाफे (25 × 9 सेमी.), पैन, गत्ता और तीन नवीनतम फोटो (पासपोर्ट साईज) लायें। उम्मीदवार को कोई यात्रा भत्ता/महँगाई भत्ता प्रदान नहीं किया जायेगा।

आवेदन पत्र-6 **(रिक्त पद की पूर्ति के लिए)**

केन्द्रीय भर्ती बोर्ड

(स्टेट बैंक समूह)

भारतीय स्टेट बैंक

भारतीय स्टेट बैंक तथा/अथवा उसके सहयोगी बैंकों में विशेषज्ञ अधिकारियों के पद हेतु आवेदन का प्रारूप

आवेदन इस पते पर भेजें :

सचिव,
केन्द्रीय भर्ती बोर्ड (स्टेट बैंक समूह),
भारतीय स्टेट बैंक, केन्द्रीय कार्यालय,
पोस्ट बॉक्स क्र. 12, मदाम कामा रोड़,
बम्बई-400 021

उम्मीदवार यहाँ अपना हाल ही का पासपोर्ट आकार का फोटो चिपकाएँ तथा उस पर दिनांक के साथ पूर्ण हस्ताक्षर करें।

1. आवेदित पद : ____________

2. पूरा नाम (बड़े अक्षरों में) [| | | | | | | | | | | | | |]

3. (क) जन्मतिथि दिनांक [ ] महीना [ ] वर्ष [ ]

(हाईस्कूल प्रमाण पत्र या अन्य दस्तावेज प्रमाण स्वरूप संलग्न करें)

(ख) 1 जनवरी, 1983 को आयु : —— वर्ष —— महीने —— दिन

4. धर्म : 5. जन्मस्थान : 6. राष्ट्रीयता :

7. अनु. जाति ☐ अनु. जनजाति ☐

यदि हो तो भारत सरकार द्वारा निर्धारित प्रारूप में उपयुक्त प्रमाणपत्र संलग्न करें अन्यथा शुल्क तथा आयु सीमा में छूट अनुमति नहीं दी जाएगी।

8. भूतपूर्व सैनिक ☐ 1.1.80 से 1.5.85 के बीच असम के निवासी ☐ थल सेना, नौसेना, वायुसेना में कमीशण्ड अधिकारी तथा उनका पद ☐ यदि आप उक्त किसी वर्ग के हों तो उपयुक्त बॉक्स में (सही) लगा दें तथा निर्धारित प्रमाणपत्रों की प्रमाणित/सत्य फोटोप्रतियाँ सहित विवरण दें।

9. शैक्षिक योग्यता :

	1.	2.	3.	4.	5.	6.	7.	8.
(क) पी.यू.षी.,								
एच.एस.								
एम.एल.सी.								
(ख) स्नातक स्तर								
(ग) एल.एल.बी.								
बी.एल.								
(व्याव-सायिक)								
(घ) स्नातकोत्तर स्तर								
(ङ) विशेष पाठ्यक्रम (यदि कोई हो)								

* (यदि लागू न हो तो काट दें)

नोट : (i) यदि संस्थान "ग्रेड पाइन्ट" के आधार पर परिणाम घोषित करता हो (जैसा आई. आई. टी. आदि करती है) तो प्राप्त ग्रेड पाइन्ट को अंकों में परिवर्तित कर उल्लेख करें।

(ii) उम्मीदवार उपर्युक्त प्रारूप में अन्तिम स्नातक परीक्षा में प्राप्त प्रतिशत का स्पष्ट उल्लेख करें तथा अंक सूचियों/प्रमाण पत्रों की प्रमाणित सत्य/फोटो–प्रतियाँ अवश्य लगाएँ, यदि कोई सूचना अपूर्ण या गलत पायी गयी तो उम्मीदवार को अपूर्ण माना जाएगा। उसके आवेदन पत्र को पूर्णत: रद्द कर दिया जाएगा तथा शुल्क वापस नहीं किया जाएगा।

10. एडवोकेट के रूप में पंजीकरण, क्रमांक तथा दिनांक ....(सहायक विधि अधिकारी तथा उप–विधि अधिकारियों के पद के लिए लागू)

11. अनुभव (निर्धारित न्यूनतम योग्यता प्राप्त कर लेने के बाद के अनुभव का ही उल्लेख करें और प्रमाण–पत्र संलग्न करें।)

संगठन/संगठनों के नाम	दिनांक		निष्पादित कार्य (वर्ष एवं महीने)	अनुभव की अवधि	प्राप्त वेतन
	से	तक			
(i)					
(ii)					

12. ज्ञात भाषाएँ :

भाषा का नाम	बोल सकते हैं पढ़ सकते हैं लिख सकते हैं	बोल सकते हैं पढ़ सकते हैं	केवल बोल सकते हैं	उत्तीर्ण भाषा परीक्षाएँ (यदि कोई हो)

13. चिकित्सा वर्ग (केवल भूतपूर्व सैनिक उम्मीदवार के लिए)————————

14. केवल मेडल सुरक्षा अधकारियों के पद के लिए :————————

(क) थल, जल, वायु सेवा, अर्द्ध–सैनिक सेवा, पुलिस सेवा के अन्तिम पद तथा अन्तिम पद में पदोन्नति नियुक्ति का दिनाँक ...... (सहायक दस्तावेज संलग्न करें)।

(ख) उक्त सेवाओं से निवृत्ति मुक्ति का दिनांक ———————— सहायक दस्तावेजों के साथ (जैसे मुक्ति प्रमाण–पत्र, मुक्ति आदेश, निवृत्ति आदेश, पेंशन आर्डर की, जो भी हो, प्रमाणित सत्य प्रति)

15. पत्राचार हेतु उम्मीदवार का पूर्ण पता : ————————

————————

————————पिन कोड

16. उम्मीदवार का स्थायी पता : ____________________

____________________पिन कोड

17. दिए गए शुल्क का विवरण (बैंक ड्रफ्ट, भारतीय पोस्टल ऑर्डर, भारतीय स्टेट बैंक के पक्ष में अरहित तथा बैंक की बम्बई की किसी भी शाखा में देय होना चाहिए।)

माँग ड्राफ्ट/पोस्टल ऑर्डर संख्या ____________________

राशि रुपये :______________जारी करने का दिनांक ______________

जारीकर्त्ता बैंक, डाक घर : ____________________

नोट : चैक, मनीआर्डर आदि द्वारा भुगतान स्वीकार नहीं किया जाएगा।

घोषणा :

(जो उम्मीदवार अपने आवेदन में घोषणा के नीचे हस्ताक्षर नहीं करेंगे उनके आवेदनों को पूर्णतः अस्वीकृत कर दिया जायेगा।)

मैं इसके द्वारा घोषणाकरता/करती हूँ कि इस आवेदन–पत्र में दिये गये विवरण मेरी पूरी जानकारी और विश्वास के साथ पूर्णतया सही हैं। मैं मानता/मानती हूँ कि किसी भी स्तर पर कोई भी सूचना झूठी या गलत सिद्ध होने पर या यदि बोर्ड समझे कि मैं योग्यता मानदण्ड पूरा नहीं करता हूँ/करती हूँ, तो मेरी उम्मीदवारी रद्द की जा सकेगी। मैं ग्रामीण क्षेत्र सहित भारत में कहीं पर भी सेवा करने के लिए तैयार हूँ। मैं यह भी जानता हूँ/जानती हूँ कि मेरा आवेदन पत्र वापस लेने के मेरे अनुरोध पर विचार नहीं किया जाएगा और मेरे द्वारा प्रदत्त शुल्क वापस नहीं कियाजाएगा और न ही अन्य पद के लिए मेरी उम्मीदवारी हेतु समायोजित किया जा सकेगा। मैं यह घोषणा करता हूँ/करती हूँ कि मैं दहेज विरोधी अधिनियम 1961 के अन्तर्गत दहेज सम्बन्धी मामलों में या अन्य किसी कानून के अन्तर्गत किसी अपराध के लिए कभी दोषी नहीं पाया गया हूँ/गयी हूँ।

मैंने अपने कार्यालय विभाग के प्रमुख को लिखित रूप में सूचित कर दिया है कि मैं इस पद परीक्षा हेतु आवेदन कर रहा हूँ/रही हूँ (यह इस समय किसी सरकारी कार्यालय या अन्य किसी सरकारी क्षेत्र के उपक्रम में कार्यरत उम्मीदवारों के लिये हैं। यदि लागू न हो तो काट दें।)

स्थान : ....

दिनाँक : ....

उम्मीदवार के पूर्ण हस्ताक्षर

आवेदन पत्र-7 **(रिक्त पद की पूर्ति के लिए एक और)**

आवेदन पत्र का प्रारूप

यहाँ अपना हाल ही का पासपोर्ट आकार का फोटो चिपकाएँ

1. आवेदित पद ....

2. लिखित परीक्षा केन्द्र : .....

3. क्या अभ्यर्थी :-

(i) अनुसूचित जाति का है—हाँ/नहीं

.... (जाति/उपजाति लिखें)

(ii) अनुसूचित जनजाति का है—हाँ/नहीं

.... (जनजाति का नाम लिखें)

(iii) भूतपूर्व सैनिक हैं .... हाँ/नहीं .... (सेवामुक्ति की तारीख लिखें)

(iv) प्रत्यावर्तित हैं (देश तथा तारीख लिखें) ....

(v) सामान्य वर्ग का है।

4. (अ) राष्ट्रीयता : .... (ब) धर्म : ....

5. नाम (स्पष्ट अक्षरों में लिखें) :

....

6. पत्र-व्यवहार का पूरा पता : ....

....

....

......................पिन........

7. (अ) जन्मतिथि : .... (ब) 1-1-88 को आयु : ..... वर्ष ...

8. शैक्षिक योग्यताएँ : (आवेदन की तारीख पर)

विश्वविद्यालय का नाम	उत्तीर्ण परीक्षा	विषय	उत्तीर्ण करने का वर्ष	श्रेणी/प्राप्तांकों का प्रतिशत

9. विगत अनुभव—(योग्यता प्राप्त करने के उपरान्त)

क्रम संख्या	संगठन का नाम	पद	सेवा की अवधि		कार्य की प्रकृति	कुल वेतन प्रति माह
			से	तक		

10. (i) पिता का नाम : श्री .... (ii) पति का नाम श्री ....

11. बैंक ड्राफ्ट का विवरण :— (अ) बैंक का नाम : ....

(ब) ड्राफ्ट संख्या	जारी करने की तारीख	जारी करने वाली शाखा	भुगतान करने वाली शाखा	धनराशि रु.

मैं एतद्द्वारा घोषित करता हूँ/करती हूँ कि आवेदन पत्र में वर्णित विवरण मेरी जानकारी एवं विश्वास के अनुसार सत्य, पूर्ण तथा सही है। मैं यह समझता हूँ/समझती हूँ कि यदि किसी भी स्तर पर मेरे द्वारा दिया गया कोई भी विवरण असत्य या गलत पाया जाता है तो मेरी पात्रता/नियुक्ति निरस्त कर दी जाएगी। मैं भारत में कहीं भी सेवा करने को तत्पर हूँ।

स्थान : ....

तारीख : ....

(अभ्यार्थी के हस्ताक्षर)

आवेदन पत्र -8 **(विश्वविद्यालय में प्रवेशार्थ)**

इन्दिरा गाँधी राष्ट्रीय मुक्त विश्वविद्यालय

(वर्ष 1988-89 के स्नातक स्तरीय पाठ्यक्रम)

आवेदन पत्र

स्नातक स्तरीय कार्यक्रम

(बी. ए. तथा बी. कॉम.)

अन्तिम तिथि : 11 जुलाई, 1988 (सोमवार)

आप अखबार से यह प्रारूप काट लें और इसी में आवेदन करें। मित्रों/परिचितों के उपयोग के लिए इसकी जैरॉक्स प्रति बना सकते हैं। टंकित या हस्तलिखित प्रति भी इस्तेमाल कर सकते हैं।

सामान्य निर्देश

(क) टंकित या हस्तलिखित प्रति का ढाँचा वही होना चाहिए जो यहाँ है। अर्थात् क्रम, खाने सही होने चाहिए और लिखने के लिए काफी जगह होनी चाहिए।

(ख) ये सारे विवरण कम्प्यूटर से भरे जाने हैं। अत: अंग्रेजी के बड़े (कैपीटल) अक्षरों में ही लिखें। हर खाने में सिर्फ एक अक्षर लिखें।

1. नाम (रोमन कैपीटल में ही)

कुलनाम/उपनाम .... नाम (प्रथम तथा मध्य) ....

हर खाने में एक अक्षर लिखें। कुलनाम तथा अन्य नामों के बीच एक खाना खाली छोड़ दें। अगर जगह पर्याप्त न हो, तो नाम का संक्षिप्त रूप लिखें।

2. जन्म तिथि तिथि माह वर्ष

3. महिला हैं अथवा पुरुष : कृपया दिये गये खाने में कोड लिखें।

कोड 1. पुरुष 2. महिला ....

4. राष्ट्रीयता ________________________________

5. पिता का नाम :

कुलनाम/उपनाम.................. नाम (प्रथम तथा मध्य) ....

6. पता (पूरा लिखें)

(i) [ ]

(ii) [ ]

(iii) ग्राम शहर [ ]

(iv) जिला तथा राज्य [ ]

(v) पिन कोड [ ]

7. शिक्षा

पास की गई उच्चतम सार्व-जनिक परीक्षा	बोर्ड अथवा विश्वविद्यालय का नाम	किस वर्ष पास की	किन विषयों को लेकर पास की	कुल प्राप्तांक का प्रतिशत

8. पाठ्यक्रम का चयन

(सामने दिये गये खाने में बी. ए. या बी. कॉम. लिखें) ☐

9. क्या अनुसूचित जाति अथवा अनुसूचित जनजाति के हैं?

(यदि लागू हो तो सामने दिये गये खाने में उल्लेख करें) ☐

10. पंजीकरण शुल्क

''इन्दिरा गाँधी राष्ट्रीय मुक्त विश्वविद्यालय, नई दिल्ली'' को देय बैंक डिमांड ड्राफ्ट द्वारा 15/– रु. शुल्क भेजें।

बैंक **केवल भारतीय स्टेट बैंक**

शाखा तथा शहर का नाम ______________________

बैंक ड्राफ्ट संख्या ______________________

(पत्र कोड) (संख्या) (रोमन कैपीटल में ही)

जारी होने की तारीख ______________________

मैं घोषित करता हूँ/करती हूँ कि मैंने जो ब्यौरे प्रस्तुत किये हैं वे मेरी जानकारी के अनुसार सही हैं और माँगे जाने पर मैं उनसे सम्बन्धित दस्तावेज प्रस्तुत करूँगा/करूँगी। मैं इस तथ्य से भी भलीभाँति अवगत हूँ कि मेरे द्वारा दी गई कोई भी जानकारी गलत या भ्रामक पाये जाने की स्थिति में विश्वविद्यालय किसी समय भी मेरे दाखिले को रद्द कर सकता है।

तारीख प्रत्याशी के पूरे हस्ताक्षर

आवेदन पत्र-8 **(अवकाश हेतु आवेदन पत्र)**

(राजपत्रित अथवा अराजपत्रित अधिकारियों द्वारा पूरित किया जाएगा)

1. आवेदक का नाम ____________________
2. अवकाश के नियम (जो लागू हों) ____________________
3. पदसंज्ञा ____________________
4. कार्यालय, विभाग तथा अनुभाग ____________________
5. वर्तमान वेतन ____________________
6. वर्तमान पद पर लागू मकान किराया, ____________________
   सवारी/अथवा
   अन्य प्रति पूरक भत्ता ____________________
7. (क) आवेदित अवकाश की अवधि ____________________
   (ख) किस तारीख से .... किस तारीख तक ....
8. क्या रविवार अथवा अन्य किसी अवकाश
   को उक्त 7 की अवधि में पह ो या बाद में
   जोड़ना हैं? पूर्ण विवरण दीजिए। ____________________
9. अवकाश लेने का कारण ____________________
10. अन्तिम बार अवकाश से लौटने की तारीख ____________________
    अवकाश की कुल अवधि एवं ____________________
    अवकाश का प्रकार। ____________________
11. क्या आवेदक अवकाश-यात्रा-रियायत का लाभ____________________
    उठाना चाहता है? (पूर्ण विवरण दीजिए)____________________

आवेदक के हस्ताक्षर..................

स्थान पूरा नाम ....

दिनाँक पदसंज्ञा ....

12. (क) मैं यह वचन देता हूँ कि यदि मैं वर्तमान अवकाश की मध्यावधि या इसकी समाप्ति पर सेवा निवृत्त हुआ तो औसत वेतन/परिवर्तित छुट्टी पर प्राप्त किये गये छुट्टी के वेतन तथा आधे औसत वेतन/अर्द्ध वेतन छुट्टी पर मिलने वाले छुट्टी के वेतन जो कि मूलभूत नियम 81 (ख) (ii) संशोधित छुट्टी नियमावली, 1933 के नियम 11 (ग) (iii) उपबन्ध लागू न होने पर मुझे प्राप्त न होता, के अन्तर को वापस कर दूँगा।

(ख) मैं यह वचन देता हूँ कि यदि मैं छुट्टी के दौरान या इसकी समाप्ति पर स्वेच्छा से सेवा-निवृत्त हुआ तो मैं अर्जित छुट्टी पर प्राप्त किये गये औसत वेतन को, जो कि मूलभूत नियम 81 (ग)/संशोधित छुट्टी नियमावली, 1933 के नियम 11 (घ) के उपलब्ध लागू न होने पर मुझे प्राप्त न होता, वापस कर दूँगा।

13. अवकाश अवधि का पता

तारीख .... आवेदक के हस्ताक्षर

भाग-2

(इस भाग सभी प्रविष्टियाँ शाखा अधिकारी द्वारा भरी जाएँ)

(1) किसी स्थानापन्न व्यक्ति की आवश्यकता नहीं है।

श्री .... को तारीख .... से .... दिनों की छुट्टी पर जाने की अनुमति दे दी गई है।

(2) संलग्न कागज पर दिये गये कारणों से एक स्थानापन्न व्यक्ति की आवश्यकता है।

तारीख .... शाखा अधिकारी के हस्ताक्षर

□□□

3

डाक-प्राप्ति, रजिस्ट्रेशन और वितरण

RECEIPT, REGISTRATION & DISTRIBUTION OF DAK

(क) डाक-प्राप्ति
(RECEIPT OF DAK)

डाक प्राप्त करना
(Receipt of Dak)

1. कार्य दिवस पर (On Working Days)—कार्य दिवसों पर सरकारी दफ्तरों की केन्द्रीय रजिस्ट्री (Central Registry) में सभी तरह के पत्र प्राप्त किये जाते हैं जिन्हें डाक के नाम से सम्बोधित किया जाता है। इन सभी पत्रों को सरकारी अथवा राजभाषा (Official Language) में **प्राप्ति** कहा जाता है। केन्द्रीय रजिस्ट्री से ही सारी प्राप्तियाँ दूसरे विभागों, प्रभागों, शाखाओं और अनुभागों को भेजी जाती हैं। आमतौर पर वे सभी पत्र जो एक दफ्तर या मन्त्रालय के नाम आते हैं एक निर्धारित लिपिक जिसे **आवक लिपिक** (Receipt Clerk) कहते हैं, द्वारा प्राप्त किये जाते हैं। अगर पत्र किसी अधिकारी के व्यक्तिगत नाम से आता है तो उस पत्र को आवक लिपिक बिना खोले उसी अधिकारी के पास भेज देता है। कभी-कभी अधिकारी के वैयक्तिक सहायक (Personal Assistant) या उसके आशुलिपिक द्वारा भी पत्र प्राप्त किया जा सकता है, पर ऐसी दशा में **कृते** (For) शब्द का प्रयोग करना बड़ा जरूरी है। मन्त्रियों के पत्र हमेशा ही उनके वैयक्तिक सचिव, वैयक्तिक सहायक या वैयक्तिक अनुभाग द्वारा ही प्राप्त किये जाते हैं। आवक लिपिक द्वारा केन्द्रीय रजिस्ट्री में डाक को कार्य घण्टों (Duty hours) में प्राप्त किया जाता है।

2. छुट्टी के दिनों में या कार्य-दिवस के बाद (After Office Hours & on Holidays)—रविवार तथा दूसरे छुट्टी के दिनों में ऐसी आवश्यक डाक जो किसी अधिकारी के नाम से नहीं आती, आमतौर पर एक लिपिक द्वारा प्राप्त की जाती है। इस लिपिक को रेजीडेण्ट क्लर्क या **स्थानिक लिपिक** (Rsident Clerk) कहते हैं। दफ्तर बन्द हो जाने के बाद या कार्यालय आरम्भ होने के पहले तक यही स्थानिक लिपिक पत्रों को प्राप्त करता है। जिन दफ्तरों में डाक को इस तरह प्राप्त करने की व्यवस्था नहीं है वहाँ सभी आवश्यक डाक को अधिकारी के निवास-स्थान पर ही भेजा जाता है। निवास-स्थान पर पत्रों को प्राप्त करने के बाद आवश्यक डाक को अधिकारी उस लिपिक के पास भेज देता है जो उस समय कार्य पर (On duty) हाजिर रहता है। वही लिपिक जरूरी डाक को फौरन विभाग, प्रभाग, शाखा और अनुभाग को भेज देता है। दूसरे प्रकार की अनावश्यक प्राप्तियों या पत्रों को कार्य-दिवस पर प्रस्तुत किया जाता है। अगर लिपिक पत्रों को अधिकारी के निवास-स्थान पर भेजता है तो उस दशा में यह ध्यान रखना चाहिए कि वे सभी पत्र एक लिफाफे में बन्द करके पिन-बुक में चढ़ाकर भेजें जाएँ जिससे प्राप्ता (Receiver) पत्रों को प्राप्त करते समय अपने हस्ताक्षर कर सकें।

पत्रों का खोलना
(Opening of Letters)

पत्रों को खोलते समय इस बात का ध्यान रखना चाहिए कि अगर पत्र किसी अधिकारी के पद अथवा नाम से आया है तो उस पत्र को उस अधिकारी के पास बिना खोले भेज देना चाहिए। अगर वह अधिकारी छुट्टी पर है या दौरे पर है और कार्यालय में कार्य पर न होने पर कार्यालय से अनुपस्थित है तो कार्यभारी अधिकारी को वह पत्र सौंप देना चाहिएं।

ऐसे पत्र जिन पर **गोपनीय** (Confidential) या **परम गोपनीय** (Top-Secret) उप-वाक्य लिखा हो और पत्र किसी अधिकारी के व्यक्तिगत नाम से न आया हो तो उसे उचित अधिकारी के पास उचित कार्रवाई के लिए बिना खोले ही भेज देना चाहिए।

लिपिक को पत्रों को खोलते समय सावधान रहना चाहिए। ऐसा न हो कि पत्र लापराही से फट जाए। पत्र खोलते समय उस पत्र के साथ आये संलग्न-पत्रों (enclousers) पर भी एक नजर डाल लेनी चाहिए। अगर संलग्न-पत्र निर्धारित संख्या से कम हैं तो फौरन पत्र पर लिख देना चाहिए कि संलग्न-पत्र पूरे नहीं हैं और एक-दो कम हैं। यथा सम्भव प्राप्त संलग्न पत्रों (enclousers) पर भी एक नजर डाल लेनी चाहिए। अगर संलग्न-पत्र निर्धारित संख्या से कम हैं तो फौरन पत्र पर लिख देना

चाहिए कि संलग्न-पत्र पूरे नहीं हैं और एक-दो कम हैं। यथा सम्भव प्राप्त संलग्न पत्रों का विवरण **भावी सन्दर्भ** (Future reference) के लिए लिख देना चाहिए। पत्रों को खोलते समय इस बात का भी ध्यान रखना चाहिए कि लिफाफे फटने न पायें जिससे लिफाफों पर मितव्यय-पर्ची (Economy slip) लगाकर उन्हें दूरी बार काम में लाया जा सके।

पत्रों पर मुहर लगाना और छाँटना

(Stamping & Sorting of Letters)

केन्द्रीय रजिस्ट्री में खोले जाने वाले हर पत्र पर रबड़ की बनी एक मुहर लगायी जाती है जिस पर निम्न बातें अंकित रहती है—

केन्द्रीय रजिस्ट्री की मुहर का नमूना

.... मन्त्रालय

तारीख .... को प्राप्त

के. रजि. संख्या ....

अनुभाग दैनिकी संख्या ....

वर्गीकरण ....

पत्रों पर मुहर लगाने के बाद पत्रों को अनुभागों के अनुसार छाँट लिया जाता है। पत्रों की छंटाई का यह काम अनुभागों की विषय-सूची (Subject-wise) या वर्णमाला सूची के अनुसार होता है। पत्रों को छाँट लेने के बाद उन्हें रजिस्ट्री लिपिक के पास पहुंचा दिया जाता है। तार तथा दूसरी अन्य आवश्यक प्राप्तियों पर **तत्काल तथा अग्रता** (Immediate and Priority) की पर्ची लगाकर अलग कर लिया जाता है जिससे उन पर सबसे पहले कार्रवाई की जा सके।

(ख) प्राप्तियों का पंजीकरण

(REGISTRATION OF DAK)

केन्द्रीय रजिस्ट्री में प्राप्त होने वाली सभी प्राप्तियों को रजिस्ट्री लिपिक निम्न **आवर्ती रजिस्टर** (Receipt Register) में चढ़ाता है। इस आवर्ती रजिस्टर के प्रथम कालम में केन्द्रीय रजिस्ट्री की क्रम-संख्या लिखी जाएगी। दूसरे और तीसरे कालम में प्राप्ति की संख्या और तारीख लिखी जाएगी। साथ ही साथ केन्द्रीय

आवर्ती रजिस्टर का नमूना

क्रम संख्या	प्राप्ति की पत्र संख्या और तारीख		प्रेषक	अनुभाग जहाँ प्राप्ति भेजी गयी	कैफियत
	संख्या	तारीख			
1	2	3	4	5	6
	तारीख	....	(लाल	रोशनाई में)	

रजिस्ट्री की संख्या रबड़ की उस मुहर की तीसरी पंक्ति में लिख देनी चाहिए जिसके सम्बन्ध में पहले ही लिखा जा चुका है। आवर्ती रजिस्ट्रर में तारीख प्रतिदिन लाल रोशनाई से पृष्ठ के बीच में लिखी जानी चाहिए। जैसा कि ऊपर दर्शाया गया है।

आवर्ती रजिस्टर मन्त्रालय या दफ्तर के काम-काज के अनुसार रखे जाते हैं और क रजिस्ट्री क्लर्क के पास एक आवर्ती रजिस्टर रहता है। मन्त्रालय के अनुभागों के कार्यभार के अनुसार ही रजिस्ट्री क्लर्क रखे जाते हैं और एक रजिस्ट्री क्लर्क को कुछ ही अनुभागों का उत्तरदायित्व सौंपा जाता है।

जिन पत्रों पर गोपनीय तथा परम गोपनीय (Secret and Top Secret) लिखा रहता है उन्हें उसी अधिकारी द्वारा रजिस्टर में चढ़ाना चाहिए जो उसको प्राप्त करता है। इस प्रकार पत्रों की गोपनीयता बनी रहेगी। इस प्रकार के सभी पत्रों पर मुहर भी वही अधिकारी लगाता है जो उन्हें प्राप्त करता है। सभी तरह के गोपनीय पत्र एक अलग आवर्ती-रजिस्टर में चढ़ाए जाने चाहिए।

(ग) डाक का वितरण

(DISTRIBUTION OF DAK)

आवर्ती-रजिस्टर में सारी प्राप्तियों को चढ़ा लेने के बाद रजिस्ट्री क्लर्क उन सभी प्राप्तियों का विवरण दो प्रतियों में एक बीजक पर तैयार करता है। बीजक जिसकी रूपरेखा यहाँ दी जा रही है, अनुभागों के मुताबिक अलग-अलग तैयार होते हैं।

बीजक का नमूना

.... मन्त्रालय

.... अनुभाग को भेजी जाने वाली आवतियों की सूची

तारीख	भेजी गयी आवतियों की के. रजि. संख्या	भेजी गयी आवतियाँ का पूर्ण योग	प्राप्ता के हस्ताक्षर
1	2	3	4

इसके बाद बीजक की दोनों प्रतियाँ अनुभागों को प्राप्तियों के साथ भेज दी जाती हैं। अनुभाग का **दैनिकी लेखक** (Diarist) भली प्रकार देखकर प्राप्तियों को प्राप्त कर लेता है और बीजक की एक प्रति पर अपने हस्ताक्षर करके बीजक को केन्द्रीय रजिस्ट्री को लौटा देता है। बची हुई एक प्रति को भावी जानकारी के लिए अपने पास रख लेता है। दैनिकी लेखक अपने पास रखी जाने वाली बीजक की इस प्रति को अच्छी तरह जाँच-पड़ताल करने के बाद तारीखवार (Date-wise) नत्थी करता है और महीने के आखिर में एक जगह जिल्द में बाँधकर रख देता है।

कभी-कभी आवतियाँ गलती से केन्द्रीय रजिस्ट्री द्वारा किसी दूसरे अनुभाग में पहुँच जाती हैं। ऐसी दशा में उन्हें केन्द्रीय रजिस्ट्री को वापस कर देना चाहिए। अगर उन आवतियाँ का अनुभाग मालूम हो तो अनुभाग-अधिकारी को चाहिए कि वह उन पर सम्बन्धित अनुभाग का नाम लिखकर केन्द्रीय रजिस्ट्री को वापस कर दे। आवतियों को अनुभागों में भेजते समय इस बात का ध्यान रखना चाहिए कि अनुभाग में आवृतियाँ हर रोज निर्धारित समय पर ही अर्थात् पूर्वाह्न ग्यारह बजे, दोपहर को दो बजे और अपराह्न में चार बजे भेजी जाएँ। तार आदि जैसी आवश्यक आवतियों को तुरन्त ही अनुभागों में भेज देना चाहिए। आवतियों को भेजते समय यह ध्यान रखना चाहिए कि सायं चार बजे के बाद आने वाली समस्त आवतियों को अगले दिन वितरित किया जाए। ❑❑❑

4

डाक का अवलोकन

PERUSAL OF DAK

(क) अनुभाग-अधिकारी द्वारा अवलोकन

(PERUSAL BY SECTION OFFICER)

केन्द्रीय रजिस्ट्री से आने वाली सारी डाक को दैनिकी लेखक अनुभाक-अधिकारी की मेज पर रखी हुई बाएँ हाथ की ट्रे में रख देता है। जैसे ही डाक ट्रे में रखी जाती है वैसे ही अनुभाग-अधिकारी उस सारी डाक का अच्छी तरह अवलोकन करता है और उन पर **प्राथमिक** और **गौण** (Primary and Subsidiary) शब्द लिखकर सारी डाक को दो श्रेणियों में विभक्त करता जाता है। **नई आवती** (F.R.) को छोड़ कर अनुभाग-अधिकारी सारी आवश्यक डाक को शाखा-अफसर या अवर सचिव को अवलोकनार्थ भेज देता है। जिस डाक को वह शाखा अफसर के पास भेजना आवश्यक नहीं समझता उसे अपने मातहत अमले (Subordinate Staff) के नाम अंकित कर देता है।

अनुभाग-अधिकारी जब सारी डाक का अवलोकन कर लेता है तो सारी डाक दैनिकी लेखक के पास लौट आती है। दैनिकी लेखक आवतियों को दैनिकी में चढ़ाकर आवतियों को निर्देशित सहायकों में बाँट देता है। कुछ विशेष प्रकार की आवतियों को जिन्हें अनुभाग-अधिकारी शाखा-अधिकारी और उच्च अधिकारियों के नाम अंकित कर देता है तो उस सारी डाक को भी दैनिकी में चढ़ाकर और एक टैग लगाकर डाक-पैड में रखकर दैनिकी लेखक निर्देशित अनुभागों और विभागों के अधिकारियों के पास भेज देता है। उस पैड के ऊपर **अवलोकनार्थ** (For Perusal) लिखा रहता है।

डाक दैनिकी में चढ़ाना

(Diarising of Receipts)

अनुभाग-अधिकारी जब सारी डाक का अवलोकन कर चुकता है तो वह सारी डाक दैनिकी लेखक के पास लौट आती है। दैनिक लेखक उस डाक को नियमानुसार **अनुभाग दैनिकी** (Section Diary) में चढ़ाता है।

अनुभाग दैनिकी का नमूना

क्रम संख्या	प्राप्त प्रलेखों की संख्या और तारीख		प्रेषक का नाम	संक्षिप्त विषय	वर्गीकरण	सहायक का नाम जिसे आवती सौंपी गयी	मिसिल संख्या	अन्तिम निस्तारण की तारीख	कैफियत
	पत्र संख्या	तारीख							
1	2	3	4	5	6	7	8	9	10
			तारीख	.....		....(लाल	रोशनाई में)		

इस अनुभाग दैनिकी के पहले सात कॉलम्स की पूर्ति दैनिकी लेखक बराबर करता रहता है और प्राप्ति पर निश्चित स्थान पर दैनिकी संख्या लिखता रहता है। अनुभाग दैनिकी में तारीख प्रतिदिन सबसे ऊपर लाल रोशनाई से लिखी जानी चाहिए।

गत अध्याय में दी गयी केन्द्रीय रजिस्ट्री की मुहर का जो नमूना दिया गया है उसकी चौथी पंक्ति की पूर्ति दैनिकी लेखक द्वारा इस समय की जाती है। नई आवतियों को दैनिकी में चढ़ाते समय विशेष रूप से इस बात का ध्यान रखा जाता है कि किस प्रकार की आवतियों को दैनिकी में चढ़ाया जाए और किस प्रकार की आवतियों को न चढ़ाया जाए। इसके लिए लिपिक को कुछ अनुदेशों का पालन करना पड़ता है जिनके आधार पर आवतियाँ अनुभाग-दैनिकी में चढ़ाई जाती हैं।

(क) **दैनिकी में चढ़ाई जानेवाली आवतियाँ—प्रथम,** राज्य सरकारों द्वारा प्राप्त पत्रों तथा बाहर से आने वाले सभी प्रकार के पत्रों को दैनिकी में दर्ज किया जाता है। **दूसरे,** किसी भी अधिकारी द्वारा अथवा किसी अनुभाग द्वारा भेजी गयी सभी प्रकार की टिप्पणियों को भी दैनिकी में चढ़ाया जाता है। **तीसरे,** कार्रवाई हेतु प्राप्त किसी मिसिल से लिये गये टिप्पणियों के उद्धरण, कार्यालयापन परिपत्रों की प्रतिलिपियों या उनके उद्धरणों को भी दैनिकी में चढ़ाया जाता है। **चौथे,** दूसरे मन्त्रालय या दफ्तर को जब अनौपचारिक रूप (Unofficially) से मिसिल भेजी जाती है तो जब-जब वह मिसिल अनुभाग में वापस आती है तब-तब उसे हर बार दैनिकी में चढ़ाया जाता है।

यह ध्यान रखना चाहिए कि अनौपचारिक पत्र (Unofficial References) और तार दैनिकी में सदैव लाल रोशनाई से ही दर्ज किये जाते हैं।

(ख) **दैनिकी में न चढ़ायी जाने वाली आवतियाँ**—दैनिकी में चढ़ाई जाने वाली आवतियाँ का भली प्रकार अध्ययन करने पर यह ज्ञात होता है कि उनके अतिरिक्त कुछ ऐसी और भी आवतियाँ बची रह जाती हैं जिनको दैनिकी में जान-बूझकर नहीं चढ़ाया जाता है। अत: दैनिकी में न चढ़ाई जाने वाली आवतियों का ब्यौरा निम्न प्रकार है—

प्रथम—ऐसी आवतियाँ जिन पर कोई आदेश न दिया गया हो और जिन पर किसी अधिकारी के हस्ताक्षर भी न हुए हों तो उन्हें दैनिकी में नहीं चढ़ाया जाता।

द्वितीय—ऐसी उन सभी आवतियों को भी दैनिकी में दर्ज नहीं किया जाएगा जिन पर भविष्य में किसी तरह की कार्रवाई नहीं की जानी है।

तृतीय—अभिन्न प्रतिनिधित्व (Identical representations) जैसे पत्र की सबसे पहले प्राप्त होने वाली प्रति को ही दैनिकी में चढ़ाया जाएगा। उसके बाद प्राप्त होने वाली प्रतियों को दैनिकी में नहीं चढ़ाया जाएगा।

चतुर्थ—नित्यचर्या की रसीदी-पत्र (Routine acknowledgements) और तार की प्रतियाँ भी दैनिकी में नहीं चढ़ाई जाएँगी।

पंचम—तरह-तरह के परिपत्र, कार्यालय-ज्ञापन, सार जो जनसाधारण को सूचित करने के लिए भेजे जाएँ, दौरा-कार्यक्रम, छुट्टियों की सूचियाँ आदि जैसी आवतियों को भी दैनिकी में नहीं चढ़ाया जाएगा।

षष्टम—कार्यालय आदेश और किसी भी तरह की दूसरी आवतियाँ जो मन्त्रालय में किसी विशेष कार्यालय आदेश के अनुसार प्राप्त हुई हैं दैनिकी में नहीं चढ़ाई जाएँगी।

(ख) उच्च अधिकारियों द्वारा अवलोकन
(PERUSAL BY HIGHER OFFICERS)

(द्व) शाखा अधिकारी द्वारा अवलोकन
(Perusal By Branch Officer)

शाखा-अधिकारी के पास जैसे ही डाक अवलोकन के लिए पहुँचती हैं त्यों ही वह उसको पढ़ जाता है। सारी डाक को देख लेने के बाद जिन आवतियों का वह स्वयं बिना किसी सहायक के निपटान (Disposal) कर सकता है उन्हें तत्काल निपटा देता है और जिन आवतियों के बारे में वह समझता है कि उनका उच्च अधिकारियों द्वारा देखना आवश्यक है या उन आवतियों पर उच्च-अधिकारियों के आदेश-अनुदेश लेना जरूरी है तो उस सारी डाक को उचित कार्रवाई के लिए तत्काल उच्च अधकारियों के पास भेज देता है। बाकी बची सारी डाक अनुभाग में वापिस पहुँचा दी जाती है। जहाँ शाखा अधिकारी द्वारा अवलोकित समस्त डाक अनुभाग अधिकारी द्वारा उचित कार्रवाई के लिए निर्देशित सहायकों में वितरित कर दी जाती है। ऐसी समस्त डाक पर शाखा अधिकारी द्वारा सहायकों का नाम लिख दिया जाता है।

(द्वद्व) उच्च अधिकारियों द्वारा अवलोकन
(Perusal By Higher Officers)

उच्च अधिकारी अपनी शक्ति और अधिकारों के आधार पर अधिक-से-अधिक डाक का निपटारा कर डालता है किन्तु जिस डाक पर वह उच्च अधिकारियों के आदेश अनुदेश प्राप्त करना उचित समझता है उस सारी डाक को उच्च अधिकारी अपने से भी उच्च अधिकारी के पास अवलोकन के लिए प्रस्तुत करता है और जिस डाक के बारे में उच्च अधिकारी यह समझे कि उस डाक का उच्च अधिकारियों द्वारा अवलोकन होना जरूरी है या उस पर उच्च अधिकारियों का मत जानना जरूरी है या आदेश प्राप्त करना ही चाहिए तो ऐसा वह अवश्य ही करता है। वैसे जहाँ तक सम्भव होता है वह ऐसा कम ही करता है।

(ग) अवलोकन के बाद
(AFTER PERUSAL)

डाक का अवलोकन करने में कोई भी अधिकारी जरा भी आलस्य नहीं करता। अन्य कार्यों की अपेक्षा सभी अधिकारी डाक अवलोकन कार्य को प्रमुखता देते हैं। ऐसा करने से कार्य में क्षमता आती है और कार्य शीघ्रता से होता रहता है। अगर ऐसा न किया जाए तो डाक महीनों यों ही पड़ी रहेगी और कार्य–भार बढ़ता ही जाएगा।

जब शाखा अधिकारी और उच्च अधिकारी सारी डाक का अवलोकन कर लेते हैं और आवश्यकतानुसार उन पर अपनी टिप्पणी लिख डालते हैं तो सारी डाक अनुभाग में दैनिकी लेखक के पास वापिस आ जाती है। अनुभाग में दैनिकी लेखक के पास जैसे ही डाक वापस आती है वैसे ही वह सारी डाक को जो उच्च अधिकारियों के नाम अंकित नहीं हैं, सम्बन्धत सहायकों में बाँट देता है। जिन आवतियों पर उप–सचिव आदि जैसे उच्च अधिकारी के नाम अंकित हैं उन्हें दैनिकी लेखक फौरन ही उप–सचिव या अन्य उचित अधिकारियों के पास विधिवत् भावी कार्रवाई के लिए भेज देता है। उप–सचिव सारी डाक का अवलोकन करके उसे अनुभाग में फिर से लौटा देता है। अनुभाग में डाक वापस आ जाने पर उचित कार्रवाई के लिए सारी डाक अनुभाग के सहायकों में बाँट दी जाती है।

उच्च अधिकारियों के पास से डाक अगर चौबीस घण्टे के भीतर अनुभाग में वापस नहीं आती है तो दैनिकी लेखक को इस सम्बन्ध में अनुभाग–अफसर को सूचित करना चाहिए जिससे अनुभाग–अफसर डाक को प्राप्त करने के लिए उचित कार्रवाई कर सके ताकि डाक के निस्तारण में विलम्ब न हो।

□□□

5

आवती पर कार्रवाई
ACTION ON RECEIPTS

(क) सहायक द्वारा कार्रवाई
(ACTION BY ASSISANT)

आवतियाँ जैसे ही सहायक के पास आती हैं वह फौरन उन्हें सहायक दैनिकी में चढ़ाता है। सारी आवतियों को दैनिकी में चढ़ा लेने के बाद सहायक पहले तत्काल और प्राथमिक मामलों का (Immediate and Priority) ही निपटान करता है। लेकिन साथ-ही-साथ वह यह भी ध्यान रखता है कि साधारण और गौण (Ordinary and Subsidiary) आवतियाँ अधिक दिनों तक न पड़ी रहें। इसलिए सहायक साधारण आवतियों का निपटान भी समय-समय पर करता चलता है। अगर किसी प्राप्ति का संलग्न-पत्र खो गया हो अथवा प्राप्त ही न हुआ हो तो सहायक को चाहिए कि वह इसकी सूचना अपने अनुभाग अफसर को तुरन्त दे। सहायक ऐसी आवतियों के सम्बन्ध में अपने सुझाव प्रस्तुत करता है जिन पर अनुभाग में कार्रवाई की जा सकती है। साथ ही अगर किसी प्राप्ति का सम्बन्ध दो या दो से अधिक अनुभागों से होता है तो वह प्राप्तियों से संगत उद्धरण (relevant extract) लेकर आवश्यक कार्रवाई के लिए अनुभागों को भेज देता है।

मन्त्रालय से समय-समय पर प्रसारित होने वाली सभी नीतियों की एक कुंजी सहायक के पास रहती है। आवतियों के निस्तारण में सहायक उन नीतियों से विशेष सहायता लेता है। अगर कभी उसे जटिल मामले की कोई आवती प्राप्त हो जाती है तो वह उस मामले से सम्बन्धित सभी तरह की सामग्री, तथ्य और आँकड़े जुटाता है और उस सारी सामग्री को वह एक बार ध्यान पूर्वक अच्छी तरह से पढ़ जाता है और फिर आवती पर अपनी सारगर्भित टिप्पणी प्रस्तुत करता है। अगर कोई

ऐसा नवीन मामला आ गया है जिस पर अभी तक कोई मिसिल नहीं खोली गयी है तो वह उस मामले के निस्तारण के लिए एक नई मिसिल खोल लेता है। यदि इस नई आवती में पिछले पत्र-व्यवहार का सन्दर्भ है तो सहायक उस सारे पत्र-व्यवहार को जुटाता है और उसी नई मिसिल में जमा करता रहता है और उस सारी जमा की गयी सामग्री पर क्रम से संख्या डालता रहता है।

सहायक दैनिकी

सहायक का नाम.................................. अनुभाग..........................

दैनिकी संख्या (वर्गीकरण सहित) या मिसिल संख्या	विषय (केवल दैनिकी संख्या के लिए सूचक शब्दों में)	मिसिल संख्या (केवल दैनिक संख्या के लिए)	प्रस्तुत करने की तारीख	अन्तिम रूप से निपटाने की तारीख (केवल प्राथमिक और विशेष प्राथमिक आवतियों के लिए)
1	2	3	4	5
	तारीख...................			

नोट— (1) कार्य आरम्भ करने से पहले तारीख पृष्ठ के मध्य में लिखनी चाहिए।

(2) सप्ताह के आखिरी कार्य-दिवस पर नीचे लिखी बातों के स्पष्टीकरण के लिए एक सार तैयार करना चाहिए—

निस्तारित प्राप्तियों की दैनिकी संख्या

	दैनिकी संख्या	निस्तारण की तारीख
(क) पिछले सप्ताह की शेष आवतियों या मामलों की कुलसंख्या	....	....
(ख) इस सप्ताह में आयी हुई आवतियों या मामलों की कुल संख्या	....	....
(ग) चालू सप्ताह में जिन आवतियों या मामले पर कार्रवाई की गयी उनकी कुल संख्या	....	....
(घ) बाकी आवतियाँ :—		
(i) तीन दिन के भीतर-भीतर	....	....
(ii) 4 से 7 दिन के भीतर	....	....
(iii) 7 दिन के ऊपर के मामले	....	....
कुल संख्या	....	....

मिसिल के दो भाग होते हैं। पहला भाग पत्र-व्यवहार के नाम से सम्बोधित किया जाता है। दूसरा भाग टिप्पणी कहलाता है। सहायक आवती को पत्र-व्यवहार वाले भाग में टैग से भली भाँति बाँध देता है और फिर टिप्पणी वाले भाग में एक कोरा कागज जिसे नोटशीट कहते हैं, लगा देता है। नोट-शीट पर आवती का सन्दर्भ लाल रोशनाई से लिखी जाती है। टिप्पणी पत्रक का प्रारूप नीचे दिया जा रहा है। यथा—

टिप्पणी पत्रक
(NOTE-SHEET)

किसी आवती पर कार्रवाई करने के पूर्व और नोट–शीट पर अपनी टिप्पणी लिखने से पहले सहायक टिप्पणी पत्रक पर निम्न तथ्यों को लाल रोशनाई से लिखता है। ये तथ्य दो रूप में लिखे जा सकते हैं—

पहला रूप

विभाग........................	क्रम संख्या..........पत्र–संख्या.......
मिसिल संख्या...............	प्रेषक..........तारीख.........
	विषय..

दूसरा रूप

क्रम संख्या..........................उप-पर्यवेक्षक

शिक्षा एवं समाज कल्याण मन्त्रालय

पत्र संख्या................ दिनाँक.............

विषय..

नोट-शीट को पूरा करने के बाद उस नई आवती पर सहायक अपनी टिप्पणी लिखता है। टिप्पणी में वह पिछले निर्णयों और नीतियों का भी साफ-साफ उल्लेख करता है। यद्यपि सहायक किसी विषय पर भी अपना अन्तिम निर्णय नहीं दे सकता तथापि निस्तारण के लिए वह ब्यौरेवार सारगर्भित अपने सुझाव प्रस्तुत कर सकता है। साधारण मामलों जैसे अनुस्मारक (Reminders) अथवा रसीदी (Acknowledgements) भेजने आदि के लिए मसौदा भी तैयार करता है। सहायक जब इतना सब कुछ कर चुकता है तो अपनी टिप्पणी को अनुभाग-अधिकारी को सौंप देता है। कभी-कभी मुख्य या आवश्यक आवतियों पर विभाग-अफसर आदि को जो कार्रवाई करनी है उसके बारे में सहायक अपने विचार लिख देता है।

(ख) अधिकारियों द्वारा कार्रवाई
(ACTION BY THE OFFICERS)

अनुभाग-अधिकारी द्वारा कार्रवाई
(Action by Section Officer)

सहायक द्वारा प्रस्तुत की गयी टिप्पणियों और साधारण मसौदा को अनुभाग-अधिकारी ध्यानपूर्वक पढ़ता है और आवश्यकता के अनुसार टिप्पणियों में परिवर्तन भी करता है। आवती के निस्तारण के लिए अगर कोई बात छूट गयी हो तो अनुभाग अधिकारी उसका भी अपनी टिप्पणी में उल्लेख कर देता है। अथवा मसौदे मे अपनी ओर से बढ़ा देता है। मिसिल मे आवती ठीक प्रकार से रखी गयी है या नहीं, इसकी भी वह जाँच करता है। साथ-साथ वह सहायक को टिपपणी लिखने में पूरी सहायता देता है। अनुभाग-अफसर को कुछ अधिकार प्राप्त होते हैं जिसके द्वारा वह खुद ही बहुत-सी कार्रवाई कर लेता है और ज्यादा से ज्यादा आवतियों का निस्तारण कर देता है। जैसे—

(क) सभी प्रकार की मध्यस्थ दैनिक कार्रवाई (Intermediate routine action) करना। जैसे दूसरे अनुभागों से सामग्री प्राप्त करना, विलम्ब रोकने के लिए अनुस्मारक भेजना आदि जैसी कार्रवाई,

(ख) अगुप्त आवतियों के बारे में साधारण कार्रवाई करना,

(ग) उन सभी कार्यों को निपटाना जिनका भार उसे सौंप दिया गया है,

(घ) सेवा-पूंजी की प्रविष्टियों को प्रमाणित करना।

(ङ) अधिकृत विषयों वाली आवतियों के अन्तिम निस्तारण के समय अपना नाम तथा पद-संज्ञा का उल्लेख करना।

शाखाध्यक्ष द्वारा कार्रवाई
(Action by the Branch Officer)

शाखाध्यक्ष उप-सचिव के सलाह-मशविरे से ज्यादा-से-ज्यादा आवतियों पर खुद ही कार्रवाई करता है और उनका अन्तिम रूप से निपटान भी कर देता है। कुछ प्रलेख ऐसे भी होते हैं जिन पर शाखाध्यक्ष अपनी टिप्पणी देकर अपने उच्च अधिकारियों को प्रस्तुत करता है। टिप्पणी उच्च अधिकारी द्वारा स्वीकृत हो जाने पर शाखाध्यक्ष खुद उसका अपने हस्ताक्षरों से उत्तर दे देता है। कभी-कभी शाखाध्यक्ष मौखिक रूप से या टेलीफोन पर अपने उच्च अधिकारियों के अनुदेश प्राप्त करता है और उन्हीं की सहायता से आवती का अन्तिम निस्तारण कर देता है।

उच्च अधकारियों द्वारा कार्रवाई
(Action by the Higher Officers)

उप-सचिव मन्त्रालय का एक विशेष और खास कार्यकर्त्ता है। उप-सचिव कई विभागों की कार्यवाही की देख-रेख करता है। इसलिए उसके अधिकार भी अधिक होते हैं। निष्पक्ष रूप से अन्तिम निर्णय देने में वह बड़ा चतुर होता है। इसीलिए वह अधिक-से-अधिक मामलों का खुद निपटान करता है और किसी आवती के निस्तारण के सम्बन्ध में अपने अधीनस्थ अधिकारियों को अनुदेश भी देता है। अपने से उच्च अधिकारियों के पास जाने वाले मामलों में अपने सुझाव प्रस्तुत करता है। बहुत-से मामलों में वह सीधे सचिव तथा मन्त्री से परामर्श करता है। नीति-निर्माण में उप सचिव का मुख्य हाथ रहता है। वह अधिकतर मामलों के निस्तारण के लिए अपने से उच्च अधिकारियों के मौखिक या टेलीफोन पर आदेश और अनुदेश प्राप्त करता है। ❑❑❑

6

टिप्पण कार्य
NOTING

(क) सामान्य परिचय
(GENERAL INTRODUCTION)

सरकारी दफ्तरों में टिप्पणी लिखने का महत्त्व विशेष प्रमुख है। किसी आवती पर बिना टिप्पणी किये हुए उसका अन्तिम निस्तारण करना सरकारी दफ्तरों में एकदम नामुमकिन है। विचाराधीन डाक के बारे में जो लिखित या मौखिक कार्रवाई उसके अन्तिम निस्तारण के लिए की जाती है, उसी को टिप्पणी कहते हैं। टिप्पणी में विचाराधीन आवर्ती मामले को शीघ्र एवं सुविधापूर्वक निपटान के लिए पिछले कागजों के सार, जिन समस्याओं का समाधान करना होता है उनकी व्याख्या, कार्रवाई के सम्बन्ध में सुझाव एवं उस पर निर्देशों का समाधान रहता है।

टिप्पणी कार्य के अन्तर्गत पूर्व पत्रों के सार, निर्णय के लिए जो प्रश्न या प्रश्नावली होती है उनके विवरण और सुझाव आदि को स्पष्ट किया जाता है जिनसे आवतियों के अन्तिम निस्तारण में सहायता मिलती है।

टिप्पणी लिखने के मुख्य रूप से तीन उद्देश्य होते हैं। यथा—

एक—सभी तथ्यों को स्पष्ट और संक्षेप में सम्बन्धित अधिकारी के सामने तर्कसंगत भाषा में प्रस्तुत करना और फिर किसी विशेष विषय या पत्र-व्यवहार पर पूर्व-निश्चित तथ्य या प्रमाण की ओर ध्यान दिलाना।

दो—इच्छित विषय या पत्र-व्यवहार पर विचार स्पष्ट करना।

तीन—यह स्पष्ट करना कि पत्र-व्यवहार पर क्या कार्रवाई की जानी है।

इस तरह से टिप्पणी कार्य से पत्र के वे सभी तथ्य स्पष्ट रूप से तर्क-

वितर्क-सहित सम्बन्धित अधिकारी की नजरों में आ जाते हैं जिन पर उसे निर्णय देना है।

(ख) टिप्पणी का क्षेत्र एवं उद्देश्य
(SCOPE & PURPOSE OF NOTING)

यदि आवती पर की जाने वाली कार्रवाई एकदम स्पष्ट और साफ हो या किसी मिसाल (Precedent) अथवा परम्परागत हो अथवा शाखाधिकारी या उच्च अधिकारी ने आवती पर ही कोई निर्देश दे दिया हो तो आवश्यकतानुसार और कुछ अधिक टिप्पणी लिखे उत्तर का प्रारूप या आलेख (Draft) अनुमोदन के लिए प्रस्तुत कर देना चाहिए। यदि वर्णित तथ्यों में से कुछ भी सम्भव न हो तो कार्यालय की ओर से टिपपणी प्रस्तुत की जाएगी जिसमें निम्नलिखित तथ्यों एवं आँकड़ों का उल्लेख रहना चाहिए। यथा—

(क) यथा सम्भव यह निश्चित कर लेना चाहिए कि सभी तथ्य ठीक हैं तथा विषयान्तर्गत हैं।

(ख) अशुद्धियाँ एवं तथ्यों के गलत वर्णन की ओर स्पष्ट रूप से संकेत करना चाहिए।

(ग) यथा सम्भव सांविधिक (Statutory) या प्रचलित क्रियाविधि (Customary Practice) की ओर ध्यान आकर्षित करना चाहिए। वे कानून और नियम कहाँ देखे जा सकते हैं, का भी टिप्पणी में स्पष्ट उल्लेख रहना चाहिए।

(घ) मन्त्रालय अथवा कार्यालय में उपलब्ध सभी संगत तथ्यों तथा आँकड़ों (Relevant facts & figures) को प्रस्तुत किया जाना चाहिए और उस मामले अथवा विषय पर कोई स्थायी निर्देश मिसिल (Standing Guard File) उपलब्ध हो तो वह मिसिल या पिछले मामले या नीति विषयक (Pertaining to Policy), पिछले मामलों से सम्बद्ध कागजात प्रस्तुत करें।

(ङ) विचारार्थ प्रश्नों को स्पष्ट करना चाहिए तथा जिन मामलों पर निर्णय की आवश्यकता है उनके बारे में स्पष्ट रूप से लिखा जाना चाहिए।

(च) यथा सम्भव हर मामला अथवा आवती पर की जाने वाली कार्रवाई की दिशा अवश्य ही सुझायी जानी चाहिए।

तथ्यों का क्रमिक सार
(Running Summary of Facts)

टिप्पणी लिखने से पूर्व तथ्यों का अलग से एक सार तैयार करके एक अलग आवरण में रखकर उस पर **तथ्यों का सार** की निशानपर्ची (Flag) लगा देनी चाहिए। ऐसा करने से मामलों को शीघ्रता से निपटाने में सहायता मिलेगी और बार-बार पूर्व टिप्पणियों को पढ़ने से बचा जा सकेगा और विचार करने में सुविधा रहेगी।

मामला जैसे-जैसे प्रगति की ओर बढता जाए और निस्तारण को पहुँचने वाला हो तो नये-नये तथ्यों को सार में सम्मिलित करते जाना चाहिए ताकि टिप्पणी लेखक हमेशा मामले का पूरा विवरण अधिकारी के सम्मुख प्रस्तुत कर सकें। व्यक्तियों, संख्याओं अथवा कार्य-व्यापार से सम्बन्धित सभी उपयुक्त मामलों में सार यथा सम्भव जल्दी ही तैयार कर लेना चाहिए।

सार तैयार करते समय इस बात का विशेष रूप से ध्यान रखना चाहिए कि अलग-अलग अधिकारियों की राय अथवा परामर्श को सार में सम्मिलित न किया जाए जबकि अन्य मन्त्रालयों (कार्यालयों) से प्राप्त विचारों एवं परामर्श के महत्त्वपूर्ण तथ्यों को सार में अवश्य ही स्थान देना चाहिए।

टिप्पणी लिखते समय टिप्पणी लेखक टिप्पणी को चार मुख्य भागों में विभाजित कर लेता है। यथा—

एक—टिप्पणी का सार—टिप्पणी लेखक टिप्पणी पत्रक (Note-Sheet) पर सभी विचाराधीन पत्र या आवतियों की क्रम संख्या, दिनांक, प्रेषक तथा प्रापक का नाम लाल रोशनाई में अंकित कर लेता है। यथा

विचाराधान पत्र

क्रम संख्या

उत्तर प्रदेश सरकार के शिक्षा मन्त्री को सम्बोधित

सचिव भारत सरकार, शिक्षा एवं मानव संसाधन की ओर से

पत्र संख्या.................. दिनाँक..................

दो—वाद प्रश्न का सार—मूलपत्र अथवा नइ आवती का सार दो-चार पंक्तियों में अवश्य ही लिखा जाना चाहिए ताकि वाद-विषय को समझने में अधिकारी को किसी प्रकार की असुविधा का सामना न करना पड़े। यथा

"विचाराधीन पत्र में ऐसा सुझाया गया है कि सरकारी एवं अर्द्ध-सरकारी कार्यालयों में राज भाषा हिन्दी की प्रगति को

आँकने के लिए एक अधिकारी नियुक्त किया जाए।''

तीन—विषय वस्तु—टिप्पणी के इस भाग में पत्र अथवा आवती पर पूर्ण रूप से प्रकाश डाला जाता है। विषय से सम्बन्धित सभी तथ्यों, प्रकरणों, उद्घोषणाओं, पूर्व दृष्टान्तों एवं पूर्व इतिहास का उल्लेख किया जाता है। टिप्पणी लेखक विषय से सम्बन्धित तर्क एवं पक्ष-विपक्ष में अपनी एक स्वतः पूर्ण टिप्पणी लिखता है।

चार—निष्कर्ष—अन्त में टिपपणी लेखक सम्पूर्ण टिप्पणी का सार संक्षेप में लिखता है और अपने सुझाव भी प्रस्तुत करता है एवं अपनी टिप्पणी को पत्रावली (मिसिल) के साथ उचित आदेशों के लिए उच्चाधिकारियों के समक्ष प्रस्तुत करता है।

टिप्पणी लिखने का साधारण नियम
(General rules for noting)

एक अच्छी और गुणकारी टिप्पणी लिखते समय टिप्पणी लेखक को निम्न बातों पर विशेष रूप से ध्यान रखना चाहिए। यथा—

1. टिप्पणी लिखते समय बेकार का विस्तार नहीं करना चाहिए। जिन बातों को आसानी से छोड़ा जा सकता है, उन्हें छोड़ देना चाहिए।
2. टिप्पणी में इस प्रकार की भाषा और शब्दों को प्रयोग में नहीं लाना चाहिए जिनसे किसी प्रकार की असंगति या भ्रान्ति पैदा होने का डर हो।
3. जहाँ तक हो, टिप्पणी में अनुच्छेदों का क्रम न रखा जाए। अगर जरूरत समझी ही जाए तो प्रथम अनुच्छेद को छोड़कर बाकी सभी पर 2, 3 4, 5 आदि अंक डाल देने चाहिए। आवश्यकतानुसार अनुच्छेदों को उप-विभागों (Sub-paras) में भी विभाजित करना चाहिए ताकि उप-विभाग में प्रकरण अथवा आवती के किसी विशेष पहलू पर प्रकाश डाला जा सके।
4. टिप्पणी लिखते समय इस बात का भी ध्यान रखना चाहिए कि उसमें किसी के प्रति निजी रूप से आक्षेप न हो।
5. टिप्पणी की भाषा इतनी साफ होनी चाहिए कि अफसर यह न सोच बैठें कि लेखक का उसमें कोई निजी स्वार्थ है।
6. टिप्पणी में उन सभी समस्याओं का समाधान रहना चाहिए जिनके सम्बन्ध में पत्र लिखा गया है। अगर पत्र में पूर्व पत्र-व्यवहार से निश्चित दृष्टान्त, निर्णय या आदेश देना है तो साफ-साफ सन्दर्भ देते

हुए स्पष्ट रूप से सारी बातें लिख डालनी चाहिएँ जिनके आधार पर अफसर अपना मत दे सके।

7. यथासम्भव एक आवती पर एक ही टिप्पणी लिखी जानी चाहिए।

8. टिप्पणी में तथ्यों की पुनरावृत्ति नहीं होनी चाहिए। अतः टिप्पणी संक्षिप्त और सुस्पष्ट होनी चाहिए।

9. स्पष्टता, संक्षिप्तता, नियमपूर्वक और सरलता टिप्पणी के अपने गुण हैं। इसलिए इन्हें कभी भी हाथ से नहीं जाने देना चाहिए। अलंकारिक और जटिल भाषा तथा सांकेतिक शब्दावली को टिप्पणी में स्थान नहीं देना चाहिए। टिप्पणी में द्वि-अर्थक, अनेकार्थक या भ्रामक शब्दों का भी प्रयोग नहीं होना चाहिए।

10. जहाँ तक हो सके हाशिये में सभी प्रकार के अनुदेश लिख देने चाहिए जिससे अफसर को विषय को समझने में परेशानी न हो।

11. कभी-कभी अफसर लोग आवती कर अपनी ओर से टिप्पणी के रूप में अनुदेश देते हैं। सहायक को चाहिए कि टिप्पणी लिखने से पहले उन सभी अनुदेशों का उल्लेख करे तभी अपनी टिप्पणी लिखे।

12. सहायक को टिप्पणी लिखने के बाद बायीं ओर अपने हस्ताक्षर के प्रथमाक्षर लिख देने चाहिए जिससे अफसर यह समझ सके कि टिप्पणी किस सहायक ने लिखी है ताकि जरूरत पड़ने पर उस सहायक को बुलाया जा सकें।

13. कभी-कभी एक ही प्राप्ति में कई ऐसी बातें होती हैं जिनके लिए अलग-अलग आदेश प्राप्त करना जरूरी हो जाता है। इसलिए उन सब बातों को एक-एक करके टिप्पणी के रूप में लिखकर अफसर के सामने प्रस्तुत करना चाहिए।

14. टिप्पणी सदैव अन्य पुरुष में लिखी जानी चाहिए।

15. टिपपणी में किसी की आलोचना या छिद्रान्वेषण (Criticise) नहीं किया जाना चाहिए और न ही किसी की नीयत और सद्भावना पर शंका ही की जानी चाहिए।

16. टिप्पणी में विचाराधीन पत्र के किसी अंश को अक्षरशः उद्धृत नहीं करना चाहिए।

17. टिप्पणी में किसी भी विषय वस्तु का अनावश्यक रूप से सविस्तार

उल्लेख नहीं किया जाना चाहिए।

18. टिप्पणी लिखते समय टिप्पणी लेखक को टिप्पणी में पृष्ठ संख्या अवश्य ही डालनी चाहिए ताकि पृष्ठ इधर-उधर न हो सकें।

19. आवती के निस्तारण के लिए तर्क प्रस्तुत करते समय यदि आवश्यकता से अधिक सामग्री का उल्लेख करना हो तो उसका उल्लेख अलग से परिशिष्ट के रूप में किया जाना चाहिए। टिप्पणी में मात्र उसका उल्लेख ही होना चाहिए।

20. आवश्यक निर्देश एवं सन्दर्भों को विषय वस्तु में न लिखकर उपांत (Margin) में लिखना चाहिए। टिप्पणी लेखक के इस कार्य से एकाग्रता भंग नहीं होगी और अधिकारी का ध्यान मूल विषय वस्तु से भंग नहीं हो सकेगा।

(ग) अन्तरिम कार्रवाई
(INTERIM ACTION)

पावती
(Receipt)

सार्वजनिक निकायों, मान्यता प्राप्त संस्थाओं, संसद सदस्यों एवं गणमान्य व्यक्तियों से प्राप्त पत्र आदि का तत्काल उत्तर भेजना सम्भव न हो तो उसकी पावती अवश्य भेज देनी चाहिए।

यदा-कदा ऐसा भी होता है कि भूल से या अज्ञानतावश मूलपत्र किसी अन्य मन्त्रालय/कार्यालय को भेज दिया जाता है। ऐसी दशा में जिस मन्त्रालय/कार्यालय को वह पत्रादि प्राप्त हो तो उस मन्त्रालय/कार्यालय का यह कर्त्तव्य है कि वह उसकी पावती अवश्य ही सम्बन्धित मन्त्रालय/कार्यालय को भेज दे ताकि किसी भी स्तर पर आवती का निस्तारण करने में अनावश्यक विलम्ब न हो।

अन्तरिम उत्तर
(Interim Replies)

यदि किसी आवती या पत्रादि का अन्तरिम रूप से उत्तर देने में विलम्ब होने की सम्भावना हो तो उसका एक अन्तरिम उत्तर अवश्य ही भेज देना चाहिए। अर्द्ध-सरकारी पत्रों का ऐसी दशा में तत्काल ही अन्तरिम उत्तर भेजना चाहिए और यदि मन्त्री के नाम सम्बोधित पत्र कार्यालय को भेजा जाता है तो उसका अन्तरिम उत्तर अवश्य ही भेजा जाना चाहिए।

टिपपणी की क्रिया-विधि
(Procedure of Noting)

आमतौर पर किसी टिप्पणी को प्रस्तुत करने का एक माध्यम (channel) होता है। यह माध्यम सहायक—अनुभाग-अधिकारी—शाखा-अधिकारी—विभाग-अधिकारी—स्कन्ध-अधिकारी—सचिव—उपमन्त्री—मन्त्री के रूप में जाना जाता है। यदा-कदा किसी मामले को सहायक सीधे शाखा-अधिकारी को भेज सकता है। इसी तरह कभी-कभी अनुभाग-अधिकारी अपनी टिप्पणी को सचिव या उप सचिव को, शाखा-अधिकारी सीधे संयुक्त सचिव या सचिव को और उपसचिव अपनी टिप्पणी को सचिव या मन्त्री को सीधे ही भेज सकता है।

सक्षम अधिकारी द्वारा जब किसी मिसिल पर अन्तिम रूप से अनुदेश तथा निर्देश दे दिये जाते हैं तो वह मिसिल सम्बन्धित अधिकारियों के हाथों में से गुजरती हुई अनुभाग में पहुँच जाती है। इस तरह अधिकारियों को उस मिसिल की टिप्पणी, अनुदेशों और निदेशों का ज्ञान हो जाता है।

(घ) सहायक एवं अधिकारियों द्वारा कार्रवाई
(ACTION BY ASSISTANT AND OFFICERS)

आवती पर सहायक द्वारा कार्रवाई
(Action by Assistant on Receipts)

सहायक को जैसे ही आवतियाँ प्राप्त होती हैं वह उनका ध्यानपूर्वक अध्ययन करता है और उनमें से तत्काल (Immediate) और प्राथमिकता वाली आवतियों को अलग करके उन पर सर्वप्रथम कार्रवाई करता है। साथ ही सहायक अन्य सामान्य आवतियों का भी निपटान करता रहता हैं ताकि वे अनावश्यक रूप से विलम्बित न पड़ी रहें। आवतियों के साथ संलग्न कागजों की भी जाँच करता है और निदेशानुसार आवतियों पर अपना नोट अथवा टिप्पणी लिखता है। यदि साथ नत्थी किये गये कागजात कम पाये जाते हैं तो सहायक इस तथ्य को अनुभाग अधिकारी की जानकारी में लाता है। यदि आवती के किसी अंश का सम्बन्ध किसी अन्य अनुभाग या अनुभागों से होता है तो सहायक आवती से आवश्यक उद्धरण तैयार करके सम्बन्धित अनुभागों को आवश्यक कार्रवाई के लिए भेजता है।

अनुभाग अधिकारी द्वारा कार्रवाई
(Action by Section Officer)

अनुभाग अधिकारी सहायक द्वारा प्रस्तुत टिप्पणी को सूक्ष्म रूप से जाँच करता है और आवश्यकतानुसार अपने विचार या सुझाव प्रस्तुत करता है तथा मिसिल को उच्च अधिकारियों के समक्ष आवश्यक आदेशों के लिए प्रस्तुत करता है। अनुभाग

अधिकारी अपने विवेक और बुद्धि से तथा अपनी शक्तियों के अधीन साधारण प्रकृति के समस्त पत्र-व्यवहार को, आवतियों को, जैसे स्मरण पत्र, पावतियाँ आदि भेजना, निस्तारित करता है। नैमी मामलों (Routine Cases) का अन्तिम रूप से निपटारा करता है और ऐसी कोइ अन्य कार्रवाई भी करता है जिसके लिए कार्यालय के सामान्य या विशेष आदेशानुसार अनुभाग अधिकारी को सवतन्त्र रूप से निपटान करने के लिए पूर्ववत ही प्राधिकृत कर दिया गया हो।

शाखा अधिकारी द्वारा टिप्पणी लेखन
(Noting by Branch Officer)

शाखा अधिकारी यथा सम्भव अपनी जिम्मेदारी पर अधिक से अधिक मामलों का निपटान करता है। ऐसे सभी मामले जिन पर उप-सचिव या अन्य उच्च अधकारियों के आदेश लेना या उनके विचार जानना आवश्यक हो तो शाखा अधिकारी नीति सम्बन्धी सभी मामलों को उच्च अधिकारियों के पास भेजता है। शाखा अधिकारी को, यथा सम्भव मौखिक आदेश प्राप्त करके, मामले को अन्तिम रूप दे देना चाहिए। जब शाखा अधिकारी को आदेश देने हों या उच्च अधिकारियों को विचारार्थ सुझाव रखने हों वहाँ शाखा अधिकारी अपनी टिप्पणी में केवल उन्हीं बातों का उल्लेख करेगा जिनका लिखना शाखा अधिकारी आवश्यक समझें। जो तथ्य टिप्पणी में सहायक द्वारा अथवा अनुभाग अधिकारी द्वारा पूर्ववत् लिखे जा चुके हैं उनकी पुनरावृत्ति शाखा अधिकारी नहीं करेगा। यदि शाखा अधिकारी टिप्पणी में उल्लिखित तथ्यों एवं आँकड़ों से सहमत हों तो अपनी ओर से अधिक और कुछ लिखे बिना ही यथा स्थान अपने हस्ताक्षर कर देगा।

उप-सचिव द्वारा टिप्पणी लेखन एवं आदेश
(Noting & Orderby Deputy Secretary)

उप-सचिव को आमतौर पर अधिकांश मामलों को अपने विवेक से निपटा देना चाहिए। उप-सचिव को अपने विवेक से ही यह निर्णय लेना पड़ता है कि उसके पास भेजे गये किन मामलों को संयुक्त सचिव, अतिरिक्त सचिव अथवा सचिव के पास प्रस्तुत करना है। उप-सचिव को अधिकांशत: मौखिक रूप से मामलों पर विचार-विमर्श करके आदेश प्राप्त करने चाहिए और मामलों को अन्तिम रूप दे देना चाहिए।

(ङ) टिप्पणी के कतिपय उदाहरण
(FEW EXAMPLES OF NOTING)

टिप्पणी-1

(स्वतन्त्र टिप्पणी)

विषय—हिन्दी कक्षाओं में अक्षम्य अनुपस्थिति

जबसे केन्द्रीय ट्रेक्टर संगठन में गृह मन्त्रालय द्वारा हिन्दी कक्षाएँ प्रारम्भ की गई हैं, तभी से यह अनुभव हुआ है कि जो सूची (नामावली) इस कार्यालय ने गृह मन्त्रालय को प्रेषित की थी उसके अनुसार हिन्दी पढ़ने वाला विद्यार्थियों की संख्या बहुत ही नगण्य रही है। यद्यपि गृह मन्त्रालय द्वारा इस विषय में इस प्रकार के आदेश है कि हिन्दी का पढ़ना सरकारी काम का एक भाग है और जो विद्यार्थी एक बार अपना नाम हिन्दी पढ़ने के लिए लिखवा देता है उसको गृह मन्त्रालय की आज्ञा बिना अनुपस्थिति रहने की छूट नहीं है जब तक कि कोई विशेष परिस्थितियाँ सम्मुख न आयी हों और वह भू गृह मन्त्रालय की अनुमति से। दिन-प्रतिदिन घटती हुई उपस्थिति को देखकर अध्यक्ष माहेदय के सम्मुख यह सुझाव रखा जाता है कि वह कृपया अपना बहुमूल्य समय देकर समस्त कर्मचारियों की एक बैठक में अपने दो शब्द कहकर राष्ट्रभाषा हिन्दी के उत्थान में योग दें। हिन्दी-विभाग केन्द्रीय ट्रेक्टर संगठन के प्रतीत हुआ है कि इस प्रकार का जो पहले सुझाव रखा गया था उसे बाद को कुछ समय क लिए स्थगित कर दिया गया था। अब समय है कि इस प्रकार की बैठक का होना बड़ा अनिवार्य हो गया है। यदि ऐसा न किया गया तो हो सकता है कि गृह मन्त्रालय की कक्षाएँ यहाँ समाप्त हो जाएँ।

आशा है अध्यक्ष महोदय अपनी सुविधानुसार बैठक के लिए कोई उचित तारीख एवं समय बताने का कष्ट करेंगे।

आर. एस. भटनागर

हिन्दी पर्यवेक्षक

31.1.87

अध्यक्ष/सम्पर्क अधिकारी

बढ़ती हुई अनुपस्थिति को देखते हुए यह आवश्यक है कि अध्यक्ष महोदय दो शब्द इस विभाग के कर्मचारियों के समक्ष कहें।

कुंजबिहारीलाल शर्मा
31.1.87

अध्यक्ष/अनु पदा.

सहमत हूँ।

कृष्णन नायर
1.2.87

अध्यक्ष

सहमत हूँ।

गोपालदास चक्रवर्ती
2.2.87

अध्यक्ष महोदय अपनी सुविधानुसार बैठक के लिए निश्चित तारीख बताने की कृपा करें।

जयलाल
13.2.87

अध्यक्ष/अनु. पदा.

अध्यक्ष महोदय के अचानक स्थानान्तरण के कारण अब बैठक का होना सम्भव नहीं।

कृष्णन नायर
15.2.87

टिप्पणी-2

मूल पत्र

पत्र-संख्या 520/15-20/87

शिक्षा एवं संसाधन मन्त्रालय, भारत सरकार,

(शिक्षा विभाग)

नई दिल्ली,दिनांक 20 नवम्बर, 1987

प्रेषक,*

श्री आर. एस.मल्होत्रा,

उप-पर्यवेक्षक, हिन्दी शिक्षण योजना,

गृह मन्त्रालय (भारत सरकार)

नई दिल्ली-110001

सेवा में,

अवर सचिव,

संघ लोक सेवा आयोग,

नई दिल्ली।

विषय—अध्यापक द्वारा "हिन्दी आलेखन तथा टिप्पण कला" का विक्रय।

महोदय,

मुझे निदेश है कि मैं आपसे यह ज्ञात करूँ कि आपके कार्यालय में कार्य करने वाले अध्यापक श्री सेवाराम शर्मा, जिनका अभी-अभी इस केन्द्र से अन्यत्र स्थानान्तरण हुआ है, ने आपके यहाँ स्वयं लिखित पुस्तक हिन्दी आलेखन तथा टिप्पण कला की साइक्लोस्टाइल प्रतियाँ उन छात्र-पदाधिकारियों को बेची हैं जो उस समय हिन्दी शिक्षा प्राप्त कर रहे थे, जो राजकीय नियमों के विरुद्ध है। यह भी ज्ञात हुआ है कि ये प्रतियाँ एक-एक रुपये में बेची गयी थीं। अतः इस मामले की छानबीन कर शीघ्र ही लिख भेजने की कृपा करें जिससे अध्यापक से शीघ्र ही उत्तर माँगा जा सके।

भवदीय,

(आर. एस. मल्होत्रा)

उप–पर्यवेक्षक

टिप्पण कार्य

क्रम–संख्या 25—उप–पर्यवेक्षक, शिक्षा मन्त्रालय का पत्र–संख्या

520/20/56 दिनांक 20.11.87

उप–पर्यवेक्षक ने अपने पत्र में इस हिन्दी केन्द्र के भूतपूर्व अध्यापक श्री सेवाराम शर्मा के सम्बन्ध में लिखा है कि उन्होंने स्वयं लिखित पुस्तक हिन्दी आलेखन तथा टिप्पणी कला को यहाँ पर हिन्दी शिक्षा पाने वाले छात्र–पदाधिकारियों में एक रुपया प्रति के विचार से बेचा है।

2. आपने बताया है कि स्वयं लिखित पुस्तकों को छात्रों में बेचना राजकीय नियमों के विरुद्ध है, पर मेरे विचार से अध्यापक द्वारा स्वयं लिखित पुस्तक बेचना राजकीय नियमों के विरुद्ध नहीं है।

3. अधिक छानबीन के लिए छात्रों से व्यक्तिगत पूछताछ की जाए और उक्त पुस्तक की एक प्रति प्राप्त करके उसको देखा जाए।

ह. सहायक

25.11.87

अवर सचिव

अ चिह्नित परिच्छेद के अनुसार कार्यवाही की जाए।

ह. अवर सचिव

26.11.87

आदेशानुसार कुछ छात्रों से व्यक्तिगत पूछताछ की गयी और ज्ञात हुआ कि अध्यापक ने किसी भी छात्र को पुस्तक खरीदने के लिए

विवश नहीं किया था। उन्होंने स्वयं अपनी इच्छानुसार पुस्तक की प्रतियाँ खरीदीं।

2. पुस्तक की एक साइक्लोस्टाइल प्रति संलग्न है।

ह. सहायक

27.11.87

अवर सचिव

पंजी के साथ मुझसे व्यक्तिगत मिलें।

ह. अवर सचिव

27.11.87

व्यक्तिगत मिला। विचार विनिमय के आधार पर और छानबीन की गई, पर कोई परिणाम नहीं निकला। अत: लिखित उत्तर माँगे गये। उत्तर संलग्न हैं।

ह. सहायक

29.11.87

अवर सचिव

लिखित उत्तरों के आधार पर आलेख्य तैयार किया जाए।

ह. अवर सचिव

30.11.87

टिप्पणी-3

मूल विषय

परिगणित जाति के श्री शिव दयाल सिंह ने वाणिज्य तथा उद्योग मन्त्रालय में तकनीकी सहायक पद के लिए एक आवेदन-पत्र भेजा है। उन्होंने अपनी योग्यता तथा अनुभव का उल्लेख भी किया हैं। मन्त्रालय में इस आवेदन-पत्र पर किस प्रकार से टिप्पणियाँ हुई उसका एक प्रारूप दिया जा रहा है।

वाणिज्य तथा उद्योग मन्त्रालय

(प्रशासन अनुभाग)

डा. सं.—

श्री शिव दयाल सिंह, जो परिगणित जाति से सम्बन्धित हैं, ने इस मन्त्रालय में तकनीकी सहायक पद के लिए आवेदन-पत्र भेजा है। उन्होंने लखनऊ विश्वविद्यालय से अर्थशास्त्र में प्रथम श्रेणी में एम.ए. पास किया है। उत्तर प्रदेश सचिवालय में दो वर्ष तक तकनीकी सहायक के रूप में काम भी कर चुके हैं। इस कार्यालय में इस पद के लिए दो सुरक्षित स्थान भी रिक्त पड़े हैं। यदि आज्ञा हो तो उन्हें साक्षात्कार के लिए बुलाया जाए।

रमाकान्त

11/9

अवर सचिव (प्रशासन)

हमने एक मास पूर्व नौकरी दिलाने के कार्यालय से ऐसे उम्मीदवारों की माँग की थी परन्तु उस समय ऐसे योग्य उम्मीदवार हमें न मिल सके। श्री शिव दयाल सिंह वांछित योग्यता वाले हैं। ऐसी योग्यता वाले परिगणित जाति के लोगों को हम नौकरी दिलाने के कार्यालय की बिना आज्ञा के रख सकते हैं।

आदेशार्थ प्रस्तुत

प्रेमचन्द्र

11/9

उप-सचिव

यह मामला गृह मन्त्रालय को भी दिखा दिया जाए।

सागर

11/9

गृह मन्त्रालय कृपा कर उपर्युक्त टिप्पणियों को देखकर अनुमति प्रदान करे।

प्रेमचन्द्र

16/9

गृह मन्त्रालय

वा. एव. उ. मन्त्रालय अनौपचारिक प. सं. ....

तारीख.........................

गृह मन्त्रालय

(प्र. अनुभाग)

इस प्रकार का एक मामला शिक्षा मन्त्रालय से भी हमारे पास आया था और उस मन्त्रालय की भाँति ही हमें इन्हें भी अनुमति दे देनी चाहिए।

मोहन

20/9

हरि

20/9

अवर सचिव

मैं सहमत हूँ

किशन चन्द

25/9

(वाणिज्य तथा उद्योग मन्त्रालय)

गृ. म. अ. प. सं. .... ता......................

साक्षात्कार एवं भेंट के लिए आलेख्य प्रस्तुत किया जाता है।

रमाकान्त

26/9

श्याम

26/9

अवर सचिव

प्रेमचन्द

30/9

टिप्पणी-4

नीचे रेलवे बोर्ड (रेल-मन्त्रालय) से प्राप्त एक पत्र उद्धृत है, जिसमें क्षेत्रीय रेलों पर हिन्दी अनुभाग के संगठन तथा उसमें स्वीकृत पदों का उल्लेख किया गया है। एक क्षेत्रीय रेल-प्रशासन जहाँ ऐसे पदों का सृजन नहीं किया गया है, उनके लिए आवश्यक पदों का सृजन करना चाहता है। इस सम्बन्ध में लिखी टिप्पणी का एक नमूना नीचे प्रस्तुत किया जा रहा है।

पत्र संख्या ....

रेलवे बोर्ड

रेल-मन्त्रालय भारत सरकार

नई दिल्ली, दिनांक ....

सेवा में,

सभी रेलों के समस्त महा-प्रबन्धकगण

विषय—रेलों पर हिन्दी अनुभाग का संगठन

रेलों पर ''**हिन्दी-अनुभाग**'' के संगठन का प्रश्न बहुत दिनों से रेलवे-बोर्ड के विचाराधीन रहा है। इस अनुभाग के लिए स्वीकृत पदों पर कार्य करने वाले अनुवादकों, प्रवर अनुवादकों, मुख्य अनुवादकों और हिन्दी अधीक्षक की योग्यता तथा इन पदों के लिए चुनाव-विधि पर विचार करते हुए, इनके सम्बन्ध में रेलवे बोर्ड ने निम्नलिखित निर्णय किया है—

पद	**वेतन क्रम**	**योग्यता**	**चुनाव**
1. अनुवादक	950 से 1500 रुपये का अधिकृत वेतन-क्रम	हिन्दी लेकर इंटरमीडिएट या समकक्ष परीक्षा उत्तीर्ण ऐसे रेल कर्मचारी, जिन्होंने कम से कम 5 वर्ष रेलों पर नौकरी की हो।	रेलों द्वारा संगठित चुनाव समिति ऐसे अभ्यार्थियों की लिखित और मौखिक परीक्षाएँ लेकर ये स्थान भरें।
2. प्रवर अनुवादक	1400 से 2600 रु. का अधिकृत वेतन-क्रम	हिन्दी और अंग्रेजी साहित्य लेकर बी. ए. की परीक्षा या समकक्ष परीक्षा उत्तीर्ण या	अनुवादकों के बीच से उनकी वरीयता के अनुरूप पदोननति का

		अंग्रेजी साहित्य लेकर बी.ए. और हिन्दी लेकर साहित्यरत्न या समकक्ष परीक्षा उत्तीर्ण रेल कर्मचारी जिन्होंने कम से कम सात वर्ष रेलों पर कार्य किया हो।	विचार करते हुए ये स्थान भरे जाएँ।
3. मुख्य अनुवादक	1640 रु. से 2500 रु का अधिकृत वेतन-क्रम		यही प्रवर नुवादकों के बीच से चुनाव करके योग्यतम स्थान प्राप्त कर्मचारी को इस पद पद निुक्त किया जाए।
4. हिन्दी अधीक्षक	2000 रु. से 2800 रु. का अधिकृत वेतन-क्रम	यही	मुख्य नुवादक को पदोन्नति करके यह जगह भरी जाए।

रेलों पर स्वीकृत जगहों की सूचना हिन्दी अफसर, रेलवे बोर्ड को दी जाए और प्रत्येक रेल पर हिन्दी-अनुभाग के संगठन के सम्बन्ध में भी उन्हें सूचित किया जाए।

ह. ....

कृत सचिव, रेलवे बोर्ड

उक्तपत्र पर टिप्पणी

टिप्पणी संख्या-15

विचारणीय पत्र संख्या......... दिनांक ..../

विषय—रेलों पर हिन्दी अनुभाग का संगठन

रेलों पर हिन्दी-अनुभाग के संगठन के सम्बन्ध में रेलवे बोर्ड का पत्र, जिसमें हिन्दी-अनुभाग में होने वाली जगहों, उसके लिए चुने जाने वाले रेल-कर्मचारियों की शिक्षा और अनुभवगत योग्यता के साथ, उनकी चुनाव-विधि का उल्लेख किया गया है, अवलोकनार्थ तथा आदेश के लिए इस मिसिल के पर प्रस्तुत है।

(2) इस सम्बन्ध में निवेदन है कि इस रेल पर इस समय केवल तीन अनुवादक, एक प्रवर अनुवादक और रेलवे बोर्ड के पत्र संख्या .... दिनांक .... के अन्तर्गत एक हिन्दी-अधीक्षक पद स्वीकृत है, जिन पर पहले से कर्मचारियों की नियुक्ति की जा चुकी हैं।

(3) हिन्दी-अधीक्षक के पद पर नियुक्ति, रेलवे बोर्ड के पत्र संख्या .... दिनांक ...... के अनुसार की गयी है।

(4) भविष्य में अवर अनुवादकों तथा प्रवर अनुवादकों के चुनाव के सम्बन्ध में बोर्ड के विचाराधीन पत्र में निहित आदेशों का पालन करते हुए ही ऐसे स्थानों को भरा जाएगा।

(5) इस रेलवे पर प्रधान अनुवादक की जगह अभी तक नहीं है। अनुभाग में नित बढ़ रहे कार्य को देखते हुए ऐसे पद का सृजन इस रेलवे के हिन्दी-अनुभाग में भी जरूरी है। यदि आज्ञा हो तो इसके लिए औचित्य के साथ टिप्पणी प्रस्तुत की जाए।

आदेश के लिए प्रस्तुत

औ. प्र. वि.

का क्लर्क

23/2/61

हिन्दी पर्यवेक्षक

नियम पुस्तिकाओं का अनुवाद आरम्भ करने के बाद इस पद पर नियुक्ति अनिवार्य हो जाएगी।

रा. वि. सिंह

हिन्दी/पर्यवेक्षक

25/2/61

हिन्दी अफसर

यदि **उप-महाप्रबन्धक** (डिप्टी जनरल मैनेजर) सहमत हों तो प्रधान अनुवादक की जगह के लिए औचित्य प्रस्तुत किया जाए। इस सम्बन्ध में निवेदन है कि रेलवे बोर्ड के पत्र संख्या .... दिनांक .... के **अनुच्छेद** के अनुसार अनुवादकों और टंककों (टाइपिस्टों) की जगह भरने के लिए प्रतिबन्ध नहीं लगाया गया है।

म. गो.

हिन्दी अफसर

26/2/61

उप-महाप्रबन्धक

प्रधान अनुवादकों की जगह के लिए उसके औचित्य (जस्टिफिकेशन) के साथ टिप्पणी प्रस्तुत की जाए, किन्तु मेरी राय से रेलवे बोर्ड से पहले पूछ लिया जाए कि प्रधान अनुवादक के कार्य क्या होंगे? हिन्दी-अधीक्षक और प्रवर अनुवादकों के बीच उसकी स्थिति क्या होगी?

2. मुझे अनुवादकों के लिए निश्चित कार्य का विवरण बोर्ड को पत्र भेजने के पूर्व दिखाया जाए।

3. विचाराधीन पत्र की एक प्रति **मुख्य कार्मिक अफसर** (चीफ परसनल अफसर को भी दी जाए।)

म. मो. सिंह

उप-महाप्रबन्धक

(उक्त आदेशों के अनुसार हिन्दी-अनुभाग के तत्सम्बन्धी क्लर्क, अधीक्षक और हिन्दी अधिकारी कार्रवाई करेंगे।)

टिप्पणी : 5

टिप्पणी का यह उदाहरण उत्तर-प्रदेश सरकार द्वारा प्रकाशित हिन्दी-निर्देशिका से ज्यों का त्यों उद्घृत किया जा रहा है। यह टिप्पणी जिलाधीश, इलाहाबाद के एक पत्र के आधार पर, जिसमें उन्होंने **आपका आज्ञाकारी** के स्थान पर **भवदीय** के प्रयोग के सम्बन्ध में शंका व्यक्त की है, लिखी गयी है।

क्रमांक 5 : जिलाधीश, इलाहाबाद का पत्र सं. 2601/आर. ए. वि. दिनांक 20/8/55

अपर सचिव

कृपया विचाराधीन पत्र क्रमांक 5 पर देखिए।

(2) इस सम्बन्ध में यह निवेदन करना है कि स्वतन्त्रता प्राप्त होने के पश्चात् जून, 1948 में भारत सरकार द्वारा समस्त प्रान्तीय सरकारों एवं चीफ कमिश्नरों को इस आशय के निर्देश प्रेषित किये गये थे कि सरकारी पत्रों में आप का आज्ञाकारी सेवक, (योर्स फेथफुली) वाक्यांश लिखने के बजाय **भवदीय** का प्रयोग तुरन्त आरम्भ कर दिया जाए। भारत सरकार का इस आशय का पत्र पृष्ठ संख्या/1 पर है।

(3) पूर्व परिपाटी के अनुसार सरकारी पत्र समाप्त करने का रूप परतंत्रता का द्योतक समझा गया। अतः भारत सरकार द्वारा उपर्युक्त अनुच्छेद में वर्णित निर्देश जारी किये जाने के बाद इस राज्य की सरकार ने उक्त संशोधन को अंगीकृत कर लिया तथा इस सम्बन्ध में समस्त विभागाध्यक्षों को आवश्यक आदेश अनिवार्य रूप से पालन करने के हेतु जारी कर दिये गये। देखिए सरकारी पत्र सं. 4036/3/40-48 दिनांक 15 जून, 1948।

(4) विचाराधीन पत्र (पी. यू. सी.) में जिलाधीश, इलाहाबाद ने यह पूछा है कि क्या उक्त आदेश जारी किये जाने के बाद विशेषकर सरकारी पत्र को प्रारम्भ करने के विषय में कोई निदेश प्रचारित हुए हैं। जहाँ तक अंग्रेजी में सरकारी पत्रों को प्रारम्भ करने के रूप का सम्बन्ध है उसमें संशोधन अथवा परिवर्तन करना आवश्यक नहीं समझा गया। इस सम्बन्ध में अंकित टिप्पणियाँ तथा आज्ञाएँ देखिए। यहाँ पर यह भी उल्लेख करना आवश्यक है कि राजभाषा हिन्दी हो जाने से अधिकांश

सरकारी पत्र-व्यवहार हिन्दी में होने लगा है और हिन्दी में सरकारी पत्र प्रारम्भ करने में ऐसी कोई कठिनाई प्रतीत नहीं होगी, कारण कि हिन्दी में सकारी पत्र लिखने में अंग्रेजी वाक्यांश **योर्स फेथफुली**—का आश्रय लेने की आवश्यकता नहीं रह जाती। अत: जिलाधीश को सूचित कर दिया जाए कि अंग्रेजी में सरकारी पत्र प्रारम्भ करने के रूप में कोई संशोधन नहीं हुआ है और उस समय तक उसका रूप वही रहेगा, जब तक कि इसके विपरीत कोई अन्य आदेश जारी न किये जायें।

अनुमोदनार्थ मसौदा प्रस्तुत।

हस्ताक्षर सहायक

22/11/52

टिप्पणी : 6

[बिहार-सरकार द्वारा प्रकाशित—**हिन्दी-प्रशिक्षण-व्याख्यान-माला 2 (टिप्पणी और प्रारूपण)** से अंग्रेजी टिप्पणी के आधार पर लिखी गयी एक हिन्दी टिप्पणी उदाहरणार्थ प्रस्तुत है।]

निम्नलिखित अंग्रेजी टिप्पणी के आधार पर हिन्दी में टिप्पणी का प्रारूप

Under-Secretary,

Notes extracted from overleaf may please be seen.

A large number of old files regarding delegation of powers bearing on the subject have been requisitioned and studied but there does not appear to be any relevant discussions on these points under consideration. Serial no. 74 of the list of powers delegated to all Administrative Departments in Finance Department's Memo. No. 2384-89-F, Dated the 10th March, 1920, which deals with appointments may be seen. It will appear therefrom that this delegation of creating non-gazetted temporary posts, pay of which will not be exceeding Rs. 100/- month is restricted to post in mufassil offices only and this is not exercisable relating to appointments in the secretariat. Office could not trace out papers in support of the delegation of powers to create temporary posts which have been allowed to the Heads of the Departments. There is, however, no doubt that this power of creating temporary posts is confined to some temprary ones and that also for any short periods, subject to the condition that the cost is met from the existing Budget Provision. In the absence of relevant papers in support of the delegation of power made to the Director of Industries, the queries of the Development Department will have to be dealt with in the context of the practice followed at present by the various departments and offices in sanctioning temporary posts without concurrence of Finance Department even if the posts are created for short period and the cost is met from the Budget Provision. On the other hand, there will be no difficulty if the power to create temporary posts is not delegated to the Director of Industries. In fact many Heads of Departments have not got any power to crate temporary posts without the concurrence of the Finance Department. If other Heads of Departments can manage quite well in absence of delegation to crate temporary posts, there is no reason why the Director of Industries will feel any difficulty in regard to this. Finance Department may advise that the posts may be created for a maximum period up to one year, subject to the condition that the cost for entire period for which the post is sanctioned may be met from the existing Budget Provision and no portion of its cost may be debited to the Budget of the year other than the year in which the post is to be extended, prior approval of the Finance Department will be required. If approved, with this amendment, delegations made regarding creation of temporary posts may continue and a clarification may issue accordingly.

For Ordes.

Sd/A. Chakravarty

19-2-1955

Deputy Secretary

The relevant rule that is being examined in this file is as follows :

"On pay not exceeding Rs. 70/- subject to Budget Provision and also to the condition that the **increase does not form a charge on Stat Revenues in the subsequent years.**"

It appears that the portion underlined has created confusion in the Industries Department. It will be seent hat the term "subsequent years" does not refer, to either financial year or calendar year and as such, there seems to be no basis for thinking that the rule limits the power of delegation upto th period of the financial year of calendar year. The plain meaning of the rule seems to be that a post having been created for a year by the Director of Industris cannot be extended further beyond this period by the Director of Industries, In short, the Director of Industries cannot create a post on recurring basis, i.e., a post the charges of which will fall on the State Revenues even after one year for extended the term of a post create for a year.

2. If the above views are accepted, the two queries of the Industries Department at page 6 ante may be answered as follow :

A of page 6 ante

The Director of Industries can create a post upto a limit of one year, subject to Budget Provision.

B of page 6 ante.

The post so created cannot be extended eyng the period of one year except under the orders of State Government.

3. If approved, the position may be exlained to the Industries Department accordingly.

Sd/R.P. Khanna

10-5-55

(उक्त टिप्पणी नीचे यथावत हिन्दी में उद्धृत है)

अवर सचिव,

उस पार से उद्धृत टिप्पणियाँ देखी जाएँ।

इस विषय पर प्रकाश डालने वाली **शक्ति सौंपने** (डेलिगेशन ऑफ पावर्स) से सम्बन्ध रखने वाली फाइलें मँगाई गयीं और उनका अध्ययन किया गया, परन्तु यह मालूम नहीं पड़ता है कि विचाराधीन बातों पर कोई संगत विचार-विमर्श हुआ है। वित्त-विभाग के ज्ञापन सं. 2384-89-वि., तारीख 10 मार्च, 1920 में सभी प्रशासनिक विभागों को सौंपी गयी शक्तियों की सूची की क्रम सं. 74 देखें, जो नियुक्तियों के सम्बन्ध में है। उससे पता चलेगा कि अराजपत्रित अस्थायी पदों (नान गजटेड टेम्पोररी पोस्ट्स) को, जिनका वेतन प्रति मास 100/- रुपये से अधिक न हो, सृजन करने के सम्बन्ध में शक्तियों का सौंपा जाना केवल मुफस्सल कार्यालयों तक ही सीमित है और यह सचिवालय नियुक्तियों के सम्बन्ध में प्रयोक्तव्य (एक्सरसाइजेबुल) नहीं है। अस्थायी पद-सृजन करने के लिए सौंपी गयी शक्तियों के पक्ष में, जो विभागीय अध्यक्षों को दी गयी हैं, कागजात का पता कार्यालय नहीं लगा सका। फिर इसमें सन्देह नहीं कि अस्थायी पद सृजन करने की यह शक्ति कुछ अस्थायी पदों तक ही सीमित है और वह भी कुछ अल्प अवधि के लिए इस शर्त पर कि वर्तमान आवश्यक उपबन्ध (बजट प्राविजन) से ही उसका खर्च उठाया जाए। उद्योग निदेशक को शक्ति सौंपे जाने के पक्ष में संगत कागजों के न रहने से विकास-विभाग के परिप्रश्नों (क्वेरीज) का निपटान, अस्थायी पद मंजूर करने में विभिन्न विभागों और कार्यालयों द्वारा अपनायी हुई रूढ़ि के सन्दर्भ में करना होगा। यह अच्छी

तरह मालूम है कि किसी प्राधिकारी को यह अधिकार नहीं दिया गया है कि वह वित्त-विभाग की सहमति के बिना कोई स्थायी पद मंजूर करे और वैसा भी वह तब कर सकता है, जब वह पद अल्प अवधि के लिए सृजित हो और वर्तमान आय-व्यय उपलब्ध से उसका खर्च उठाया जा सके। दूसरी ओर यदि उद्योग-निदेशक को अस्थायी पद सृजित करने की शक्ति नहीं सौंपी जाए, तो कोई कठिनाई नहीं होगी। वस्तुतः अनेक विभागीय अध्यक्षों को वित्त-विभाग की सहमति के बिना अस्थायी पद सृजित करने की शक्ति नहीं मिली है। यदि दूसरे विभागीय अध्यक्ष अस्थायी पद सृजित करने की शक्ति मिले बिना ही अच्छी तरह काम चला सकते हैं, तो कोई कारण नहीं कि उद्योग-निदेशक को इस सम्बन्ध में कठिनाई हो। वित्त-विभाग सलाह दे सकता है कि अधिक से अधिक एक वर्ष की अवधि के लिए पद सृजित किये जाएँ, परन्तु शर्त यह होगी कि सम्पूर्ण अवधि का जिसके लिए पद मंजूर किया जाए, खर्च वर्तमान आय-व्ययक उपबन्ध से उठाया जाए और उसके खर्च का कोई भी भाग जिस वर्ष के लिए पद सृजित किया गया, उसे छोड़ कर दूसरे वर्ष के आय-व्यय में नामे नहीं डाला जा सकेगा। यदि पद की अवधि बढ़ानी हो, तो वित्त-विभाग के पूर्व अनुमोदन की जरूरत होगी। यदि इस संशोधन के साथ यह अनुमोदित हो जाए, तो अस्थायी पद सृजित करने के सम्बन्ध में सौंपी गयी शक्ति बनी रहेगी और तदनुसार स्पष्टीकरण प्रेषित किया जाएगा।

आदेश के लिए

(ह.) के चक्रवर्ती

19.2.1955

उप-सचिव

जिस संगत नियम की इस संचिका में जाँच हो रही है, वह निम्नलिखित हैं—

''अधिक से अधिक 70/- रुपया वेतन पर आय-व्ययक उपबन्ध के और इस शर्त के अधीन कि वृद्धि बाद के वर्षों में राज्य-राजस्व पर भार न होगी।''

मालूम होता है कि रेखांकित भाग से उद्योग-विभाग में भ्रम हो गया है। यह देखा जाए कि बाद के वर्षों से वित्तीय वर्ष या पंचांग वर्ष का निर्देश नहीं होता है और इसलिए यह सोचने का कोई आधार नहीं है कि इस नियम से शक्ति का सौंपा जाना वित्तीय वर्ष या पंचांग वर्ष की अवधि तक सीमित हो जाता है। इस नियम का साफ अर्थ यह मालूम पड़ता है कि उद्योग निदेशक ने जिस पद को एक वर्ष के लिए सृजित किया हो, उसे वह अवधि से आगे नहीं बढ़ा सकते हैं। संक्षेप में,

उद्योग-निदेशक **आवर्त्त आधार** पर पद, अर्थात् वह पद जिसका भार एक वर्ष के बाद भी राज्य राजस्व पर पड़े, सृजित नहीं कर सकते और न एक वर्ष के लिए सृजित पद की अवधि ही बढ़ा सकते हैं।

2. यदि उपर्युक्त विचार मान लिया जाए, तो पूर्व पृष्ठ पर उद्योग-विभाग के परिप्रश्नों के उत्तर निम्न रूप में दिये जा सकते हैं—

पूर्व पृ. का क

उद्योग निदेशक एक वर्ष के लिए पद सृजित कर सकते हैं, यदि आय-व्ययक उपबन्ध किया गया हो।

पूर्व पृ. का ख

इस प्रकार सृजित पद राज्य-सरकार के आदेश के बिना एक वर्ष की अवधि के आगे नहीं बढ़ाया जा सकता है।

यदि अनुमोदित हो तो तदनुसार उद्योग-विभाग को स्थिति स्पष्ट कर दी जाए।

(ह.) आर. पी. खन्ना

10.5.1955

टिप्पणी-7

आवती सं./पृष्ठ 10, पत्र-व्यवहार

श्री अर्धेन्दु भूषण एम.एल.ए. ने प्रश्न पूछा है कि शासकीय सेवाओं के लिए महाराष्ट्र सरकार किन-किन जातियों-जमातों का अनुसूचित जातियों एवं पिछड़े वर्गों में समावेश करती है। यह प्रश्न राज्य विधान सभा के नागपुर अधिवेशन के लिए 15 नवम्बर 1960 को निर्धारित है।

2. बम्बई राज्य ने 1 मई, 1955 को एक आदेश जारी किया था जिसमें उन जातियों के नाम दिए गए थे जिन्हें तत्कालीन राज्य सरकार सार्वजनिक सेवाओं के लिए अनसूचित जातियों एवं पिछड़े वर्गों में शुमार करती थी।

3. उपर्युक्त आदेश को पुनर्गठित बम्बई सरकार ने 10 जून 1957 के आदेश द्वारा दुरूस्त किया था। महाराष्ट्र राज्य निर्माण के बाद महाराष्ट्र राज्य सरकार ने 3 जुलाई, 1960 को इस सम्बन्ध में एक नया आदेश जारी किया है और **जमाता** को

अनुसूचित एवं पिछड़ा माना गया था, उससे अधिक जातियाँ और जमातें 10 जून 1957 के आदेश में समाविष्ट हैं। कारण कि राज्य पुनर्गठन में विदर्भ, मराठवाड़ा, सौराष्ट्र आदि कई क्षेत्र बम्बई राज्य में शामिल कर लिये गये थे। उसी तरह गुजरात–सौराष्ट्र का इलाका जब बम्बई राज्य से अलग हो गया, तब वहाँ के कुछ जातियों और जमातों को अनुसूचित एवं पिछड़ी हुई जातियों की सूची से अलग करना आवश्यक हो गया था। ऐसी जातियाँ जो पहले अनुसूचित थीं, लेकिन जिन्होंने धर्म–परिवर्तन कर लिया था, उन्हें अनुसूचित जातियों की सूची से हटाना भी आवश्यक था। इसलिए जुलाई 1960 को महाराष्ट्र सरकार का आदेश निकाला गया। उस आदेश में जिन जातियों के नाम दर्शाये गए हैं, वे ही शासकीय सेवाओं की दृष्टि से महाराष्ट्र राज्य सरकार द्वारा अधिकृत एवं मान्य हैं।

उपर्युक्त जानकारी सदन के पटल पर प्रस्तुत करने में कोई आपत्ति नहीं दिखाई देती।

आदेशार्थ,

रा.म.कर्णे

14.9.60

वा.कृ. धोरपड़े

14.9.60

अवर सचिव

कृपया साथ के नोट को देख लें।

उप सचिव

दा.गो. दामले

19.9.60

मुख्य मंत्री

ठीक है, लेकिन यदि कोई पूछे कि राज्य सरकार के 3 जुलाई 1960 के आदेश में निर्दिष्ट सूची को मर्यादित क्यों और केसे किया गया, तो? महाराष्ट्र राज्य पिछड़े वर्गों के आयोग ने उपर्युक्त सूची को जो मान्यता दी है, उसकी भी जानकारी दी जानी चाहिए।

यशवन्त चव्हाण

20.9.60

उप सचिव

मुख्य मन्त्री के वृत्तानुसार कार्यवाही की जाए।

दा.गो. दामले

21.9.60

अवर सचिव

महाराष्ट्र राज्य पिछड़े वर्गों के आयोग द्वारा प्रदत्त मान्यता की प्रति तथा उत्तर का आलेख प्रस्तुत किया जाए।

वा.कृ. घोरपड़े

21.9.60

महाराष्ट्र राज्य पिछड़े वर्गों के आयोग द्वारा प्रदत्त मान्यता की प्रतिलिपि एवं स्वीकृति के लिए आलेख प्रस्तुत है।

रा.म. कर्णे

22.9.60

अवर सचिव

वा.कृ. घोरपड़े

22.9.60

उपसचिव

ठीक है। पत्र महाराष्ट्र राज्य विधान-सभा सचिवालय को यथोचित कार्यवाही के लिए भेज दिया जाए।

अवर सचिव

द.गो दामले
23.9.60

स्वीकृत आलेख प्रेषणार्थ दैनिकी क्लर्क को प्रदत्त।

वा.कृ. घोरपड़े
23.9.60

टिप्पणी का स्पष्टीकरण

श्री अर्धेन्दु भूषण बर्धन एम.एल.ए. ने एक प्रश्न की सूचना दी जिसे वे महाराष्ट्र राज्य विधान सभा के नागपुर अधिवेशन में तारीख 15 नवम्बर 1960 को पूछेंगे। उपयुक्त प्रश्न से सम्बन्धित पत्र जानकारी के हेतु, नियुक्ति (ख) विधान के पृष्ठांकन के साथ प्राप्ति और निर्गम, अनुभाग के जरिए कार्यालय में श्री रा. मा. कर्णे के पास पहुँचा। श्री कर्णे ने उसकी फाइल की रचना की। फाइल के पत्र-व्यवहार वाले हिस्से में प्राप्त पत्र को रख दिया और उस पर फाइल का पृष्ठ संख्या 10 डाल दिया। उस पत्र की प्राप्ति संख्या 10 थी। टिप्पणी लिखने के पहले श्री गर्णे ने उससे सम्बन्धित कागजातों को इकट्ठा कर लिया था और पत्र को डॉकेट कर दिया था। अब उसने टिप्पण वाले हिस्से में प्राप्त-पत्र पर जो संख्या एवं पृष्ठांक डाले थे, उनका उल्लेख किया। टिप्पणी लिखने के कागजों को एक खड़ी रेखा द्वारा बाँटकर, खड़ी रेखा के दाहिनी ओर श्री कर्णे ने टिप्पणी लिखना शुरू किया।

2. टिप्पणी के प्रारम्भिक अनुच्छेद या कण्डिका में उन्होंने विषय का संक्षिप्त निर्देशन किया है और उसके बाद अलग-अलग कण्डिकाओं में तत्सम्बन्धी जो भी पूर्वादेश आदि हैं, उनकी जानकारी दी है। अन्त में उन्होंने अपनी सिफारिश प्रस्तुत की है और सुझाव दिये हैं। नीचे बाई ओर उन्होंने अपने आद्य अक्षरयुक्त संक्षिप्त हस्ताक्षर किए हैं और तारीख डाल दी है तथा टिप्पणी को अपने ऑफिसर के नाम अवर सचिव लिखकर अंकित कर दिया है।

3. अवर सचिव ने सहायक द्वारा प्रेषित टिप्पणी को ठीक पाया। इसलिए उसने उसके नीचे बाईं ओर आद्य अक्षरयुक्त अपने संक्षिप्त हस्ताक्षर वा. कृ. घोरपड़े कर दिए और तारीख डाल दी। फिर उसने उस पर टिप्पणी को उप-सचिव के नाम उप सचिव लिखकर अंकित कर दिया।

4. उप-सचिव श्री द. गो. दामले ने मूल टिप्पणी के नीचे अपनी सूक्ष्म टीप जोड़ दी। तदनन्तर नीचे दाहिनी ओर अपने पूर्ण हस्ताक्षर कर दिये और तारीख डाल दी और मुख्य मन्त्री की सेवा में उसे आदेशार्थ मुख्यमंत्री लिखकर, प्रस्तुत करवा दिया।

5. मुख्य मन्त्री ने उस पर अपना मिनट लिखा और नीचे दाहिनी ओर अपने दस्तखत कर दिये, तारीख डाल दी एवं टिप्पणी को उप सचिव के नाम अंकित कर वापिस लौटा दिया।

6. उप सचिव ने मुख्य मन्त्री के मिनट को पढ़ा और तदनुसार अपनी आदेशात्मक टिप्पणी लिखी। उसे हस्ताक्षरित एवं दिनांकित कर अवर सचिव के नाम अंकित कर दिया और फाइल को नीचे भिजवा दिया।

7. अवर सचिव ने उप सचिव के टीप के नीचे अपने दस्तखत कर उसे श्री कर्णे के पास भिजवा दिया।

8. श्री कर्णे ने महाराष्ट्र राज्य पिछड़े वर्गों का आयोग द्वारा प्रदत्त सम्बन्धित मान्यता पत्र की प्रतिलिपि के साथ आलेख को स्वीकृति के लिए प्रस्तुत करते हुए सूक्ष्म टिप्पणी लिख दी और बाईं ओर अपने दस्तखत कर अपने ऑफिसर के पास उसे मय फाइल के भिजवा दिया।

9. फाइल अवर सचिव से उप सचिव तक गई, और प्रस्तुत आलेख पर अनुमोदन एवं निर्देश प्राप्त कर वापस अवर सचिव के पास लौट आयी। अवर सचिव ने आलेख पर निर्गम लिखकर उसे अपने अनुभाग के दैनिकी लेखक के पास प्रेषणार्थ भिजवा दिया। टिप्पणी वाले हिस्से में उसने तदर्थक टीप जोड़ दी।

टिप्पणी-8

मान लीजिए कि विधानसभा में एक संकल्प स्वीकृत किया गया है जिसमें सरकार से सिफारिश की गयी है कि वह राज्य में जमीन की अधिसीमा नियत करने के लिए विधान-सभा में शीघ्र एक विधेयक पुरुस्थापित करे। इस पर यदि उप सचिव को एक टिप्पणी लिखनी हो जिसमें समतल भूमि में जमीन की अधिसीमा 30 एकड़ और पहाड़ी क्षेत्र में 50 एकड़ से अधिक जमीन में कोई अधिवासी हो जो जमीन के अधिवासी लगान का 15 गुना क्षतिपूर्ति के रूप में देने पर अधिवासी का जमीन

पर भूमिधारी हक हो जाएगा तो वह टिप्पणी निम्न प्रकार से लिखी जाएगी। यथा

क्रमांक 1. (प्राप्ति) विधान-सभा के संकल्प संख्या 18 की प्रतिलिपि

विचाराधीन-पत्र विधानसभा के संकल्प संख्या 18 की प्रतिलिपि है। विधान सभा में एक संकल्प स्वीकृत किया गया है जिसमें सरकार से सिफारिश की गयी है कि राज्य में जमीन की अधिसीमा नियत की जाए।

2. योजना आयोग ने भी सिफारिश की है कि इसकी अधिसीमा निर्धारित कर दी जाए कि प्रत्येक परिवार कितनी जमीन रख सकता है। योजना आयोग के मतानुसार ऐसे अनेक भूमिधर हैं जिनके पास सैंकड़ों एकड़ जमीन है और वे अपनी जमीन स्वयं न जोतकर अधिवासियों से जुतवाते हैं। इन अधिवासियों का जमीन पर कोई हक नहीं होता इसलिए वे जमीन को अच्छे ढंग से नहीं जोतते। परिणामतः जमीन की उपज अच्छी नहीं होती। इसलिए योजना आयोग की सिफारिश है कि राज्य में जमीन की अधिसीमा निर्धारित कर दी जाय ताकि जमीन का सुप्रबन्ध हो और जमीन की उपज बढ़े। योजना आयोग का कहना है कि जो लोग जमीन को अच्छी तरह नहीं जोत सकते उन्हें जमीन रखने का कोई हक नहीं है। साथ ही जमीन के असल जोतदारों को, जो अपने अधिकारों से वंचित किये जाते रहे हैं, जमीन पर अधिकार दिलाना भी अत्यन्त आवश्यक है।

3. इससे पहिले कि जमीन की अधिसीमा निर्धारित की जाए यह आवश्यक है कि राज्य की समस्त जमीन की पैमाइश की जाए। यह कार्य भारत सरकार के वित्त मन्त्रालय और उसके सांख्यिकी निदेशालय के तत्वावधान में किया जा सकता है। किसके पास कितनी जमीन है इसका पता पुराने सर्वेक्षण खतियान से मिलाकर लगाया जा सकता है।

4. जब तक उपरोक्त पैमाइश हो तब तक विधान का आलेख तैयार कर लेना चाहिए। समतल भूमि में जमीन की अधिसीमा 30 एकड़ और पहाड़ी क्षेत्रों में 50 एकड़ रखा जाना उचित होगा क्योंकि एक परिवार के जीवन निर्वाह के लिए इतनी

भूमि पर्याप्त है। जिनके पास इस सीमा से अधिक जमीन हो वे उसे तभी तक रख सकें जब तक वे सरकार द्वारा निर्धारित शर्तों के अनुसार जोतते बोते हों। इन शर्तों में से किसी शर्त का उल्लंघन करने पर वह जमीन उनसे छीन ली जाए। यदि कोई भूमिधर अपनी 30 या 50 एकड़ से अधिक जमीन में कोई अधिवासी रखना चाहे तो रख सकता है और यदि वह अधिवासी जमीन के लगान का 15 गुना क्षतिपूर्ति के रूप में भूमिधर को दे दे तो वह उस जमीन का भूमिधर हो सकता है।

5. उपरोक्त सुझावों के स्वीकृत हो जाने पर मिसिल विधि मन्त्रालय को उनके सुझाव तथा मसौदा तैयार करने के लिए भेज दी जायेगी।

(ह.) क. ख. ग

15.5.58

उप-सचिव

□□□

7

आलेखन
DRAFTING

(क) सामान्य परिचय
(GENERAL INTRODUCTION)

आलेखन सरकारी पत्र–व्यवहार का एक प्रधान अंग है। आवती पर टिप्पणी कार्य समाप्त होने के बाद टिप्पणी के आधार पर आवती का उत्तर देने के लिए जो प्रारूप तैयार किया जाता है उसी को आलेखन या मसौदा या प्रारूप तैयार करना कहते हैं। सहायक द्वारा तैयार किये गये प्रारूप में उच्च अधिकारीगण कभी–कभी संशोधन भी कर देते हैं।

आलेखन या मसौदा हमेशा टिप्पणी के आधार पर ही तैयार किया गया रूप है। टिप्पणी का सुन्दर ढंग से मसविदे का रूप देना दफ्तर की अपनी निपुणता और कार्यक्षमता पर निर्भर है। एक सुन्दर मसविदे में क्या गुण होने चाहिए, उनका ध्यान रखकर जो मसविदा तैयार किया जाता है वह खुद ही अपने असली रूप में सहायक की लेखनी के समक्ष आ उपस्थित होता है। अतः अब हम उन्हीं गुणों का नीचे वर्णन करेंगे।

राष्ट्रपति के नाम पर लिखे गये और कार्यान्वित किये गये सभी आदेशों और लिखतें (Orders & Instruments) पर ऐसे अधिकारी द्वारा हस्ताक्षर किये जाते हैं जिसे प्रमाणीकरण (आदेश और अन्य लिखतें) नियमावली, 1958 (Authantication Orders & Other Instruments Rules, 1958)* द्वारा आदेशों को प्रमाणीकरण के लिए प्राधिकृत कर दिया गया है। यदि ऐसा नहीं है और संविधि (Statutes) द्वारा को आदेश या अधिसूचना (Notifications) आदि जारी करने का अधिकार केन्द्र सरकार को सौंपा गया है तो इस प्रकार के सभी आदेश और अधिसूचनाएँ केन्द्रीय

सरकार को सौंपा गया है तो इस प्रकार के सभी आदेश और अधिसूचनाएँ केन्द्रीय सरकार के नाम ही जारी की जाएँगी।

आलेखन के गुण
(Qualities of a Draft)

सुन्दर और विधिवत् आलेखन तैयार करने के लिए निम्न बातों को अवश्य ही ध्यान में रखना चाहिए अन्यथा प्रारूप के दूषित होने का डर बना रहेगा। यथाः

(1) **शुद्धता**—प्रारूप में सभी निर्देश, संख्या, तारीख और कथन शुद्ध होने चाहिए। थोड़ी-सी असावधानी से परिस्थिति गम्भीर बन सकती है।

(2) **उचित रूपरेखा**—प्रारूप हमेशा उसकी अपनी निर्धारित रूपरेखा के अनुसार ही तैयार किया जाना चाहिए जिसका वर्णन हम आगे आदर्श रूपरेखा के अन्तर्गत करेंगे।

(3) **पूर्णता**—प्रारूप में सभी सूचनाओं तथा निर्देशों को स्पष्ट भाषा में बयान करना चाहिए, क्योंकि अपूर्ण और अस्पष्ट प्रारूप का उत्तर समय पर कभी नहीं आ पाएगा और प्रत्येक बात को स्पष्ट कराने के लिए बार-बार पत्र लिखना पड़ता है।

(4) **स्पष्टता**—प्रत्येक विचार और कथन स्पष्ट रूप से लिखा जाना चाहिए। इसके लिए भाषा पर अधिकार होना बहुत जरूरी है। पत्र की शब्दावली, वाक्यांशावली और भाव स्पष्ट होने चाहिए। आवश्यकता के अनुसार पिछले पत्र-व्यवहार के सन्दर्भ भी दिये जाने चाहिए।

(5) **संक्षिप्त पर यथार्थ**—आलेख अधिक लम्बा न हो। यथासम्भव संक्षिप्त ही होना चाहिए। यथार्थता भी हाथ से नहीं छूटनी चाहिए। ऐसा न हो कि संक्षिप्त करते-करते उसकी यथार्थता ही नष्ट हो जाए। प्रारूप में कपोल-कल्पित बातों को स्थान नहीं देना चाहिए।

(6) **भाषा**—उसी भाषा में आलेख लिखा जाना चाहिए जो सरकार की ओर से मान्य है। प्रादेशिक भाषाओं के अप्रचलित शब्दों और उद्धरणों को नहीं अपना चाहिए।

(7) **शैली**—आलेख लिखने की निश्चित शैली होती है। उस शैली में किसी प्रकार का परिवर्तन नहीं किया जाना चाहिए क्योंकि सरकारी पत्र-व्यवहार के विभिन्न प्रकार के पत्रों की अलग-अलग अपनी शैली होती है। यह भी ध्यान रखा जाना चाहिए कि मसौदा निर्धारित

पत्रक पर ही लिखा जाए। आलेख पत्रक का प्रारूप पृष्ठ 127 पर दिया जा रहा है।

आलेखन के सामान्य अनुदेश
(General Instructions for Drafting)

1. आलेख सदैव ही निर्धारित आलेख पत्रक पर ही तैयार किया जाएगा।

2. आलेख पत्रक पर दोनों ओर काफी हाशिया छोड़कर लिखा या टाइप किया जाना चाहिए।

3. दो पंक्तियों के मध्य टाइप करते समय तीन अन्तर (Triple-line space) स्थान छोड़ना चाहिए और हाथ से लिखते समय दो पंक्तियों के मध्य एक सेंटीमीटर या आधा इंच का स्थान अवश्य ही छोड़ा जाना चाहिए ताकि यदि अधिकारी आलेख में कुछ बढ़ाना या जोड़ना चाहें तो स्थानाभाव में उसे किसी प्रकार की असुविधा न हो।

आलेख पत्रक का प्रारूप
(Form of Draft-Sheet)

(यह पत्रक संख्या पाँच के नाम से जाना जाता है)

विभाग/कार्यालय

Department/Office,

	पत्र Letter	**क्रम संख्या**
आलेख Draft	**ज्ञापन** Memorandum	Serial No.
	तार Telegram	**मिसिल संख्या**
		File No.
1. प्रेषण की तारीख		
Date of despatch	**संख्या**	**तारीख**
	No.	Dated
2. संलग्न-पत्रों की सूची		
List of enclosure		

4. अधिकारी को आलेख अनुमोदन के लिए भेजते समय उस पर **अनुमोदन के लिए आलेख** (Draft for Approval) की निशान पर्ची अवश्य ही लगा देना चाहिए। यदि एक ही मिसिल में एक से अधिक मसौदे अनुमोदन के लिए प्रस्तुत किये जा रहे हों तो उन पर क्रम संख्या लिख देनी चाहिए। जैसे अनु. आ.—1, अनु. आ.—2, आदि।

5. जिस आवती या पत्र का उत्तर दिया जा रहा है उसकी तारीख और संख्या का सन्दर्भ अवश्य दिया जाना चाहिए। अगर एक ही पत्र या आवती पर कई पत्र प्राप्त हुए हैं तो सन्दर्भ में उसके सबसे अन्तिम पत्र की तारीख और संख्या का ही उल्लेख किया जाना चाहिए।

6. यदि किसी पत्र की प्रति किसी अन्य कार्यालय या अधिकारी के नाम पृष्ठांकित की जा रही है तो उस पत्र की तारीख और संख्या का उल्लेख किया जाना चाहिए जिसके उत्तर में प्रति भेजी जा रही है।

7. यदि पत्र के साथ अन्य कागजों की प्रति (प्रतियाँ) भेजी जा रही है (हैं) तो उसका उल्लेख निश्चित रूप से यथा स्थान किया जाना चाहिए।

8. सभी मसौदों पर मिसिल (पंजी) संख्या भी अवश्य ही लिखी होनी चाहिए अगर एक ही पंजी से एक ही पते पर एक तारीख में दो या दो से अधिक पत्र आदि भेजे जाने हों तो उन पर क्रम संख्या भी लिखी जानी चाहिए ताकि किसी प्रकार का भ्रम न हो सके। उदाहरणार्थ (i) **18/20 (एक)/54-प्रशासन-1 और** (ii) **18/20 (दो)/54-प्रशासन-1**

9. अगर किसी मामले के निस्तारण के लिए अन्य मंत्रालय या राज्य सरकार की सलाह लेना आवश्यक समझा जाए तो उत्तर प्राप्त करने की अन्तिम तारीख भी उल्लेख कर देना चाहिए।

10. केन्द्रीय रजिस्ट्री की जानकारी के लिए हस्ताक्षर करने वाले अधिकारी का नाम, पद एवं टेलिफोन संख्या का उल्लेख किया जाना चाहिए।

11. मसौदे पर अनुमोदनार्थ अपने नाम के **आद्याक्षर** (intials) लिख देने चाहिए अथवा हस्ताक्षर स्वरूप सूक्ष्माक्षरों का प्रयोग अवश्य कर देना चाहिए।

12. **प्राथमिकता वाले** (Priority) पत्रों या **तत्काल** (Immediate) भेजे जाने वाले पत्रों का चयन केवल प्राधिकृत अधिकारी द्वारा ही किया जाएगा और वही आलेखों पर प्राथमिकता या तत्काल शब्द की निराश पर्ची लगाएगा।

13. यदा कदा एक ही प्रकार के पत्र बार-बार भेजने पड़ते हैं। ऐसी स्थिति में अनुभाग अधिकारी से परामर्श करके एक मानक रूपरेखा वाला आलेख तैयार कर

लेना चाहिए और यथा स्थिति उसकी प्रतियाँ साइक्लोस्टाइल कराकर सुरक्षित रख लेनी चाहिए। ऐसे आलेख सम्बन्धित अधिकारी से हस्ताक्षरित करा लिये जाने चाहिए।

(ख) मसौदे की आदर्श रूपरेखा

(STANDAR OUT-LINE OF A DRAFT)

किसी भी मसौदे को आदर्श रूप में लिखते समय निम्न बातों पर ध्यान रखना पड़ता है। यथा—

1. शीर्षक (Heading)

शीर्षक के अन्तर्गत नीचे लिखी पाँच बातों का उल्लेख किया जाता है—

(क) **पत्र संख्या**—केन्द्रीय सरकार के सभी सिविल मन्त्रालयों में पत्र का आलेख तैयार करते समय सबसे पहले पत्र-संख्या का उल्लेख किया जाता है।

(ख) **सरकार और मन्त्रालय का नाम**—केन्द्रीय सरकार की ओर से लिखे जाने वाले पत्रों में पत्र-संख्या के बाद **भारत सरकार** प्रथम पंक्ति में और **सम्बन्धित मन्त्रालय** का नाम दूसरी पंक्ति में लिखा जाता है।

(ग) **प्रेषक का नाम और/अथवा पद-संज्ञा**—प्रेषक का नाम और/अथवा पद-संज्ञा लिखते समय सबसे पहले नाम और उसकी उपाधियाँ, दूसरी पंक्ति में पद-संज्ञा **भारत सरकार** उप वाक्य के साथ लिखी जाएगी। नाम के साथ केवल **श्री** ही लगाना चाहिए न कि **महोदय** भी। पद-संज्ञा के साथ **श्री** और **महोदय** दोनों का ही उल्लेख वर्जित है। जब प्रेषक का नाम नहीं लिखा जाता है तो **सचिव भारत सरकार, उप-सचिव भारत सरकार** या **अवर सचिव भारत सरकार,** मात्र लिख देना ही काफी है।

(घ) **प्राप्ता का नाम और/अथवा पद-संज्ञा**—प्राप्ता का नाम और/अथवा पद-संज्ञा लिखते समय उन सभी बातों को ध्यान में रखना चाहिए जिनका वर्णन ऊपर **ग** में किया गया है। प्राप्ता का नाम और/अथवा पद-संज्ञा लिखने से पहले **प्रेषक** शब्द के ठीक नीचे **सेवा में** उपवाक्य लिखना चाहिए।

(ङ) **स्थान और तारीख**—स्थान और तारीख दोनों एक साथ पत्र के दायीं ओर लिखे जाते हैं। स्थान का उल्लेख हमेशा तारीख से पहले ही किया जाना चाहिए। स्थान के साथ पिन कोड संख्या भी लिखी जानी

चाहिए। तारीख लिखते समय **तारीख** शब्द को आजकल प्रायः छोड़ दिया जाता है।

2. विषय (Subject)

प्राप्ता की सुविधा के लिए सारे पत्र का सूक्ष्म रूप विषय के अन्तर्गत एक-दो पंक्तियों में दे दिया जाता है। अधिकारीगण पत्र के इस सूक्ष्म विषय से पत्र की गतिविधि से फौरन परिचित हो जाते हैं और इस तरह बहुत-से अनावश्यक पत्रों को—जिनका विषय बहुत ही साधारण प्रकृति का होता है और जिन पर किसी तरह की कार्रवाई जरूरी नहीं है—अवलोकन किये बिना ही नत्थी करने का आदेश दे देते हैं। इस तरह बहुत-से समय की बचत होती है।

3. सम्बोधन (Salutation)

शासकीय पत्रों में सम्बोधन प्राय: **महोदय** अथवा **महोदया** के रूप में होता है, जो विषय वस्तु और पत्र के अनुसार बदलता जाता है। इसका विस्तार से वर्णन अगले अध्याय में किया जाएगा।

4. पत्र का मुख्य भाग (Main Text of the Letter)

पत्र के इस भाग में घटनाओं, तथ्यों और आँकड़ों का उल्लेख रहता है जिसमें आमतौर पर तीन तरह की बातें स्पष्ट की जाती हैं। यथा—

(क) **प्रसंग**—पत्र की घटनाओं का उल्लेख करने से पहले सभी पत्रों में पूर्व पत्रों से या प्रस्तुत पत्र से प्रसंग देना आवश्यक होता है। पत्र को आरम्भ करते समय प्रसंग के लिए बहुत-से उप-वाक्यों को प्रयोग में लाया जाता है। ये सभी उप-वाक्य अगले अध्याय में सरकारी पत्र के अन्तर्गत दिये गये हैं।

(ख) **तथ्यों, कारणों तथा विवादों का वर्णन**—पत्र के इस दूसरे भाग में वास्तविक घटनाओं को स्पष्ट किया जाता है। इसलिए इस भाग में तथ्यों, कारणों और विवादों का उल्लेख करते समय पूर्व-प्राप्त पत्रों से अवश्य ही सहायता लेनी चाहिए।

(ग) **निष्कर्ष**—अन्त में सम्पूर्ण विषय का वास्तविक सार या निष्कर्ष कुछ पंक्तियों में दे देना चाहिए। अगर प्रेषक की ओर से किसी तरह का निर्णय दिया गया हो तो उसके कथन का सार अवश्य लिख देना चाहिए।

5. परिसमाप्ति (Subscription)

सरकारी पत्र-व्यवहार में सभी पत्रों का अन्त एक समान नहीं होता। इनका सविस्तार वर्णन तो प्रसंगानुसार अगले अध्याय में किया जाएगा। यहाँ केवल मोटी-मोटी बातों को ही ले रहे हैं। यथा—

(क) **स्वनिर्देश**—प्राय: स्वनिर्देश में भवदीय या भवदीया उप-वाक्य ही प्रयोग किया जाता है। अर्द्ध-सरकारी पत्रों में आपका उप-वाक्य प्रयोग किया जाता है।

(ख) **हस्ताक्षर**—हस्ताक्षर भवदीय या आपका जैसे उप-वाक्यों के नीचे होने चाहिए और पठनीय हों। हस्ताक्षर हमेशा एक से ही होने चाहिए। नाम के साथ उप-नाम, गोत्र अथवा उप-जाति हस्ताक्षर के साथ लिखी जा सकती है। सैनिक अधिकारियों के साथ उनका पद/स्तर (Rank/ Status) का उल्लेख किया जा सकता है। हस्ताक्षर के ठीक नीचे कोष्ठ में हस्ताक्षर का रूप दे देना चाहिए।

(ग) **पद-संज्ञा**—बहुत से पत्रों में हस्ताक्षरों के नीचे हस्ताक्षर करने वाले अधिकारी की पद-संज्ञा अवश्य ही लिखी जाती है, जबकि अर्द्ध-सरकारी (Demi-official) जैसे कुछ पत्रों में नहीं भी लिखी जाती।

(घ) **संलग्न-पत्र**—अगर पत्र के साथ पिछले पत्रों की नकल या प्रति भेजी जा रही है तो इसका उल्लेख भी पत्र में स्पष्ट रूप से कर देना चाहिए। संलग्न पत्रों का उल्लेख पद-संज्ञा के बाद अगली पंक्ति में बायीं ओर होना चाहिए।

(ङ) **पृष्ठांकन**—यदि पत्र की नकल या प्रति किसी अन्य अधिकारी या व्यक्ति के नाम भेजनी है तो उसका वर्णन सबसे बाद में होता है। पृष्ठांकन करते समय पत्र संख्या और तारीख का उल्लेख होना चाहिए और अन्त में हस्ताक्षर और पद-संज्ञा। अगर हस्ताक्षर नहीं हुए हैं तो पत्र अधूरा माना जाएगा।

इस तरह किसी भी सरकारी पत्र की रूपरेखा इस प्रकार होगी—

1.	शीर्षक		
	(क)	संख्या	पत्र संख्या 970/8/62—प्रशा. (1)
	(ख)	सरकार और मन्त्रालय का नाम	**भारत सरकार** **गृह मन्त्रालय**
	(ग)	प्रेषक का पता	प्रेषक, श्री राम कृपालु सिंह, आई.ए.एस., उप-सचिव भारत सरकार।
	(घ)	प्राप्ता का पता	सेवा में, मुख्य सचिव, बंगाल प्रदेश, कलकत्ता-700001
	(ङ)	स्थान और तारीख	नई दिल्ली-110011, अगस्त 25, 1962
2.	विषय		विषय—मृत्यु-दण्ड की समाप्ति
3.	सम्बोधन		महोदय,
4.	मूल भाग		आपके पत्र संख्या 30/11/61—प्रशा.(1) तारीख नवम्बर 25, 1961 के उत्तर में मुझे यह
5.	परिसमाप्ति		कहने का निदेश हुआ है कि....
	(क)	स्वनिर्देश	भवदीय,
	(ख)	हस्ताक्षर	ह. राम कृपालु सिंह (राम कृपालु सिंह)
	(ग)	पद-संज्ञा	उप-सचिव भारत

सरकार	
(घ) संलग्न पत्र	संलग्न पत्र—दो
	पत्र संख्या 970/8/62—प्रशा. (1)
(ङ) पृष्ठांकन	नई दिल्ली-110011, अगस्त 25, 1962
	सूचनार्थ और आवश्यक कार्रवाई के लिए
प्रति	
	(नकल) निम्न अधिकारियों को प्रेषित—
	1. ....
	2. ....
	राम कृपालु सिंह
	उप-सचिव भारत सरकार

□□□

8

सरकारी पत्र व्यवहार

OFFICIAL CORRESPONDENCE

(क) सामान्य परिचय

(GENERAL INTRODUCTION)

केन्द्रीय सरकार के कार्यालयों में पत्र-व्यवहार किसी एक ही रूप में नहीं किया जाता बल्कि सरकारी पत्र-व्यवहार के लिए करीब-करीब सत्रह तरह के पत्रों के रूप प्रयोग में लाये जाते हैं। विषय के अनुसार पत्र-व्यवहार का रूप भी बदलता रहता है। किसी मन्त्रालय या सरकारी कार्यालय से भेजी जाने वाली सूचनाएँ निम्नलिखित पत्रों के रूपों में से किसी एक रूप में भेजी जा सकती हैं—

1. सरकारी पत्र	Official Letter
2. कार्यालय ज्ञापन	Office Memorandum
3. ज्ञापन	Memorandum
4. परिपत्र	Circular
5. मंजूरी पत्र	Sanction Letter
6. कार्यालय आदेश पत्र	Office Order
7. अर्द्ध-सरकारी पत्र	Demi-Official Letter
8. अशासनिक ज्ञापन/नोट	Un-official Memrandum/Note
9. अनुस्मारक पत्र	Reminder Letter
10. पृष्ठांकन	Endorsement
11. अधिसूचना	Notification

12. प्रस्ताव (संकल्प)	Resolution
13. प्रेस विज्ञप्ति/ज्ञापनी (नोट)	Press Communique/Note
14. तार	Telegram
15. तुरंत पत्र और बचत पत्र	Express Letter and Savingram
16 सूचना	Notice
17. घोषणा	Proclamation

अब आगे हर प्रकार के पत्र पर अलग-अलग उसके विधि-विधान, आकार-प्रकार रूप-शैली, क्यों और कब लिखा जाता है आदि बातों को लेकर विस्तार से विचार किया जाएगा।

(ख) (i) सरकारी पत्र
(OFFICIAL LETTER)

सरकारी पत्र सरकारी कार्यालयों में पत्र-व्यवहार का एक सबसे साधारण रूप है। इसमें किसी तरह की औपचारिकता नहीं बरती जाती। सरकारी पत्र विदेशी सरकारों, राज्य सरकारों, सम्बद्ध और अधीनस्थ दफ्तरों, संघ लोक सेवा आयोग जैसे अन्य स्वतन्त्र दफ्तरों और तरह-तरह के संघों, सार्वजनिक निकायों जैसी अन्य संस्थाओं को लिखे जाते हैं। यह ध्यान रखना चाहिए कि भारत सरकार के विभिन्न मन्त्रालयों के आपसी पत्र-व्यवहार में सरकारी पत्र के रूप को कभी नहीं अपनाया जाता।

सरकारी पत्र को शुरू करते हुए **मुझे निदेश है कि** उप-वाक्य अवश्य लिखा जाता है क्योंकि सचिव, उप-सचिव, अवर-सचिव अथवा अनुभाग अधिकारी सरकार की ओर से प्राप्त आदेशों-निदेशों के अनुसार ही पत्र लिखते हैं। लेकिन पूरा-विद्या महानिदेशक आदि जैसे अन्य दफ्तर जो भारत सरकार के आदेशों-निदेशों के अनुसार पत्र नहीं लिखते, **सादर निवेदन है कि** या **मुझे निवेदन करना है कि** उप वाक्य से पत्र आरम्भ करते हैं सरकारी पत्र को आरम्भ करने के दूसरे वैकल्पिक उप-वाक्य इस प्रकार हैं—

1. आपके पत्र संख्या .... तारीख .... के उत्तर में
2. मुझे अपने पत्र (इस मन्त्रालय के पत्र) संख्या .... तारीख .... के आगे यह कहने का निदेश है............
3. आपके (इस मन्त्रालय के पत्र) संख्या .... तारीख................. के साथ रुके हुए (समाप्त होने वाले) पत्र

व्यवहार के सन्दर्भ में मुझे यह लिखने का निदेश है कि ....

4. आपके अपने पत्र संख्या .... तारीख .... में जो प्रार्थना की गयी थी उसे स्वीकार करते हुए ....

5. इस विभाग (.............. विभाग) के तारीख .... के पत्र संख्या .... के आदेशों (अनुदेशों) का संशोधन (अधिलंघन) करते हुए ....

6. मुझे निदेश हुआ है कि मैं आपके पत्र संख्या .... तारीख .... की पावती भेजूँ।

7. मुझे आपको उपर्युक्त विषय पर यह लिखने का निदेश हुआ है कि .....

8. मुझे निदेश हुआ है कि मैं आपसे निवेदन करूँ............

सभी सरकारी पत्र प्रथम पुरुष एक वचन में लिखे जाते हैं और सरकारी अफसरों के लिए सम्बोधन के रूप में **महोदय** या **महोदया** शब्द प्रयोग किए जाते हैं लेकिन जब पत्र किसी जनसाधारण को लिखा जा रहा हो तो **प्रिय महोदय** या **श्रीमान् (प्रिय महोदया, श्रीमती या कुमारी)** शब्द ही प्रयोग में लाये जाते हैं और फर्म को लिखते समय **सदस्यगण, महोदयगण या सज्जनों (सदस्यागण, महोदयागण या देवियों)** शब्द लिखे जाते हैं। बाकी सारा पत्र उसी रूपरेखा के अनुसार लिखा जाएगा जिसकी रूपरेखा गत अध्याय के पृष्ठ 131 पर दे आए हैं। यथा—

रूपरेखा—

पत्र संख्या ....

भारत सरकार

गृह मन्त्रालय

प्रेषक

श्री ....

....

सेवा में

....

....

नई दिल्ली, तारीख ......

विषय...

महोदय,

आपके तारीख............................ के पत्र क्रमांक .... के प्रसंग में मुझे यह कहने का निदेश है कि ....
....

भवदीय

ह.

(नाम..........)

अवर सचिव भारत सरकार

संलग्नक—एक

क्रमांक नई दिल्ली, तारीख...............

नकल सूचना और उचित कार्रवाई के लिए निम्न अधिकारियों को भेजी जा रही है—

(1) ....

(2) ....

(3) ....

ह.

(नाम) ....

अवर सचिव भारत सरकार

उदाहरण—1

पत्र संख्या 20/10/56-प्रशा.

भारत सरकार

गृह मन्त्रालय

प्रेषक

श्री रामलाल बोस,
उप सचिव भारत सरकार।

प्राप्ता

सभी प्रादेशिक सरकारों को।

नई दिल्ली, जनवरी 30, 1956

विषय—प्राण-दण्ड की समाप्ति

महोदय,

मुझे यह कहने का निदेश हुआ है कि भारत सरकार को समय-समय पर कुछ इस प्रकार के सुझाव प्राप्त होते रहे हैं कि देश से प्राण-दण्ड को पूरी तरह से समाप्त कर दिया जाए। माना अपराधों की छानबीन करना और उनकी रोकथाम का कार्य राज्य सरकारों के विस्तार क्षेत्र में है और मृत्यु-दण्ड की समाप्ति के लिए राज्य सरकारें नियम बनाने के लिए पूरी तरह से सक्षम हैं, फिर भी विषय से सम्बन्ध रखने वाले नियमों की एकरूपता को बनाये रखने के लिए यह आवश्यक है कि केन्द्रीय सरकार सभी प्रकार के सुझावों, परामर्शों और नियमों पर अच्छी प्रकार सोच-विचार करे। अत: इस सम्बन्ध में मैं प्रार्थना करूँगा कि राज्य सरकारें अपने यहाँ के उच्च न्यायालयों से विचार-विमर्श कर लें और अन्तिम निर्णय को अपने दृष्टिकोण और सिफारिश के साथ इस मन्त्रालय को यथाशीघ्र भेजें।

मैं पुन: आपसे प्रार्थी करूँगा कि (अ) नर-हत्याओं की संख्या, (ब) आपके राज्य में इस अवधि में प्राण-दण्डित व्यक्तियों की संख्या और (स) इनमें से कितने व्यक्तियों को प्राण-दण्ड क्षमा किया गया, के गत तीन वर्षों के वार्षिक आँकड़े भी इस मन्त्रालय को यथाशीघ्र भेजने की कृपा करें।

भवदीय,
रामलाल बोस
(रामलाल बोस)
उप-सचिव भारत सरकार

उदाहण-2

संख्या पाँच (2)/1967-जी.ए.डी.

उत्तर प्रदेश सरकार

सामान्य प्रशासन विभाग

प्रेषक

श्री न. राजगोपाल,

संयुक्त सचिव उत्तर प्रदेश सरकार

सेवा में

डॉ. रामचन्द्र सिंह सागर अध्यक्ष,

सेकण्डरी एजूकेशन बोर्ड,

28 ख्वाजा कुतुब, बरेली।

दिनांक लखनऊ 28 अक्टूबर, 1970

विषय—सेकण्डरी एजुकेशन बोर्ड, उत्तर प्रदेश एवं सेकण्डरी एजुकेशन गजट, बरेली के विरुद्ध शिकायतें।

महोदय,

मुझे यह लिखने का निदेश है कि प्रदेश सरकार की जानकारी में लाया गया है कि परीक्षाएँ आयोजित करने एवं प्रमाण पत्र व डिप्लोमा प्रदान करने के दृष्टिकोण से आपने **सेकण्डरी एजुकेशन बोर्ड, उत्तर प्रदेश** नामक संस्था की संस्थापना की है। इतना ही नहीं तथाकथित सेकण्डरी एजुकेशन बोर्ड **सेकण्डरी एजुकेशन गजट** शीर्षक वाले समाचार पत्र का प्रकाशन भी करता है।

2. इस सम्बन्ध में मुझे यह स्पष्ट करना है की किसी भी व्यक्ति द्वारा ऐसे नामों का प्रयोग एकदम वर्जित है जिनसे ऐसा आभास होता हो अथवा ऐसा प्रतीत होने की परिकल्पना की जाए कि—

(i) भारत सरकार अथवा भारत देश के किसी राज्य सरकार का उसे संरक्षण प्राप्त है,

(ii) सरकार द्वारा विधि द्वारा संगठित सांविधिक संस्था है।

जबकि चिह्न व नाम (दुरुपयोग निवारण) (Emblems & Names (Prevention of Impropser Use Act) अधिनियम, 1950 (1950 के नियम संख्या 12) की धारा 3 के अन्तर्गत ऐसी धृष्टता निषिद्ध है। **सेकण्डरी एजुकेशन बोर्ड, उत्तर प्रदेश**

और सेकण्डरी एजुकेशन गजट नामों के उपयोग से ऐसा प्रतीत होता है अथवा ऐसी परिकल्पना की जाती है कि इन्हें भारत सरकार-उत्तर प्रदेश सरकार का संरक्षण प्राप्त है। इतना ही नहीं बोर्ड ऑफ हाई स्कूल एण्ड इण्टरमीडिएट एजुकेशन, उत्तर प्रदेश जो एक सांविधिक संस्था है और जिसे उत्तर प्रदेश में परीक्षाओं को आयोजित करने के लिए प्राधिकृत किया गया है, द्वारा संरक्षण प्राप्ति की भी परिकल्पना की जाना स्वाभाविक है। अतः उक्त वर्णित अधिनियम के प्रावधान का अतिक्रमण करना है।

3. अतः मुझे यह प्रार्थना करनी है कि इस पत्र को प्राप्त करने की तारीख के उपरान्त पन्द्रह दिन की मध्यावधि में यह स्पष्ट करने का कष्ट करें कि आपके विरुद्ध चिह्न व नाम (दुरुपयोग निवारण) अधिनियम 1950 की धारा 5 के अन्तर्गत क्यों न कार्रवाई की जाए?

भवदीय,

हस्ताक्षर

न. राजगोपाल
संयुक्त सचिव

उदाहरण 3-

रांची विश्वविद्यालय
राँची
दिनांक 15 जनवरी, 1966

संख्या पी/361

सेवा में,

उप-सचिव
सेकण्डरी एजुकेशन बोर्ड, उ. प्र.
28 ख्वाजा कुतुब, बरेली।

विषय—परीक्षाओं की मान्यता

महोदय,

उक्त विषयक आपके पत्र संख्या आर. ई./12/65-जनरल/2032 दिनांक 20 अक्टूबर, 1965 के सन्दर्भ में मुझे यह सूचित करने का निदेश है कि आपके शिक्षा परिषद् द्वारा आयोजित निम्नलिखित परीक्षाओं को उनके समक्ष दर्शायी गयी परीक्षाओं के समान स्तर पर पारस्परिक आधार पर मान्यता प्रदान की जाती है—

परीक्षाओं के नाम	परीक्षा के समकक्ष	
1. हाई स्कूल परीक्षा	मैट्रिक या बी.एस.एस.	
2. इण्टरमीजिएट (साहित्य) परीक्षा	बी.ए. भाग 1	तीन वर्षीय पाठ्यक्रम
3. इण्टरमीजिएट (विज्ञान) परीक्षा	बी.एस.सी. भाग 1	
4. इण्टरमीजिएट (वाणिज्य) परीक्षा	बी. कॉम भाग 1	

कृपया पत्र की पावती भेजने का कष्ट करें। साथ ही अपने स्तर पर लिये गये निर्णय से भी शीघ्र ही निम्नहस्ताक्षरी को अवगत कराने की व्यवस्था करें।

भवदीय

हस्ताक्षर

सहायक रजिस्ट्रार

13.1.66

उदाहरण-4

सं. 4-1/65 टी-5

भारत सरकार

केन्द्रीय हिन्दी निदेशालय

शिक्षा मन्त्रालय

(टी-1 अनुभाग)

4/19, मेहता मैन्शन, आसफअली रोड

नई दिल्ली-110001

दिनांक : 18 सितम्बर, 1961

27 भाद्र, 1883 (सा)

प्रेषक

उप-निदेशक,

केन्द्रीय हिन्दी निदेशालय।

सेवा में,

डा. रामचन्द्र सिंह सागर,

कृष्ण विला, कैथू, **शिमला-171003**

विषय : देवनागरी लिपि का संशोधित रूप

महोदय,

आपका पत्र सं. रा 2/3053/61 दिनांक अगस्त 11, 1961 प्राप्त हुआ। देवनागरी लिपि के संशोधित रूप के अनुसार **बुद्धि, शुद्धि** आदि जैसे शब्दों में इ की मात्रा के सम्बन्ध में मैं आपके सुझाव से सहमत हूँ तथा नई लिपि के अनुसार बुद्धि तथा शुद्धि के शुद्ध रूप **बुद्धि** तथा **शुद्धि** ही ठीक होंगे। आपके सुझाव के लिए धन्यवाद।

भवदीय

गोपाल शर्मा

(गोपाल शर्मा)

उप-निदेशक (द्वितीय)

उदाहरण-5

डा. डी.सी. सेन, बी.एस-सी. — **कल्याणी विश्वविद्यालय**

रजिस्ट्रार — **कल्याणी (पश्चिमी बंगाल)**

संख्या 9-आर-1/62/1708 — **दिनांक 25 फरवरी, 1967**

सेवा में,

सचिव,

सेकण्डरी एजुकेशन बोर्ड, उ. प्रङ.,

28 ख्वाजा क़ुतुब, बरेली,

(उत्तर प्रदेश)

विषय—परीक्षाओं की मान्यता

महोदय,

उक्त विषयक आपके पत्र संख्या आर.ई./12/65-जनरल/1717 दिनांक 28 अगस्त, 1965 की ओर आपका ध्यान आकर्षित करते हुए मुझे यह लिखना है कि **सेकण्डरी एजुकेशन बोर्ड, उ. प्र., की इण्टरमीजिएट परीक्षाओं को** इस विश्वविद्यालय द्वारा संचालित उच्च समकक्ष पाठ्यक्रमों में प्रवेशार्थ मान्यता प्रदान की जाती है।

भवदीय,

हस्ताक्षर

रजिस्ट्रार

उदाहरण–6 (उदाहरण 2 का उत्तर)

सेकण्डरी एजुकेशन बोर्ड, उत्तर प्रदेश

28 ख्वाजा कुतुब, बरेली

पत्र संख्या सामान्य/26/70–सा.प्र. **दिनांक 14 नवम्बर, 1970**

प्रेषक,

डा. रामचन्द्र सिंह सागर, अध्यक्ष,

सेकण्डरी एजुकेशन बोर्ड (हस्तिनापुर),

बरेली।

सेवा में,

श्री न. राजगोपाल,

संयुक्त सचिव उत्तर प्रदेश सरकार,

लखनऊ।

विषय—(i) सेकण्डरी एजुकेशन बोर्ड, बरेली और (ii) सेकण्डरी एजुकेशनगजट के विरुद्ध शिकायतों का निराकरण

महोदय,

उक्त विषयक आपके पत्र संख्या पाँच /2/1967–जी. ए. डी. दिनांक 28, अक्टूबर, 1970 के उत्तर में मुझे यह लिखना है कि सेकण्डरी एजुकेशन बोर्ड (हस्तिनापुर) की संस्थापना सन् 1945 में की गयी थी। अत: चिह्न व नाम (दुरुपयोग निवारण) अधिनियम, 1950 संदर्भित संस्था पर लागू नहीं होता। फिर भी यह लिखना है कि सेकण्डरी एजुकेशन बोर्ड और सेकण्डरी एजुकेशन गजट से ऐसा आभास कदापि नहीं होता कि इन संस्थाओं को (i) भारत सरकार अथवा भारत देश के किसी राज्य द्वारा संरक्षण प्राप्त है और न ही इस प्रकार की परिकल्पना ही का आभास होता है तथा (ii) न ही इन संस्थाओं का किसी सांविधिक संस्था के साथ सम्बन्ध होना ही निश्चित होता है।

2. बोर्ड ऑफ हाई स्कूल एण्ड इण्टरमीजिएट एजुकेशन, इलाहाबाद, उत्तर प्रदेश के तत्कालीन संयुक्त सचिव श्री आर. आर. लाहिड़ी ने इसी प्रकार के प्रश्न उठाते हुए दिल्ली राज्य की पुलिस में सन् 1956 मे सेकण्डरी एजुकेशन बोर्ड (हस्तिनापुर) के विरुद्ध एक शिकायत दर्ज कराई थी। माननीय श्री क. न. मेहरा, दण्डाधिकारी, प्रथम श्रेणी, दिल्ली द्वारा दिनांक 15 सितम्बर, 1958 को सेकण्डरी

एजुकेशन बोर्ड के विरुद्ध सरकार की शिकायत को खारिज कर सभी अभियुक्तों को ससम्मान दोषमुक्त (Discharge) कर दिया था। संदर्भित अभियोग के निर्णय में यह व्यवस्था दी गयी थी कि **सेकण्डरी एजुकेशन बोर्ड (हस्तिनापुर) द्वारा प्रयुक्त मुहर और बोर्ड आफ हाई स्कूल एण्ड इण्टरमीजिएट एजुकेशन, इलाहाबाद, उ. प्र. द्वारा प्रयुक्त मुहरों का मैंने भलीभाँति निरीक्षण किया। दोनों में आकाश पाताल का अन्तर है। दोनों मुहरें एक-दूसरे से एकदम भिन्न हैं। सेकण्डरी एजुकेशन बोर्ड एक निजी संस्था** (Private Body) **है। अभिोजन पक्ष ऐसा कोई नियम अथवा कानून स्पष्ट नहीं कर सका जिसके आधार पर किसी निजी और गैर-मान्यता प्राप्त बोर्ड को परीक्षाएँ आयोजित करने एवं प्रमाण पत्र जारी करने से रोका जा सके।**

3. उक्त परिच्छेद 2 में निर्दिष्ट नियम को दृष्टिगत कर यह संस्थापित किया जाता है कि उक्त संदर्भित दोनों संस्थाओं के विरुद्ध आरोपित शिकायतें झूठी एवं निराधार (Wrong and baseless) हैं। **इस प्रकार की शिकायतों पर पुनः विचार** (Trial) **करना दण्ड संहिता प्रक्रिया की धारा 403 (समानान्तर कानून की धारा 300), 1973 एवं भारतीय संविधान की धारा 20** (i) **के अन्तर्गत गैर-कानूनी विधि-विरुद्ध और व असंवैधानिक** (illegal, unlawful & unconstitutional) **हैं। दिनांक 15 सितम्बर, 1958 का माननीय श्री क. न. मेहरा, दण्डाधिकारी, प्रथम श्रेणी, दिल्ली द्वारा घोषित** (announced) निर्णय की प्रति तत्काल सन्दर्भ के लिए आपको प्रेषित की जा रही है।

4. जिलाधीश, बरेली के पत्र संख्या 7 (क. ल.—तीन-22/65-70) सं. प्र. दिनांक 6 जून, 1966 की अनुज्ञा प्राप्ति उपरान्त एवं कानून द्वारा घोषित किये जाने पर ही सेकण्डरी एजुकेशन गजट का प्रकाशन किया जा रहा है। पुनः यह भी लिखना है कि सेकण्डरी एजुकेशन गजट, बरेली ने स्वयं को भारत सरकार अथवा भारत में स्थित किसी राज्य सरकार की किसी सांविधिक संस्था से अपना नाता कदापि नहीं दर्शाया और न ही कभी ऐसी परिकल्पना का दावा ही किया है।

5. उक्त वर्णित परिस्थितियों को दृष्टिगत कर आप सरकार को इस प्रकार की उक्त संदर्भित शिकायतों पर पुनः भारतीय दण्ड प्रक्रिया के अन्तर्गत पग न उठाये जाने का सद्परामर्श दे। यदि आपका विभाग असत्य और निराधार शिकायतों पर पुनः इस ओर पग उठाएगा तो सेकण्डरी एजुकेशन बोर्ड (हस्तिनापुर) को यह पूर्ण

अधिकार होगा कि इस प्रकार के झूठे अभियोगों पर होने वाले सभी प्रकार के व्यय, अन्य सभी प्रकार की नुकसानी (Damages) व हानि की भरपाई आपकी सरकार द्वारा कराई जा सके।

भवदीय,

हस्ताक्षर

(डा. रामचन्द्र सिंह सागर)

अध्यक्ष

संलग्न—एक

उदाहरण-7

पत्र संख्या 2/38/59-गु. (प्रशा. 1)

भारत सरकार

गृह मन्त्रालय

प्रेषक,

श्री नैनसुखदास सागर,

उप-सचिव भारत सरकार।

सेवा में,

मुख्य सचिव,

उत्तर प्रदेश सरकार,

लखनऊ-226001

नई दिल्ली-110001, तारीख जून 3, 1958

विषय : राज्य में हुए विद्यार्थियों के उपद्रव

महोदय

मुझे यह कहने का निदेश है कि कुछ समय पूर्व लखनऊ में हुए विद्यार्थियों के उपद्रवों को भारत सरकार बड़ी चिन्ता और सन्देह की दृष्टि से देखती है। भारत सरकार ऐसा भी अनुभव करती है कि इन उपद्रवों ने न केवल साम्प्रदायिक रूप धारा कर लिया था, अपितु वे किसी सीमा तक अराष्ट्रीय भी हो गये थे जिसके कारण राष्ट्र के सम्मान को कभी भी धक्का पहुँच सकता है। विद्यार्थियों में इस प्रकार का अनुत्तरदायित्व अनुशासनहीनता का द्योतक है।

2. अब भारत सरकार का विचार है कि इस प्रकार की सभी गतिविधियों का बलपूर्वक सामना किया जाए और कठोरतापूर्वक नियन्त्रण में रखा जाए क्योंकि तोड ? फोड़ के ऐसे उपद्रवों का प्रभाव दूसरे राज्यों पर भी पड़ सकता है और वहाँ भी उसकी प्रतिकूल प्रतिक्रिया हो सकती है।

3. भारत सरकार यह भी अनुभव करती है कि इस बात की अच्छी प्रकार से जाँच की जाए कि कहीं इन उपद्रवों के पीछे किसी राजनैतिक दल का हाथ तो नहीं था। यदि भारत सरकार का यह सन्देह सत्य सिद्ध हो गया कि किसी राजनैतिक दल ने विद्यार्थियों को पथ-भ्रष्ट किया है तो उस दल की गतिविधियों तथा कार्यकलापों पर सतर्क दृष्टि रखी जाए जिससे भविष्य में इस प्रकार की अनुत्तरदायित्वपूर्ण तथा अनुशासनहीनता की घटनाओं की पुनरावृत्ति न होने पाए।

भवदीय

नैनसुखदास सगर

(नैनसुखदास सगर)

उप-सचिव भारत सरकार

क्रमांक 2/38/59-गृ. (प्रशा-1) नई दिल्ली-110001, जून 3, 1959

सूचना व आवश्यक कार्रवाई के लिए सभी जिलाधीशों को नकल प्रेषित।

नैनसुखदास सगर

उप-सचिव, भारत सरकार

उदाहरण-8

सेकण्डरी एजुकेशन बोर्ड, उत्तर प्रदेश

बरेली

पत्र संख्या सामान्य/26/13/73-सा.प्र. दिनांक 20 फरवरी, 1973

सेवा में,

सचिव भारत सरकार,

शिक्षा मन्त्रालय,

नई दिल्ली-110001

विषय—"सेकण्डरी एजुकेशन बोर्ड" व माध्यमिक शिक्षा परिषद् उप-वाक्यों का सरकार द्वारा दुपयोग

महोदय,

मुझे यह लिखना है कि राज्य सरकारों के निदेशानुसार अथवा विधान सभा के किसी अधिनियम के अन्तर्गत समय-समय पर सेकण्डरी एजुकेशन बोर्ड अथवा बोर्ड आफ सेकण्डरी एजुकेशन संस्थापित किये जाते रहे हैं। सन् 1951 में इसी प्रकार की एक संस्था सर्वप्रथम वेस्ट बंगाल बोर्ड आफ सेकण्डरी एजुकेशन संस्थापित की गयी थी। **सेकण्डरी एजुकेशन बेर्ड (हस्तिनापुर), उत्तर प्रदेश, जो एक स्वशासी संस्था है सन् 1948 में संस्थापित की गयी थी। इस तथ्य को सन् 1958 में दिल्ली न्यायालय द्वारा भी सवीकार किया गया था। इसी प्रकार माध्यमिक शिक्षा परिषद् उप-वाक्य जो सेकण्डरी एजुकेशन बोर्ड का समानान्तर हिन्दी उप-वाक्य है** राज्य सरकारों द्वारा परिचालित परीक्षण संस्थाओं (Examining bodis) द्वारा प्रयोग में लाया जा रहा है।

2. सेकण्डरी एजुकेशन बोर्ड और माध्यमिक शिक्षा परिषद् उप-वाक्यों को सरकार द्वारा प्रयुक्त किए जाने पर मुझे घोर आपत्ति है क्योंकि इन दोनों उप-वाक्यों को प्रयोग में लाने का केवल निम्न हस्ताक्षरी का एकमात्र अधिकार है। **सन् 1955 मं प्रकाशित सेकण्डरी एजुकेशन बोर्ड (हस्तिनापुर), उत्तर प्रदेश के विधान एवं अन्य सभी संगत साहित्य में इस तथ्य को स्पष्ट कर दिया गया था कि सेकण्डरी एजुकेशन बोर्ड (हस्तिनापुर), उत्तर प्रदेश उप-वाक्य के पंजीकृत कर दिए जाने के उपरान्त माध्यमिक शिक्षा परिषद् को भी पंजीकृत माना जाएगा।**

3. अत: आप से प्रार्थना है कि देश में फैले सभी सेकण्डरी एजुकेशन बोर्डों के समस्त सचिवों को सेकण्डरी एजुकेशन बोर्ड और माध्यमिक शिक्षा परिषद् उप-वाक्यों को प्रयोग में न लाने के लिए समुचित निदेश जारी करने की व्यवस्था करें ताकि निम्नहस्ताक्षरी का इन दोनों उप-वाक्यों पर एकाधिकार बना रहे। यदि ऐसा न हुआ तो मुझे अपने इस एकाधिकार की सुरक्षा के लए विधि साधनों की शरण लेनी पड़ेगी।

भवदीय,

हस्ताक्षर

(डा. श्रीमती सु. रा. सागर)

सचिव

पत्र संख्या सामान्य /26(13)/73-सा.प्र. दिनांक 20 फरवरी, 173

पत्र की प्रति सभी राज्यों के सेकण्डरी एजुकेशन बोर्डों के सचिवों को सूचनार्थ एवं आवश्यक कारवाई के लिए प्रेषित।

(डा. श्रीमती सु. रा. सागर)
सचिव

(ii) कार्यालय ज्ञापन
(OFFICE MEMORANDUM)

भारत सरकार के विभिन्न मन्त्रालयों के बीच पत्र-व्यवहार का माध्यम सिर्फ कार्यालय ज्ञापन ही है। दो मन्त्रालयों के बीच कभी भी सरकारी पत्र नहीं लिखा जाता। कार्यालय ज्ञापन हमेशा अन्य पुरुष में ही लिखे जाते हैं। कार्यालय ज्ञापन लिखते समय प्रेषक, सेवा में, सम्बोधन और स्वनिर्देश शब्द कुछ भी तो नहीं लिखे जाते। परिसमाप्ति में अधिकारी के हस्ताक्षर और उसकी पदसंज्ञा लिखी जाती है। जिस मन्त्रालय अथवा दूसरे मन्त्रालय के जिस अधिकारी के नाम कार्यालय ज्ञापन भेजा जा जाता है उसका पूरा पता पदसंज्ञा के बाद पृष्ठ के बिल्कुल बायीं ओर **सेवा में** लिखकर अंकित किया जाता है।

कार्यालय ज्ञापन का आरम्भ वैसे अधोहस्ताक्षरी को यह कहने का निदेश हुआ है से होना चाहिए पर अब इसके स्थान पर भी मुझे यह कहने का निदेश हुआ है ही प्रयोग में लाया जा रहा है।

रूपरेखा

क्रमांक........

भारत सरकार

गृह मन्त्रालय

नई दिल्ली, तारीख ....

कार्यालय ज्ञापन

विषय...

भारत सरकार के भिन्न-भिन्न मन्त्रालयों और सम्बद्ध कार्यालयों में नियुक्त आशुलिपिकों के लिए नियमित सेवा के संगठन का प्रश्न कुछ समय तक इस मन्त्रालय के विचाराधीन रहा और अब यह निश्चय किया गया है कि

....

....

....

हस्ताक्षर

(नाम)

अवर सचिव भारत सरकार

सेवा में,

....

....

उदाहरण-1

पत्र संख्या 25/4/57-हि.

भारत सरकार

गृह मन्त्रालय

नई दिल्ली, जुलाई 15, 1956

कार्यालय ज्ञापन

विषय —केन्द्रीय कर्मचारियों को—चतुर्थ श्रेणी अमले के अतिरिक्त—हिन्दी प्रशिक्षण की योजना

अभी हाल ही में सभी मन्त्रालयों के प्रतिनिधियों की एक अन्तःमन्त्रालय समिति ने केन्द्रीय सचिवालय के कर्मचारियों को हिन्दी पढ़ाने के प्रश्न पर सोच-विचार किया और इसके आधार पर सचिवालय के सभी कर्मचारियों की एक सूची तैयार की गई जिसको मातृभाषा के आधार पर विभिन्न श्रेणियों में बाँटा गया और अन्तिम बैठक में यह निश्चय किया गया कि—

1. सभी कर्मचारियों को उनकी मातृभाषा के आधार पर निम्न चार श्रेणियों में बाँटा जाए—

   वर्ग अ—वे जिनकी मातृभाषा हिन्दी है।

   वर्ग ब—वे जिनकी मातृभाषा उर्दू, पंजाबी, काश्मीरी, सिंधी व पुश्तो हैं।

   वर्ग स—वे जिनकी मातृभाषा मराठी, गुजराती, बंगाली, असमिया व उड़िया है तथा

वर्ग द—वे जिनकी मातृभाषा तमिल, तेलुगु, मलयालम, कन्नड़, अंग्रेजी तथा अन्य कोई सम्बद्ध भाषा है।

2. सर्व प्रथम द वर्ग के लिए हिन्दी कक्षाएँ आरम्भ होंगी, फिर धीरे-धीरे स, ब व अ हेतु।
3. कक्षाएँ सप्ताह में तीन दिन 60-60 मिनट की होनी चाहिए।
4. सभी मन्त्रालय हिन्दी कक्षाओं के लिए कमरे की स्वयं उचित व्यवस्था करेंगे।
5. गृह-मन्त्रालय इस योजना को कार्य रूप में परिणत करने का भार वहन करेगा।
6. गृह मन्त्रालय ही हिन्दी प्रध्यापकों की नियुक्ति कर विभिन्न मन्त्रालयों में उन्हें नियुक्त करने का भार वहन करेगा।
7. कक्षाएँ प्रात: 10 बजे से सायं 5 बजे तक कार्यालय समय में ही चलाई जाएँगी।

भारत सरकार ने इन सभी सिफारिशों को स्वीकार कर लिया है और निर्णय किया है कि शीघ्र ही **द वर्ग** के लिए कक्षाएँ आरम्भ कर दी जाएँ। अत: सभी मन्त्रालयों से प्रार्थना की जाती है कि वे **द वर्ग** के लिए यथाशीघ्र अपने यहाँ से पढ़ने वालों के नाम भेजें।

योगेश्वर दत्त

अवर सचिव भारत सरकार

सेवा में,

भारत सरकार के सभी मन्त्रालयों को।

उदाहरण-2

पत्र संख्या 56/5/56-म.स.

मन्त्रि-मण्डल सचिवालय

नई दिल्ली, अगस्त 25, 1956

कार्यालय ज्ञापन

विषय :—असैनक अधिकारियों को ड्रेस

भारत को स्वतन्त्र हुए नौ वर्ष हो गये, पर अभी तक केन्द्रीय सरकार के सभी अधिकारी यूरोपियन ढंग की ही ड्रेस को उपयोग में लाते हैं, जो सम्पूर्ण प्रभुत्व-

सम्पन्न लोकतन्त्रात्मक स्वतन्त्र देश के उपयुक्त नहीं है। भारत सरकार चाहती है क इस स्वतन्त्र वातावरण में भारतीय ढंग की ही ड्रेस का प्रयोग हो। इसीलिए ड्रेस सम्बन्धी नियम बनाने पर यह सरकार विचार कर रही है जिससे समस्त कार्यालयों में एक ही प्रकार का समान स्तर बना रहे। इस प्रकार के समान स्तर को बनाए रखने के लिए सरकार निम्न सुझाव रखती है। इन सुझावों को कार्य रूप में परिणत करते समय सरकार ने जलवायु, सुविधा और चुस्ती पैदा करने के दृष्टिकोण और संगत (relevent) साधनों को सामने रखा है। पर ऐसा न समझा जाए कि इस प्रकार के सुझाव आदेश-स्वरूप हैं, साथ ही सरकार यह भी आशा रखती हैं कि अधिकारीगण इन सुझावों को सदैव ध्यान में रखेंगे।

सुझाव

(अ) पुरुष वर्ग की ड्रेस

(1) औपचारिक व सामान्य शिष्टाचार के अवसरों पर—

काली अचकन या शेरवानी सफेद चूड़ीदार पाजामे के साथ अथवा या बन्द गले के छोटे कोट के साथ सफेद या काली पतलून या पाजामे पर गर्मी के मौसम में शेरवानी या कोट सफेद ही होना चाहिए।

(2) दफ्तरी ड्रेस—

बन्द गले का छोटा कोट और पतलून। गर्मी के मौसम में अनौपचारिक रूप से बुश-शर्ट भी पहनी जा सकती है।

(ब) नारी वर्ग की ड्रेस

(1) आपैचारिक व सामान्य शिष्टाचार के अवसरों पर—

गम्भीरता उत्पन्न करने वाली रंगीन साड़ी। यदि किनारीदार साड़ी हो तो किनारा बहुत ही साधारण हो।

(2) दफ्तरी ड्रेस—

बिना किनारी की सूती या रेशमी साड़ी। यदि किनारीदार साड़ी हो तो बहुत ही साधारण हो या सलवार, कमीज और दुपट्टा। जो स्कर्ट पहनने की आदी हैं वे स्कर्ट और ब्लाउज पहन सकती हैं।

2. उपर्युक्त सुझावों के अनुसार ड्रेस बनवाते समय खद्दर को प्राथमिकता देनी चाहिए। सभी औपचारिक अवसरों पर जबकि अधिकारीगण राष्ट्रपति से भेंट करने वाले हों या जहाँ राष्ट्रपति की उपस्थिति आवश्यक हो, अधिकारियों को हाथ की कती और हाथ की बनी सामग्री का उपयोग करना चाहिए।

3. सरकार यह भी स्पष्ट कर देना चाहती है कि उपर्युक्त सुझावों से अधिकारीगण यह न समझ लें कि उनको अपने पुराने वस्त्रों का एकदम बहिष्कार करना है। अतः तुरत-फुरत नये कपड़ों पर अनावश्यक खर्चा न करें। अधिकारियों से प्रार्थना की जाती है कि वे नये वस्त्र बनवाते समय इन सभी सुझावों को ध्यान में रखें।

कु. जयगुप्ता सागर,

अवरसचिव भारत सरकार

सेवा में,

भारत सरकार के सभी मन्शलयों को।

उदाहरण-3

पत्र संख्या 10/2/50-सा.

वैज्ञानिक सर्वेक्षण आयोग

नई दिल्ली, जून, 25, 1950

कार्यालय ज्ञापन

विषय : वैज्ञानिक सर्वेक्षण आयोग दफ्तर के लिए आवश्यक सामान

जैसा कि भारत सरकार के सभी मन्त्रालयों और विभागों को ज्ञात है कि वैज्ञानिक सर्वेक्षण आयोग नाम का एक नया दफ्तर नई दिल्ली में स्थापित किया गया है। इस कार्यालय में चार अधिकारी, अठारह सहायक और कुछ लिपिक कार्य करेंगे, जो बहुत ही शीघ्र अपना कार्य सम्भालने वाले हैं।

2. अतः आयोग के दफ्तर को मेज, कुर्सी, आलमारी, साइकिल, टाइप-मशीन, अनुलिपिकरण मशीन (Duplicating Machine) आदि जैसी वस्तुओं की आवश्यकता है। वित्त मन्त्रालय द्वारा ज्ञात हुआ है कि भारत सरकार के मन्त्रालयों व विभागों में इस प्रकार का कुछ सामान अधिशेष (Surplus) पड़ा हुआ है। मन्त्रालयों और विभागों को सलाह दी गई है कि वे इस प्रकार के सामान को निकालने का प्रयत्न करें। वित्त मन्त्रालय आदि से प्रार्थना की जाती है कि वे इस आयोग को इस प्रकार की आवश्यकताओं की पूर्ति में पूरा-पूरा सहयोग दें। यदि मन्त्रालय इस आयोग को किसी प्रकार की सहायता दे सकें तो इस आयोग को यथाशीघ्र सूचित करने की कृपा करें।

सोमेश्वर दत्त

सचिव भारत सरकार

सेवा में,

भारत सरकार के सभी मन्त्रालों तथा विभागों को।

उदाहरण-3

पत्र संख्या 20/5/51—प्रशा

संसद सचिवालय

संसद भवन

नई दिल्ली, जून 20, 1952

कार्यालय ज्ञापन

मुझे यह कहने का निदेश हुआ है कि संसद सचिवालय के सहायकों के कुछ पद रिक्त पड़े हुए हैं और यह प्रस्तावित किया गया है कि इन पदों को सम्बन्धित मन्त्रालय या विभाग के योग्य व्यक्तियों द्वारा, जिनमें निम्न योग्यताएँ हों, भर दिया जाए। वेतन और दूसरे भत्ते निर्धारित वेतनक्रम के अनुसार ही दिये जाएँगे। इन पदों के लिए निम्न योग्यतावाले अभ्यार्थियों पर ही विचार किया जाएगा-

(1) **योग्यता** —किसी मान्यता प्राप्त विश्वविद्यालय का स्नातक।

(2) **आयु**—23 वर्ष से कम और 30 वर्ष से अधिक न हो।

(3) **अनुभव**—सरकारी विभाग में कम से कम दो वर्ष तक सहायक या पाँच वर्ष तक उच्च श्रेणी लिपिक पद पर कार्य का अनुभव।

(4) **सामान्य**—सामान्य ज्ञान का अच्छा अनुभव तथा अच्छा स्वास्थ्य।

(5) **साक्षात्कार**—अभ्यार्थियों को अपने खर्च पर इण्टरव्यू के लिए दिल्ली आना होगा।

2. मन्त्रालयों और विभागों से प्रार्थना की जाती है कि वे अपने यहाँ से योग्य अभ्यार्थियों क प्रार्थना पत्र भेजें। प्रार्थना पत्र अभ्यार्थियों के सवलेख में दो वास्तविक प्रमाण पत्रों के साथ आना चाहिए। यदि कोई परीक्षार्थी अनुचित रूप से पद पाने के लिए प्रयत्न करता पाया जाएगा तो उसे अयोग्य घोषित कर दिया जाएगा।

द्वारिकानाथ तिवारी

अवर सचिव भारत सरकार

सेवा में

भारत सरकार के सभी मन्त्रालयों व विभागों को।

उदाहरण-5

पत्र संख्या 30/11/60-सा. प्र.

भारत सरकार

गृह मन्त्रालय

नई दिल्ली, जनवरी, 15, 1951

कार्यालय ज्ञापन

विषय : भारत संघ के बाहर केन्द्र सरकार के अधीन पदों पर अभारतीयों की नियुक्तियाँ।

मुझे यह कहने का निर्देश हुआ है कि अभारतीयों को भारत संघ से बाहर असैनिक पदों पर बहुत ही अपवाद परिस्थितियों में नियुक्त किया जा सकता है और वह नियुक्त भी गृह मन्त्रालय के समर्थन पर एक सीमित समय के लिए ही की जा सकती है।

2. इस निश्चय के अनुसार यह ज्ञात करना आवश्यक समझा गया है कि प्रशासन के हित में अवर और निम्न दफ्तरी अमले की नियुक्तियाँ केन्द्र सरकार के अधीन भारत से बाहर मंसूख की जा सकती हैं और सभी संगत बातों को ध्यान में रखते हुए निम्न प्रकार की नियुक्तियों को एकदम छोड़ने देने का निश्चय किया गया है।

(क) दुभाषिये, अनुवादक आदि के पद।

(ख) एकदम अस्थायी पद जिनके एक वर्ष से अधिक रहने की आशा न हो।

(ग) चतुर्थ श्रेणी के पद।

3. अन्य सभी पद भारतीयों द्वारा पूरित होने चाहिए। अभारतीयों के स्थान पर भारतीयों की नियुक्तियाँ भारत संघ से बाहर जैसे-जैसे उचित और योग्यव्यक्ति मिलते जाएँ वैसे ही वैसे धीरे-धीरे करनी चाहिए क्योंकि एकदम इस प्रकार का पग उठाना यदि असम्भव नहीं तो कठिन अवश्य है।

श्रीमती मधुलिका सागर

उप सचिव भारत सरकार

सेवा में

भारत सरकार के सभी मन्त्रालयों को।

उदाहरण-6

पत्र संख्या 15/3/55-उ.वा. (प्रशा.-1)

भारत सरकार

उद्योग तथा वाणिज्य मन्त्रालय

नई दिल्ली, मई 20, 1955

कार्यालय ज्ञापन

विषय : छँटनी किये गये अमले की पुनर्नियुक्ति।

मुझे यह कहने का निदेश है कि हाल ही में इस मन्त्रालय को सम्भरण महानिदेशालय के बन्द हो जाने के कारण बहुत-से औद्योगिक अमले की छटनी करनी पड़ी लेकिन इस मन्त्रालय में घरेलू उद्योग अनुभाग के खुल जाने के कारण फिर से औद्योगिक कर्मचारियों की आवश्यकता है।

2. ऐसे सभी पद जिन पर केन्द्रीय लोक सेवा आयोग के द्वारा या पदोन्नति या स्थानान्तरण से नियुक्तियाँ नहीं हों तो उन पर रोजगार दफ्तर द्वारा नियुक्तियाँ की जाती हैं। इसलिए इस मन्त्रालय का विचार है कि एकदम नये आदमियों को इस प्रकार के काम पर भरतीं करना उतना अच्छा नहीं होगा जितना कि छँटनी किये गये लोगों को भरती करना होगा। फिर यदि एकदम नये आदमी भर्ती किये जाएँगे तो भारत सरकार को यह भी आपत्ति होगी कि छँटनी किये गये आदमियों को ही क्यों नहीं लया गया। अतः पहले उन सभी आदमियों को रोजगार दफ्तर में नाम लिखा लेना चाहिए। पर यह भी हो सकता है कि बहुतों ने दूसरे स्थान पर काम ढूँढ लिया हो या कहीं दूसरे स्थान पर चले गये हों जहाँ दूर-दूर तक रोजगार दफ्तर की सुविधा उपलब्ध न हो।

3. अतः उपर्युक्त परिस्थितियों को ध्यान में रखते हुए छँटनी किये गये आदमियों को नियुक्त करने के लिए विशेष परिस्थितियों में रोजगार दफ्तर की मध्यस्थता को समाप्त करके उन्हें सीधे पुनः इन पदों पर नियुक्त करने का अधिकार इस मन्त्रालय को दिया जाए।

धर्मचन्द्र नांगिया

उप सचिव भारत सरकार

सेवा में,

सचिव
गृह मन्त्रालय भारत सरकार, नई दिल्ली।

(iii) ज्ञापन
(MEMORANDUM)

जब कोई मन्त्रालय अपने अनुभागों, शाखाओं, प्रभागों, विभागों और सम्बद्ध तथा अधीनस्थ दफ्तरों को पत्र लिखने की आवश्यकता अनुभव करता है तो इन्हें न तो सरकारी पत्र ही लिखा जाता है और न कार्यालयज्ञापन ही। मन्त्रालय अपने इन सभी खण्डों को ज्ञापन लिखता है। नियुक्ति पत्र भेजते समय तथा पत्रों की प्राप्ति स्वीकृति भेजते समय भी ज्ञापन पत्रों को ही प्रयोग में लाया जाता है। इन तीन अवस्थाओं को छोड़कर ज्ञापन का प्रयोग अन्य किसी प्रकार की सूचना भेजने के लिए वर्जित है।

कार्यालय ज्ञापन और ज्ञापन की रूपरेखा और लेखन शैली में लेशमात्र भी अन्तर नहीं है। दोनों एक ही शैली में लिखे जाते हैं। ज्ञापन के प्रारूप में नियुक्ति सूचना का रूप यहाँ दिया जा रहा है।

रूपरेखा

क्रमांक.........

भारत सरकार

गृह मन्त्रालय

नई दिल्ली तारीख..........

ज्ञापन

विषय : ....

श्री .... को ता........................ के आवेदन पत्र के सम्बन्ध में इस मन्त्रालय में अवर श्रेणी लिपिक के अस्थायी पद पर नीचे लिखी शर्तों के साथ नियुक्त किया जाता है—

(1) ....

(2) ....

(3) ....

यदि श्री .... इसे स्वीकार करते हैं तो मेरे पास कार्यभार ग्रहण करने के लिए ता................................ तक अवश्य पहुँच जाएँ।

(अमुक)

अवर सचिव भारत सरकार

सेवा में,

श्री ....

....

उदाहरण-1

पत्र संख्या फ/6/3/60-हि. (1662)

भारत सरकार

गृहमन्त्रालय

नई दिल्ली-2, दिनांक नव. 18, 1960

ज्ञापन

श्रीमती कल्याणी बनर्जी को उनके प्रार्थना पत्र के प्रत्युत्तर में सूचित किया जाता है कि आपको इस मन्त्रालय में हिन्दी प्राध्यापिका के अस्थायी पद पर 1640-60-2600 द. रो. -75-2900 के वेतन क्रम में निम्न शर्तों पर नियुक्त किया जाता है—

(1) आपको ज्ञात होना चाहिए कि आपकी यह नियुक्ति एकदम अस्थायी है और आपको कभी भी 30 दिन की पूर्व सूचना देकर या एक मास का अग्रिम वेतन देकर पद से विमुक्त किया जा सकता है। यदि आप भी अपने पद से त्याग पत्र देना चाहेंगी तो आपको भी इनहीं नियमों का पालन करना होगा अर्थात् या तो 30 दिन की पूर्व सूचना या एक मास का वेतन।

(2) श्रीमती कल्याणी बनर्जी उपर्युक्त शर्तों पर यदि इस नियुक्ति पत्र को स्वीकार करती हैं तो अधोहस्ताक्षरी के पास दिनांक 23 नवम्बर, 1960 को प्राप्त 10 बजे कार्यभार ग्रहण करने के लिए अवश्य पहुँच जाएं अन्यथा नियुक्ति रद्द समझी जाएगी।

बी. एम. शर्मा

अवर सचिव भारत सरकार

सेवा में,

श्री कल्याणी बनर्जी

जीवन धारा, 6/206, हरदेपुरी

शाहदरा, दिल्ली-110032

उदाहरण-2

संख्या 49/2/59-सा.

भारत सरकार

वैज्ञानक अनुसंधान व सांस्कृतिक कार्य मंत्रालय

नई दिल्ली, मार्च 2, 1960

ज्ञापन

विषय : हिन्दी कक्षाएँ-साप्ताहिक अनुपस्थिति रिपोर्ट

उपर्युक्त विषय पर हिन्दी प्राध्यापक, कालिज आव नर्सिंग हिन्दी प्रशिक्षण केन्द्र का दिनांक जनवरी 1, 1960 का पत्र प्राप्त हुआ। पत्रोत्तर के रूप में परिपत्र संख्या 19/2/59-सा. दिनांक जनवरी 21, 1960 के परिपत्र की एक प्रति हिन्दी प्राध्यापक को सूचनार्थ भेजी जा रही है।

राम प्रकाश गुप्ता

सम्पर्क अधिकारी (हि.)

सेवा में,

श्री धर्म प्रकाश युगल,
हिन्दी प्राध्यापक,
कालिज आव नर्सिंग हि. प्र. केन्द्र
नई दिल्ली।

उदाहरण-3

संख्या 11/5/60-लेखा

भारत सरकार

शिक्षा मंत्रालय

नई दिल्ली, फरवरी 26, 1960

ज्ञापन

श्री प्रेमनाथ धीर द्वारा आकस्मिक अवकाश हेतु भेजे गये दिनांक फरवरी 18 1960 के आवेदन पत्र के सन्दर्भ में आपको सूचित किया जाता है कि आपका दिनांक जनवरी 21, 1960, फरवरी 17, 1960 और मार्च 15, 1960 का आकस्मिक

अवकाश स्वीकार किया जाता है और आपको भविष्य के लिए सूचित किया जाता है कि आप सदैव अपना प्रार्थना पत्र नियत समय पर भेजा करें। जहाँ तक सम्भव हो आकस्मिक अवकाश ग्रहण करने के पूर्व उसे स्वीकृत करा लें तो अच्छा रहेगा। आपसे यह भी प्रार्थना की जाती है कि भविष्य में हर छुट्टी क लिए अलग-अलग प्रार्थना-पत्र भेजना चाहिए।

राधेश्याम सान्याल
अनुभाग अधिकारी

सेवा में

श्री प्रेमनाथ धीर, सहायक
लेखा विभाग, शिक्षा मन्त्रालय
नई दिल्ली।

(iv) परिपत्र
(CIRCULAR)

जब केन्द्रीय सरकार को अन्य सरकारों से या एक मन्त्रालय से अन्य मन्त्रालयों की या एक विभाग से दूसरे विभागों को एक समान सूचना, अनुदेश या आदेश भेजने हों या मँगाने हों तो उस समय परिपत्र का प्रयोग किया जाता है। परिपत्र में पत्र संख्या, मन्त्रालय का नाम, पता और तारीख तथा प्रेषक और प्राप्ता यानी सब कुछ उसी तरह लिखा जाता है जैसे सरकारी पत्रों में लिखा जाता है। पर स्वनिर्देश के लिए कोई भी शब्द नहीं लिखा जाता। परिपत्र अन्य पुरुष में लिखा जाता है। परिपत्र की नकलें जिन-जिन दफ्तरों को भेजी जाएँगी उनका उल्लेख पृष्ठांकन के रूप में कर दिया जाता है। इस तरह आवश्यकानुसार परिपत्र को सरकारी पत्र, कार्यालय ज्ञापन या पृष्ठांकन के रूप में लिख सकते हैं।

रूपरेखा—

पत्र संख्या ....

भारत सरकार

विधि मन्त्रालय

प्रेषक

....

....

सेवा में

....

....

नई दिल्ली, तारीख ....

परिपत्र

विषय...

महोदय,

मुझे यह सूचित करने का निदेश हुआ है कि..

....

....

भवदीय

ह.

(नाम)

अवर सचिव भारत सरकार

वितरण—

मन्त्रालय के सभी विभागों व अनुभागों के अधिकारियों को सूचनार्थ प्रेषित।

उदाहरण—1 **(सरकारी पत्र के रूप में)**

पत्र संख्या 25/6/56—द

भारत सरकार

विधि मन्त्रालय

प्रेषक

श्री रामलाल,

उप-सचिव भारत सरकार।

सेवा में

सभी प्रदेशों की राज्य सरकारों के नाम

नई दिल्ली, तारीख जनवरी 15, 1956

विषय : प्रदेश के लोक सेवा आयोग हेतु न्यायांग का कार्यांग से पृथकीकरण

महोदय,

संविधान की धारा 50 जिसमें प्रदेश के नीति सम्बन्धी निदेशात्मक सिद्धान्त (Directive Principles) के ऊपर प्रकाश डाला गया है और जिसके आधार पर प्रादेशिक सरकारें लोक सेवाओं में न्यायांग को कार्यांग से पृथक् करने के लिए पग उठायेंगी के सम्बन्ध में मुझे यह कहने का निर्देश है कि यद्यपि इस प्रकार के **विषय** के लिए प्रादेशिक सरकारें पूर्ण रूप से जिम्मेदार है तथापि यह अनुभव किया जाता है कि भारत सरकार प्रादेशिक सरकारों के इस कार्य में पूर्ण रूप से हाथ बँटाएगी और उनका पथ-प्रदर्शन करेगी।

2. अत: यह प्रार्थना की जाती है कि प्रादेशिक सरकारें इस सम्बन्ध में अपने विचार इस मन्त्रालय को भेजने का कष्ट करें। इस मन्त्रालय को यह भी सूचित करने की प्रार्थना की जाती है कि इस सम्बन्ध में अभी तक जो कार्रवाई की गयी है उसे विस्तार से लिख भेजने की व्यवस्था की जाए और प्रस्तावित कार्रवाई से भी मन्त्रालय को अगत कराएँ।

भवदीय

लक्ष्मण दास चक्रवर्ती

उप सचिव भारत सरकार

वितरित—

सं. व प. अनुभाग की ओर से इस आशय का एक परिपत्र प्रसारित कीजिए।

उदाहरण-2 **(कार्यालय ज्ञापन के रूप में)**

गृह मन्त्रालय

(संगठन तथा पद्धति अनुभाग)

नई दिल्ली, अगस्त 2, 1956

परिपत्र संख्या 35

संगठन तथा पद्धति परिपत्र संख्या 28 दिनांक दिसम्बर 26, 1955 में वर्णित पद्धति के अतिरिक्त निम्नलिखित अनुदेश जारी किये जाते हैं, जिनका अनुपालन सभी कर्मचारियों द्वारा किया जाना है—

(1) आगमन—हर अनुभाग में स–37 रूपरेखा के आधार पर एक उपस्थिति रजिस्टर रखा जाएगा। अमले का प्रत्येक सदस्य अपने आगमन पर रोशनाई से आगमन समय का निर्देश करते हुए अपने हस्ताक्षर करेगा। रजिस्टर में अनुभाग अधिकारी को भी प्रतिदिन तारीखवार अपने हस्ताक्षर करते रहना चाहिए। अनुभाग अधिकारी की अनुपस्थिति में कार्यवाहक अधिकारी को अपने हस्ताक्षर कर देना चाहिए। दस बजकर दस मिनट पर रजिस्टर को शाखा अधिकारी के पास अवलोकनार्थ भेज देना चाहिए। दस बजकर दस मिनट के बाद यदि कोई कर्मचारी आता है तो उसे अपने हस्ताक्षर शाखा अधिकारी के सामने करने चाहिए।

(2) प्रस्थान—संध्या को कार्यालय से जाते समय भी अमले के हर सदस्य को रजिस्टर में अपने नाम के आगे समय निर्देश के साथ पुनः हस्ताक्षर करने चाहए।

अमले को यह ध्यान रखना चाहिए कि कार्यालय का समय प्रायः 10 बजे से सायं 5 बजे तक होगा। मध्य में 1 बजे से 1.30 तक मध्यान्तर समय मनाया जाएगा।

ब. न. चटर्जी
संगठन व पद्धति अफसर

वितरित—

सभी अनुभाग अफसरों व शाखा अफसरों को।

(v) मंजूरी पत्र
(SANCTION LETTER)

मंजूरी पत्र हमेशा राष्ट्रपति के नाम पर लिखे जाते हैं और तभी लिखे जाते हैं जब राष्ट्रपति द्वारा दी गई मंजूरी की सूचना सम्बन्धित दफ्तर को देनी हो। मंजूरी पत्र भी सरकारी पत्र की तरह ही लिखे जाते हैं। पत्र के अन्त में पृष्ठांकन के रूप में भेजी जाने वाली प्रतियों का उल्लेख कर दिया जाता है। यह ध्यान रखना चाहिए कि मंजूरी पत्र की प्रतियाँ सम्बन्धित अधिकारी को अवश्य ही भेजी जाती हैं। ये प्रतियाँ अक्सर वित्त मन्त्रालय और महालेखा परीक्षक के नाम भेजी जाती हैं। पत्र का आरम्भ मुझे राष्ट्रपति द्वारा मंजूरशुदा पद की मंजूरी भेजने का निदेश हुआ है से ही करना चाहिए।

रूपरेखा

पत्र संख्या

भारत सरकार

कृषि मन्त्रालय

प्रेषक

....

....

सेवा में

....

....

नई दिल्ली, तारीख ....

विषय : ....

महोदय,

मुझे राष्ट्रपति द्वारा मंजूरशुदा निम्न पदों की मंजूरी भेजने का निदेश हुआ है और कहना है कि ....

....

....

क्रमांक .... नई दिल्ली, तारीख ....

निम्नलिखित अधिकारियों को प्रतियाँ सूचना और आवश्यक कारवाई के लिए भेजी जा रही है—

1. ______________________________

2. ______________________________

3. ______________________________

ह.

(नाम)

सहायक सचिव भारत सरकार

उदाहरण-1

पत्र संख्या 15/5/50-स्था

भारत सरकार

उद्योग तथा सम्भरण मन्त्रालय

नई दिल्ली, 14 सितम्बर, 1949

प्रेषक

श्री राज बहादुर,

सहायक सचिव भारत सरकार।

सेवा में

महानिदेशक सम्भरण,

नई दिल्ली।

विषय : कुटीर उद्योग अनुभाग निमित्त अस्थायी पदों का सम्मोदन।

महोदय,

मुझे आपको यह सूचित करने का निदेश है कि राष्ट्रपति ने आपके महानिदेशालय में कुटीर उद्योग अनुभाग के लिए नीचे लिखे अस्थायी पद उनके सामने वर्णित वेतन क्रम में सम्मोदित कर दिये हैं। जिस दिन से कार्यभार सम्भाला जाएगा उस दिन से तीन मास के लिए ये पद सम्मोदित किए गए हैं—

पद	संख्या	वेतनक्रम
(i) उप निदेशक	1	रु. 3500-125-5000/-
(ii) सहायक निदेशक	1	रु. 3000-100-3500-125-4500/-
(iii) सहायक	4	रु. 1640-60-2600-द. रो. 75-2900/-
(iv) क्लर्क	3	रु. 950-20-1150-द.रो. 25-1500

इस सम्बन्ध में होने वाला व्यय वर्तमान वित्त वर्ष के लिए महानिदेशक प्राक्कलन बजट के आधार पर वर्तमान बजट व्यवस्था से किया जाएगा।

भवदीय

हस्ताक्षर

(राजबहादुर सक्सेना)

सहायक सचिव भारत सरकार

तीन अतिरिक्त प्रतियों के साथ प्रतिलिपि वित्त मन्त्रालय को उसके अनौपचारिक पत्र संख्या 537/स/2 तारीख सितम्बर 12,1959 के उत्तर में भेजी जा रही है जिससे वे महालेखापाल, खाद्य तथा उद्योग मन्त्रालय को भी सूचित कर सकें।

हस्ताक्षर

(राजबहादुर सक्सेना)

सहायक सचिव भारत सरकार

(vi) कार्यालय आदेश-पत्र
(OFFICE ORDER)

जब कोई मन्त्रालय अपने कर्मचारियों को कोई आदेश देता है तो कार्यालय आदेश पत्र प्रयोग में लाए जाते हैं। कार्यालय आदेश पत्र हमेशा अन्य पुरुष में ही लिखा जाना चाहिए।

कार्यालय आदेश पत्र पत्र-व्यवहार का एक बहुत ही साधारण-सा रूप है। इस में किसी प्रकार की औपचारिकता नहीं बरती जाती। कार्यालय आदेश पत्र लिखते समय प्रेषक, प्राप्ता, विषय, सम्बोधन और स्वनिर्देश कुछ भी नहीं लिखा जाता है। रूप-रेखा देखिए।

रूपरेखा

पत्र संख्या ....

भारत सरकार

गृह मन्त्रालय

नई दिल्ली-110002, तारीख............

कार्यालय आदेश

....

....

....

हस्ताक्षर

(नाम)

अवर सचिव भारत सरकार

प्रतिलिपियाँ निम्न अधिकारियों को उचित कार्रवाई के लिए प्रेषित-

1. ....

2. ....

3. ....

4. ....

हस्ताक्षर

(नाम)

अवर सचिव भारत सरकार

उदहारण-1

संख्या 20/6/56 प्र.—2

भारत सरकार

गृह मन्त्रालय

नई दिल्ली जुलाई 2, 1956

कार्यालय आदेश

प्राय: ऐसा अनुभव किया गया है कि चतुर्थ श्रेणी के अधिकांश कर्मचारी ग्रीष्म ऋतु में उस वर्दी (परिधान) का उपयोग नहीं करते जो उन्हें कार्यालय की ओर से प्रदान की जाती है जिसका तात्पर्य है कि वे अनुशासन सम्बन्धी नियमों का उल्लंघन करते हैं। इसलिए सभी अनुभाग अधिकारियों, व्यक्तिगत सहायकों तथा अधिकारियों और सम्बद्ध आशुलिपिकों से प्रार्थना की जाती है कि वे अपने अनुभाग में काम करने वाले चतुर्थ श्रेणी के सभी कर्मचारियों को सूचित कर दें कि कार्यालय में को कर दें कि भविष्य में वे, कार्यालय द्वारा दी गयी वर्दी का ही उपयोग करें।

2. यह भी प्रार्थना की जाती है कि चतुर्थ श्रेणी के अमले को यह भी सूचित कर दें कि यदि वे इन अनुदेशों की अवहेलना करेंगे तो उनके विरुद्ध अनुशासनात्मक कार्रवाई की जाएगी और वर्दी सम्बन्धी उनके सभी भत्ते आगे से बन्द कर दिये जाएँगे।

हस्ताक्षर म. न. शर्मा

(म. न. शर्मा)

सेवा में

सभी अनुभाग अफसर

सभी निजी सहायक/आशुलिपिक,

अरदली अफसरों को प्रतिलिपि।

उदाहरण–2

संख्या ब–30—स्था.

भारत सरकार

मुद्रण तथा लेखा सामग्री विभाग

नई दिल्ली, दिनांक फरवरी 15, 1960

कार्यालय आदेश

इस विभाग के स्थानापन्न सहायक श्री रतीराम शर्मा का फरवरी 22, 1960 से मार्च 12, 1960 तक का अर्जित अवकाश संशोधित अवकाश नियम, 1933 के अन्तर्गत स्वीकार किया जाता है।

(2) श्री शर्मा अवकाश समाप्ति पर उपर्युक्त कार्यालय में अपने इसी पद का कार्यभार सम्भालेंगे।

ह. कीमत राय बख्शी

(कीमत राय बख्शी)

उप–नियन्त्रक (प्रशासन)

प्रतिलिपि सूचनार्थ निम्न को प्रेषित—

(1) श्री रतीराम शर्मा, स्थानापन्न सहायक (सं. व. प. अनु.) को इन अनुदेशों के साथ कि अवकाश से लौटने पर वे स्थापना अनुभाग में ही कार्यभार सम्भालने की सूचना देंगे।

(2) अनुभाग अफसर, सं. व. प. अनुभाग।

(3) अवकाश पंजी।

(4) वेतन ग्रुप।

(vii) अर्द्ध-सरकारी पत्र
(DEMI-OFFICIAL LETTERS)

वैयक्तिक या निजी पत्रों में जिस तरह से हम मित्रों को पत्र लिखते हैं ठीक उसी तरह जब सरकारी कार्यालयों में सरकारी काम-काज के लिए सरकारी भाषा में मित्रता के आधार पर एक अधिकारी दूसरे अधिकारी को पत्र लिखता है तब वही पत्र राज-भाषा में अर्द्ध-सरकारी पत्र कहलाता है।

जब किसी विषय पर किसी विशेष अधिकारी का ध्यान दिलाया जाता है या किसी कार्य पर शीघ्र कार्रवाई करनी या करानी होती है और उसके अन्तिम निस्तारण के लिए सूचना आदि मँगानी होती है तो उस दशा में भी अर्द्ध सरकारी पत्र लिखा जाता है।

अर्द्ध सरकारी पत्रों में आम तौर पर सम्बोधन शब्द **'प्रिय श्री गुप्तः', प्रिय महोदय, श्रीमान्** या **प्रिय** ही लिखा जाना चाहिए। अपरिचित अधिकारियों के लिए केवल **प्रिय महोदय** ही लिखना चाहिए। अर्द्ध सरकारी पत्र भी प्रथम पुरुष एकवचन में ही लिखे जाते हैं। शीर्षक वाले भाग में पृष्ठ के दायीं ओर पत्र संख्या, दफ्तर का नाम व पता और तारीख ही लिखी जाएगी प्रेषक और प्राप्ता का पता नहीं। परिसमाप्ति में **आपका** लिखकर और हस्ताक्षर करके पद संज्ञा लिख दी जाती है। पृष्ठ के ठीक बायीं ओर सबसे नीचे प्राप्ता का नाम, पदसंज्ञा और दफ्तर का पता लिखा जाता है। यह ध्यान रखना चाहिए कि **सेवा में** उपवाक्य कहीं भी नहीं लिखा जाता।

आजकल कुछ ऐसी प्रथा चल पडी है कि सभी अधिकारी अपना नाम और पद पत्र की बायीं ओर सबसे ऊपर लिख दिया करते हैं पर वास्तव में क्रियाविधि के अनुसार यह शत-प्रतिशत गलत है। अर्द्ध-सरकारी पत्र यथासम्भव सूक्ष्म ही लिखे जाने चाहिए और छपे फार्मों पर ही समाप्त हो जाना चाहिए।

अर्द्ध-सरकारी पत्र प्रायः एक विशेष प्रकार के छपे कागज पर लिखा जाता है जो आम कागज से काफी मोटा होता है। इस कागज पर दायीं ओर लाल रोशनाई में चार पंक्तियाँ हिन्दी/अंग्रेजी में छपी रहती है।

रूपरेखा

अ. स. पत्र क्रमांक

भारत सरकार

गहमन्त्रालय

नई दिल्ली, ता. ....

प्रिय महोदय/श्रीमान्

कृपया .... के बारे में अपना ता. .... का अर्द्ध-सरकारी पत्र क्रमांक .... देखिए।

मैं......................... से सम्बन्धित नियमों में मसौदे की एक प्रति भेज रहा हूँ। यदि आप इसका अवलोकन करके यथाशीघ्र अपने विचार मुझे लिख भेजें तो आपकी बड़ी कृपा होगी। इन नियमों को अन्तिम रूप देने के लिए अगले महीने के आरम्भ में एक अन्तर्विभागीय बैठक करने का विचार है।

आपका

ह.

(नाम)

श्री ....

....

....

उदाहरण-1

अ. स. पत्र संख्या 10/5/56 गृ. (प्र.)

भारत सरकार

गृह मन्त्रालय

नई दिल्ली-11000 1 मई 30, 1956

प्रिय श्री रमेश,

जैसा कि आपको विदित है सौराष्ट्र और बम्बई प्रदेश संविधान की धारा 47 के अनुसार निदेशात्मक सिद्धान्त के अनुसरण में किसी भी प्रकार की मादक वस्तुओं के प्रयोगार्थ शुष्क क्षेत्र घोषित कर दिये गये हैं पर अभी तक कच्छ प्रदेश को शुष्क प्रदेश घोषित नहीं किया गया है। अत: इस प्रकार के व्यवहार से जनता में एक प्रकार का रोष फैला हुआ है क्योंकि मुम्बई और सौराष्ट्र के पड़ौसी प्रदेशों पर इसका अनुचित प्रभाव पड़ रहा है। अत: जनता इन प्रदेशों में भी मादक वस्तुओं के प्रयोग के विरुद्ध है।

2. अल्कोहल का प्रयोग कच्छ में अधिक मात्रा में नहीं है। इसलिए प्रदेश में अल्कोहल को निषेध ठहराने से राजस्व पर कोई प्रभाव नहीं पड़ेगा और न ही

जनता की आलोचना का विषय रहेगा क्योंकि कच्छ प्रदेश में अधिक लोग अल्कोहल के आदी नहीं है। इसलिए यही उचित है कि कच्छ प्रदेश में भी अल्कोहल का प्रयोग निषेध ठहरा दिया जाए। मैं अति अनुग्रहीत हूँगा यदि आप इस विषय पर अपनी सलाहकार कमेटी से परामर्श करके अपनी सिफारिशें लिख भेजें।

आपका

अमृतलाल यादव

श्री रमेशचन्द्र श्रीवास्तव

मुख्य कमिश्नर,

कच्छ प्रदेश, भुज।

उदाहरण-2

अ. स. पत्र संख्या 20/16/59-प्र.

उद्योग तथा वाणिज्य मन्त्रालय

नई दिल्ली, जनवरी 20, 1959

प्रिय श्री भोजराज,

कृपया तृतीय और चतुर्थ श्रेणी के कर्मचारियों के निवास स्थान के सम्बन्ध में तारीख नई दिल्ली जनवरी 10, 1959 का अपना अर्द्ध-सरकारी पत्र संख्या 1/2/3—अ. ब. स. देखें।

जैसा कि ज्ञात है इस मन्त्रालय के अन्तर्गत बहुत से अधीनस्थ और सम्बद्ध कार्यालय हैं जो देश के सभी राज्यों में फैले हुए हैं जिनसे इच्छित सूचना प्राप्त करने में 15 दिन से अधिक समय लग जाएगा। इसलिए इस तरह की सूचना समय के अन्दर भेजने में यह कार्यालय असमर्थ है। जैसे ही समस्त दफ्तरों से सूचनाएँ प्राप्त हो जाएँगी वैसे ही तुरन्त अविलम्ब आपको भेज दी जाएँगी।

आपका

राधारमण भटनागर

श्री भोजराज सिंह,

उप-सचिव भारत सरकार,

गृह मन्त्रालय, नई दिल्ली।

(viii) अशासनिक पत्राचार
(UNOFFICIAL REFERENCES)

कार्यालयों में अशासनिक पत्राचार को दो प्रकार से काम में लाया जाता है। **प्रथम**—मिसिल पर उचित रूप में टिप्पणी लिखकर सम्बन्धित मन्त्रालय को मिसिल ही लौटा दी जाती है। कार्रवाई के इसी व्यवहार को अनौपचारिक या अशासनिक टिप्पणी कहते हैं। **द्वितीय**—अपने आप में पूर्ण टिप्पणी या ज्ञापन लिखकर सम्बन्धित मन्त्रालय को भेज दी जाती हैं। इस दूसरे प्रकार की कार्रवाई को अशासनिक या अनौपचारिक ज्ञापन कहते हैं। वैसे दोनों की क्रियाविधि में लेशमात्र भी अन्तर नहीं है।

मन्त्रालयों या दफ्तरों में किसी प्रस्ताव पर उनके विचार, टीका-टिप्पणी प्राप्त करने या पहले से विद्यमान आदेशों का स्पष्टीकरण आदि प्राप्त करने के लिए अथवा जानकारी प्राप्त करने के लिए अनौपचारिक पत्र या अशासनिक पत्राचार को काम में लाया जाता है।

अनौपचारिक पत्रों को आरम्भ करते समय सबसे ऊपर केवल मन्त्रालय का नाम लिखा जाता है। उसके नीचे विषय और विषय के नीचे विषय-वस्तु लिख दी जाती है। परिसमाप्ति में नाम लिखकर खाली पदसंज्ञा लिख दी जाती है। पदसंज्ञा के नीचे टेलीफोन नम्बर लिखा जाता है। इसके बाद बायीं ओर एक पंक्ति खींचकर पंक्ति के ऊपर उस मन्त्रालय का नाम लिखा जाता है जहाँ अनौपचारिक पत्र भेजना है। पंक्ति के नीचे जिस मन्त्रालय से यह भेजा गया है उसका नाम, क्रमांक और तारीख लिखी जाती है। यथा—

रूपरेखा

गृह मन्त्रालय

विषय—..

1. अभिज्ञान पत्र (Identity card) देने की व्यवस्था के वर्तमान नियमों में दूसरी बातों के साथ-साथ यह भी उपबन्ध (Provision) है कि ....

2. अब एक प्रश्न उठा है कि क्या ....

3. यह मन्त्रालय उपर्युक्त परिच्छेद-2 में उठाये गये विवाद पर विधि-मन्त्रालय के सुझाव का आभारी होगा।

(अमुक)

अवर सचिव भारत सरकार

फोन ....

विधि मन्त्रालय

गृह मन्त्रालय अशासनिक नोट संख्या..........................तारीख.........................

उदाहरण-1

कृषि मन्त्रालय

विषय—निदेशालय की स्थापना—अम्बर चर्खे के प्रचार व प्रसारार्थ।

भारत के सभी भागों में अम्बर चर्खे के उपयोग को यह मन्त्रालय किसी हद तक बढ़ाना चाहता है। इस उद्देश्य की पूर्ति के लिए अम्बर चर्खे को अधिक मात्रा में तैयार करने के लिए देश में तीन कारखाने पहले ही खोले जा चुके हैं। अब यह सुझाव है कि सह-सचिव की परिष्ठा के निदेशक की देखरेख में एक निदेशालय खोला जाए। यह भी प्रस्तावित है कि चार क्षेत्रीय उप-निदेशक 3500 रु. से 5000 रु. मासिक वेतन-क्रम में नियुक्त किए जाएँ। इनके अतिरिक्त दूसरे प्रकार के आवश्यक अमले की जरूरत पड़ेगी। इस सब पर सालाना खर्चा पचास लाख रु. होगा।

2. यह भी प्रस्तावित है कि पाँच लाख रुपये का अग्रिम ऋण घरेलू कर्मचारियों को आम्बर चर्खे खरीदने और काम करने के लिए किस्तों के रूप में दिया जाए। इस प्रकार घरेलू कर्मचारियों द्वारा जो सूत तैयार किया जाएगा वह सरकारी एजेंसियों द्वारा खरीदा जाएगा और इस प्रकार वार्षिक आर्थिक सहायता नौ सौ पच्चीस रुपये तक पहुँच जाएगी।

3. इस योजना को कार्य रूप में लाने के लिए सब मिलाकर एक करोड़ रुपये सालाना खर्चा होगा जिसमें पाँच लाख रुपया अग्रिम ऋण के द्वारा प्राप्त किया जा सकता है।

4. वित्त मन्त्रालय से प्रस्तावित योजना के बारे में सहमति प्रकट करने की प्रार्थना की जाती है।

गुरवचन सिंह

अवर सचिव भारत सरकार

टेलीफोन नं.

वित्त मन्त्रालय (रा.)

कृषि मन्त्रालय का अनौपचारिक पत्र संख्या 20/3/56 दिनांक जनवरी 20, 1956

उदाहरण-2

गृह मन्त्रालय

(प्रशासन-1 अनुभाग)

विषय : अभिज्ञान पत्र सम्बन्धी नये नियम।

इस मन्त्रालय के सुरक्षा विभाग के सुरक्षा अधिकारी ने अभिज्ञान पत्र जारी करने के सम्बन्ध में कुछ नये नियम बनाये हैं जिनका विस्तृत विवरण गृह मन्त्रालय की मिसिल संख्या 126 (अ) में दिया गया है जो आपके मन्त्रालय को दिसम्बर 10, 1959 को परिपत्र संख्या 1/2/3-परि के द्वारा भेजी जा चुकी है।

कृपया उसके सम्बन्ध में अपनी टिप्पणी से सूचित करें जिससे कि इन नियमों को यथाशीघ्र लागू किया जा सके।

श्रीमती मधुलिका सागर
उप-सचिव भारत सरकार
टेलीफोन संख्या 5416705

रक्षा मन्त्रालय

गृह मन्त्रालय का अशासनिक पत्र संख्या 25/11/59-प्रशा. दिनांक दिसम्बर 30, 1959

(ix) अनुस्मारक पत्र
(REMINDER LETTERS)

जब किसी पत्र का उत्तर पन्द्रह दिन के भीतर प्राप्त नहीं हो पाता है तो उसका उत्तर प्राप्त करने के लिए मूल पत्र का सन्दर्भ देते हुए अनुस्मारक भेजा जाता है। अनुस्मारक के लिए पत्र-व्यवहार का वही रूप अपनाया जाता है जो रूप पहले पत्र भेजते समय अपनाया गया था। यानी सरकारी पत्र का अनुस्मारक सरकारी पत्र के रूप में ही लिखा जाएगा और अर्द्ध-सरकारी पत्र का अनुस्मारक अर्द्ध-सरकारी पत्र की रूपरेखा के आधार पर और कार्यालय ज्ञापन का अनुस्मारक कार्यालय ज्ञापन के रूप में भी भेजा जाएगा। अनुस्मारक पत्र प्रायः सरकारी, अर्द्ध सरकारी और कार्यालय ज्ञापन के लिए ही लिखे जाते हैं।

उदाहरण- (पृष्ठ 135 पर दिये गये उदाहरण के आधार पर)

पत्र संख्या· 20/10/56-**प्रशा.**

भारत सरकार

गृह मन्त्रालय

प्रेषक

श्री राम लाल शर्मा,

उप-सचिव भारत सरकार।

सेवा में

मुख्य सचिव,

बंगाल राज्य सरकार,

कलकत्ता-700001

नई दिल्ली, फरवरी 20, 1956

विषय : प्राण दण्ड की समाप्ति।

महोदय,

मुझे आपसे यह कहने का निदेश हुआ है कि इसी संख्या वाले पत्र (Letter of even number) के सम्बन्ध में आपके विचारों की कब तक आशा की जाए।

भवदीय

राम लाल शर्मा

उप-सचिव भारत सरकार

उदाहरण-2

अ. स. पत्र संख्या 10/5/56-गृ. (प्र.)

भारत सरकार

गृह मन्त्रालय

नई दिल्ली-110011, जून 15, 1956

प्रिय श्री रमेश,

क्या आप मेरे अर्द्ध-सरकारी पत्र संख्या 10/5/56-गृ. (प्र.) तारीख मार्च 15, 1956 को देखने का कष्ट करेंगे?

क्या आप यह बताने का कष्ट करेंगे कि मैं इस पत्र के उत्तर की कब तक प्रतीक्षा करूँ?

आपका

अमृत लाल यादव

श्री रमेशचन्द्र श्रीवास्तव,

मुख्य कमिश्नर,

कच्छ प्रवेश, भुंज।

उदाहरण-3

संख्या 25/4/57-हि.

भारत सरकार

गृह मन्त्रालय

पत्र संख्या 25/4/57-हि. तारीख जुलाई 15, 1956

नई दिल्ली, अगस्त 15, 1956

कार्यालय ज्ञापन

विषय : केन्द्रीय कर्मचारियों के लिए हिन्दी प्रशिक्षण की योजना

इस मन्त्रालाय द्वारा लिखित कार्यालय ज्ञापन जिसका सन्दर्भ उपान्त में दिया गया है का उत्तर अब तक प्राप्त न हो सकने के कारण आपके मन्त्रालय में क़ेन्द्रीय कर्मचारियों के लिए द वर्ग की हिन्दी कक्षाएँ आरम्भ नहीं की जा सकी हैं।

2. कृपया बताने का कष्ट करें कि उक्त कार्यालय ज्ञापन का उत्तर पाने की कब तक आशा की जाए?

योगेश्वर दत्त
अवर सचिव भारत सरकार

सेवा में

श्री प. सुब्रह्मणियम,
अवर सचिव भारत सरकार,
वित्त मन्त्रालय, नई दिल्ली।

(x) पृष्ठांकन
(ENDORSEMENT)

पृष्ठांकन पत्र को भेजने की उप समय आवश्यकता होती है जब किसी पत्र की नकल या प्रतिलिपि किसी अन्य अधिकारी के पास सूचनार्थ या उचित कार्रवाई के लिए भेजी जाती है। पृष्ठांकन पत्र का बहुत ही सूक्ष्म रूप है जो अन्य पुरुष में लिखा जाता है। पृष्ठांकन लिखते समय प्रेषक, प्राप्ता, सम्बोधन और विषय कुछ भी नहीं लिखा जाता। अन्त में हस्ताक्षर के बतौर अनुभाग अधिकारी के ही हस्ताक्षर होते हैं। ऐसी दशा में **कृते** शब्द लिख दिया जाता है।

पृष्ठांकन दो तरह से काम में लाया जाता है। एक तो सरकारी तथा अन्य दूसरे पत्रों के नीचे ही पृष्ठांकन लिख दिया जाता है। दूसरे स्वतन्त्र पत्र के रूप में भी पृष्ठांकन लिखा जाता है।

राज्य सरकारों को पत्र की प्रतिलिपियाँ आमतौर पर पत्र के रूप में ही भेजी जाती हैं। प्रशासनिक मन्त्रालयों द्वारा जारी किये गये वित्तीय मंजूरी पत्रों की प्रतिलिपियों को भी पृष्ठांकन के रूप में ही भेजना चाहिए।

पृष्ठांकन निम्न उपवाक्यों से आरम्भ किया है—

1. एक प्रति (उस पत्र की प्रति के साथ जिसका उत्तर भेजा जा रहा है) जानकारी के लिए, जानकारी और पथ-प्रदर्शन के लिए आवश्यक कार्रवाई के लिए, उत्तर देने की कृपा करने के लिए, शीघ्र अनुपालन के लिए प्रेषित की जाती हैं।
2. श्री .... को मूल रूप में प्रेषित।
3. मूल रूप में इस टिप्पणी सहित श्री सुन्दर लाल को प्रेषित कि....
4. आवश्यक पुनर्विचार के लिए मूल रूप में श्री सुन्दर लाल को प्रेषित।
5. आवश्यक जाँच के लिए मूल रूप में श्री सुन्दर लाल को प्रेषित।
6. सूचना और आवश्यक कार्रवाई के लिए डा. रामचन्द्र सिंह सागर को प्रेषित।
7. आवश्यक सुझाव और रिपोर्ट के लिए निम्न अधिकारियों को प्रेषित।

   (i) ______________________________

   (ii) ______________________________
8. आपके पत्र संख्या .... तारीख .... का निर्देश करते हुए प्रति सूचना के लिए प्रेषित।

9. उपर्युक्त पत्र के पैरा .... के उत्तर के लिए श्रीमती मधुलिका सागर को प्रेषित।
10. कर्मचारियों में सूचनार्थ वितरित करने के लिए कु. जयागुप्ता सागर को प्रति प्रेषित।
11. श्री गोकुल प्रसाद जैन को उनके अधीनस्थ सभी सरकारी विभागों को सूचित करने के लिए प्रतिलिपि (नकल) प्रेषित।

रूपरेखा

क्रमांक ....

भारत सरकार

गृह मन्त्रालय

नई दिल्ली, तारीख...............

डा. रामचन्द्र सिंह सागर, सचिव, सेकण्डरी एजुकेशन बोर्ड, उत्तर प्रदेश, बरेली को नीचे बताये कागजों की एक-एक नकल सूचना और आवश्यक कार्रवाई के लिए भेजी जा रही है।

(अमुक)
अवर सचिव भारत सरकार

भेजे हुए कागजों की सूची

(1) ....
(2) ....
(3) ....

दृष्टव्य :—ऊपर पृष्ठांकन का जो नमूना दिया गया है वह पत्र-व्यवहार का एक स्वतन्त्र रूप है।

(xi) अधिसूचना
(NOTIFICATION)

अधिसूचना पत्र राजपत्रित अधिकारियों की नियुक्ति, उन्नति, स्थानान्तरण, अवकाश ग्रहण करने की सूचनाएँ त्यागपत्र आदि की सूचनाएँ, नियम और आदेशों की सूचनाएँ, शक्तियों के उपनिधान आदि को भारत के राजपत्र में प्रकाशित करके जनसाधारण को सूचित किया जाता है।

अधिसूचनाएँ अन्य पुरुष में लिखी जाती हैं। इसमें शीर्षक के अन्तर्गत प्रेषक और प्राप्ता का उल्लेख नहीं किया जाता और न सम्बोधन लिखा जाता है। अन्त में सह सचिव या संयुक्त सचिव के हस्ताक्षर होते हैं।

भारत सरकार प्रेस को हमेशा टाइप-प्रति भेजी जानी चाहिए जिसमें यह साफ-साफ अंकित रहे कि अधिसूचना राजपत्र के किस भाग के किस खण्ड में प्रकाशित होगी। प्रेस को साइक्लोस्टाइल या कार्बन प्रति कभी नहीं भेजनी चाहिए और न ही प्रेस ऐसी प्रतियों को स्वीकार ही करता है। अगर प्रेस को जाने वाली प्रति में किसी प्रकार का जोड़-बदल है या शुद्धियाँ हैं तो उस पर सक्षम अधिकारी के हस्ताक्षर होने चाहिए।

प्रेस को भेजी जाने वाली मूल प्रति पर पृष्ठाँकन टंकित नहीं किया जाएगा। शेष सभी प्रतियों पर यथा स्थिति पृष्ठांकन टाइप किया जाता है।

रूपरेखा

(भारत के राजपत्र भाग 1, खण्ड 2 में प्रकाशन के लिए)

भारत सरकार

गृह मन्त्रालय

नई दिल्ली, ता. ....

अधिसूचना

सं. .... श्री .... के स्थान पर जिनका तबादला विधि मन्त्रालय को हो गया है, श्री .... , अवर सचिव, गृह मन्त्रालय, को इसी मन्त्रालय में स्थानापन्न उप सचिव नियुक्त किया जाता है।

(अमुक)

गृह सचिव भारत सरकार

सेवा में,

प्रबन्धक

भारत सरकार प्रेस

नई दिल्ली

क्रमाँक .... नई दिल्ली, ता. ....

इसकी नकल सूचना के लिए निम्न को भेजी जा रही है :

1.

2.

3.

(अमुक)

अवर सचिव भारत सरकार

उदाहरण—1

(भारत राजपत्र के भाग 1 खण्ड 2 में प्रकाशन के लिए)

भारत सरकार

विधि तथा शिक्षा मन्त्रालय

नई दिल्ली, दिसम्बर 15, 1989

अधिसूचना

संख्या 337/नि./38-श्रीमती उबेराय उप-सचिव का जनवरी 1, 1949 से तीन मास का औसत वेतन अवकाश स्वीकार किया जाता है। रविवार दिसम्बर 31, 1958 और अप्रेल 1, 1989 के दोनों दिवस भी इस अवकाश में सम्मिलित होंगे।

कुमारी जयागुप्ता सागर इसीमंत्रालय की अवर सचिव को जनवरी 1, 1989 से श्रीमती उबेराय के स्थान पर तीन मास के लिए स्थानापन्न उप-सचिव नियुक्त किया जाता है।

प्रभाकर राव श्रोत

संयुक्त सचिव भारत सरकार

सेवा में

प्रबन्धक

भारत सरकार प्रेस नई दिल्ली।

पत्र संख्या 3/27/नि./38

सूचना व आवश्यक कार्रवाई के लिए प्रतियाँ निम्न को प्रेषित—

1. महालेखाकार तथा केन्द्रीय राजस्व, नई दिल्ली।
2. रोकड़ा अनुभाग।
3. श्रीमती उबेराय।
4. कुमारी जयागुप्ता सागर।

पी. लाल

अवर सचिव भारत सरकार

उदाहरण–2

(भारत राजपत्र के भाग 1 खण्ड 2 में प्रकाशनार्थ)

भारत सरकार

वित्त मन्त्रालय

(अर्थ विषयक विभाग)

नई दिल्ली, 31 जनवरी, 1949

अधिसूचना

संख्या (पी. ई. जी.) /38/प्रशा./50–इस मन्त्रालय की अधिसूचना संख्या पी. ई. जी./38/प्रशा./50 दिनांक 9 अक्टूबर, 1948 के अनुसार स्वीकृत अवकाश से लौटने पर श्री सोमसुन्दरम् स्थानापन्न उप सचिव, अर्थ विषयक विभाग, वित्त मन्त्रालय, को 18 जनवरी, 1949 को प्रात: अपने कार्यभार को सम्भालने की आज्ञा प्रदान की गई थी।

स्वीकृत 17 जनवरी, 1949 से 20 जनवरी 1949 तक की शेष अवधि जो कि इस मन्त्रालय की उपर्युक्त अधिसूचना के आधार पर स्वीकृत की गई थी अब रद्द की जाती है।

मनोहर लाल

उप सचिव भारत सरकार

सेवा में

प्रबन्धक

भारत सरकार प्रेस, नई दिल्ली

संख्या पी.ई.जी./38-प्रशा./50 **नई दिल्ली**, जनवरी, 31 1949

प्रतिलिपिसूचना तथा आवश्यक कार्रवाई हेतु निम्न को प्रेषित—

1. महालेखाकार तथा केन्द्रीयराजस्व, नई दिल्ली को श्री सोमसुन्दरम् के कार्यभार सम्भालने की चार्ज रिपोर्ट सन्दर्भ के लिए संलग्न है।

2. खजाना अफसर, नई दिल्ली।

3. रोकड़ा अनुभाग।

4. श्री सोमसुन्दरम्, उप-सचिव

द्वारिका नाथ
अवर सचिव भारत सरकार

उदाहरण-3

(अधिसूचना निम्न प्रकार भी प्रकाशित करायी जा सकती है)

दिल्ली विश्वविद्यालय

(चिकित्सा विज्ञान संकाय)

अधिसूचना

15 मई, 1998 को सम्पन्न एम.बी.बी.एस./बी.डी.एस. की प्रवेश परीक्षा में शामिल हुए सभी छात्रों को यह सूचना दी जाती है कि सी.डब्ल्यू.पी. सं. 2403, सन् 1987 के अन्तर्गत दिल्ली उच्च न्यायालय के दिनांक 16-11-1987 के निर्णय के अनुसार आवेदन प्रपत्र के कालम-13 के नोट1 को समाप्त कर दिया गया है और अब बुलेटिन ऑफ इन्फारमेशन, सन् 1988 के कालम 12, अनुच्छेद (1) पृष्ठ संख्या-17 में शब्द प्राथमिकता (प्रिफरेंस) को योग्यता एवं पसंद (मेरिट कम च्वाइस) पढ़ा जाए।

दिल्ली

28 मई, 1988

हस्ता. ....

रजिस्ट्रार

(xii) प्रस्ताव
(RESOLUTION)

प्रस्ताव में किसी विशेष विषय पर सरकार द्वारा अपनायी गई नीति की घोषणा का उल्लेख रहता है। प्रस्ताव के चार भाग होते हैं। **पहले भाग** में भूमिका होती है। भूमिका में प्रस्तावित विषय पर सूक्ष्म-सा प्रकाश डाल दिया जाता है और कभी-कभी पूर्व पत्रों के सन्दर्भ भी दे दिए जाते हैं। प्रस्ताव को शुरू करते समय अवलोकन कीजिए उपवाक्य को प्रयोग करते हैं। **दूसरे भाग** में किसी विवादग्रस्त प्रश्न के कारणों, वाद-विवाद और सरकार द्वारा दिये गये आदेशों का उल्लेख किया जाता है। **तीसरे भाग** में प्रस्ताव की रूपरेखा दी जाती हैं जिससे हर बात स्पष्ट हो जाए। **चौथि** और अन्तिम भाग में आदेश-स्वरूप यह स्पष्ट कियाजाता है कि किन अधिकारियों को उसकी प्रतियाँ भेजनी हैं।

प्रस्ताव अन्य पुरुष एक वचन में लिखे जाते हैं। प्रस्ताव में भी प्रेषक, प्राप्ता और सम्बोधन व स्वनिर्देश नहीं लिखा जाता। साधारणतय प्रस्ताव भी भारत सरकार के राजपत्र में ही प्रकाशित किये जाते हैं।

रूपरेखा

(भारत के राजपत्र भाग 1 खण्ड 2, में प्रकाशन के लिए)

क्रमांक ....

भारत सरकार

.... मन्त्रालय

नई दिल्ली, तारीख ....

प्रस्ताव

केन्द्रीय सरकार के कर्मचारियों को अब जो महँगाई भत्ता दिया जा रहा है उसके कुछ हिस्से को वेतन का अंश मानने के प्रश्न पर भारत सरकार विचार कर रही है। भारत सरकार ने अब एक समिति बनाने का निश्चय किया जाता है जिसमें गैर-सरकारी व्यक्ति और सरकारी अधिकारी होंगे जो इस विषय पर खोज करेंगे और सरकार को अपनी सिफारिशें पेश करेंगे।

श्री..................... समिति के अध्यक्ष होंगे।

श्री........... और

श्री...................... सदस्य होंगे।

समिति के विचारार्थ विषय इस प्रकार होंगे

(1) ....

(2) ....

(3)............................

आदेश—1. आदेश है कि प्रस्ताव की एक प्रति.............. को दी जाए।

2. यह भी आदेश है कि यह प्रस्ताव भारत के राजपत्र में जन साधारण की सूचना के लिए प्रकाशित किया जाए।

(अमुक)

सह-सचिव भारत सरकार

उदाहरण— 1

(भारत सरकार के राजपत्र भाग 1, खण्ड 1, में प्रकाशन के लिए)

संख्या 30/10/60-प्र.

भारत सरकार

गृह मन्त्रालय

नई दिल्ली, दिसम्बर 20, 1960

प्रस्ताव

पिछले कुछ सालों में भारत सरकार इस प्रश्न पर विचार कर रही है कि केन्द्रीय सरकार के कर्मचारियों को इस समय दिये जाने वाले महँगाई भत्ते को किसी हद तक वेतन का ही एक भाग मान लिया जाए। जिसके बारे में भारत सरकार ने इस प्रश्न के सिफारिशों प्रस्तुत करने के लिए एम समिति का गठन करने का निश्चय किया है। इस समिति में जहाँ सरकारी कर्मचारी सदस्य होंगे वहाँ गैर-सरकारी जनसाधारण व्यक्ति भी होंगे।

2. श्री दिवाकर राय इस समिति के अध्यक्ष होंगे। श्री तेज बहादुर खन्ना एवं श्री दिनेश चन्द्र वाचस्पति समिति के सदस्य होंगे।

3. इस समिति का विचार-क्षेत्र निम्न प्रकार से होगाः-

(क) यह देखना कि महँगाई पहले की अपेक्षा कितनी बढ़ गई है।

(ख) यह देखना कि कितना महँगाई भत्ता वेतन में मिलाया जाए।

(ग) यह विचारना कि महँगाई भत्ते को वेतन में मिला देने से सरकार के वित्तीय बजट पर क्या प्रभाव पड़ेगा। तथा

(घ) यह अनुमान लगाना कि कर्मचारियों की कार्यक्षमता और प्रवृत्ति पर क्या प्रभाव पड़ेगा।

आदेशः—1. आदेश दिया गया है कि इस प्रस्ताव की प्रति श्री दिवाकर राय को भेज दी जाए।

2. यह भी आदेश दिया गया है कि इस प्रस्ताव को जनसाधारण की जानकारी के लिए भारत सरकार के राजपत्र में प्रकाशित करा दिया जाए।

स.ल.फ्रेन्सिस

संयुक्त-सचिव भारत सरकार

उदाहरण— 2

(भारत सरकार के राजपत्र भाग 1, खण्ड 1, में प्रकाशन के लिए)

संख्या 2/3/59-प्र.

भारत सरकार

गृह मन्त्रालय

नई दिल्ली-2, तारीख मार्च 1, 1959

प्रस्ताव

भारत सरकार कुछ समय से इस प्रश्न पर विचार कर रही है कि ऐसी संस्थाओं और विभागों की कार्य-क्षमता को और अधिक बढ़ाया जाए जो राजस्व एकत्रित करने का काम करते हैं। राष्ट्रपति ने भारतीय संविधान के अनुच्छेद 309 में निहित शक्तियों के अनुसार इस दिशा में प्रथम पग उठाने के रूप में यह निश्चय किया है कि प्रथम श्रेणी की एक केन्द्रीय सेवा की रचना की जाए जिसका नाम भारतीय राजस्व सेवा होगा और जो तारीख अप्रेल 1, 1959 के दिन से लागू होगा और कार्य क्षेत्र में आयेगा।

आदेश—1. आदेश दिया गया है कि इस प्रस्ताव की एक प्रति निम्नलिखित अधिकारियों को भेज दी जाए,

(क) सचिव भारत सरकार, वित्त मन्त्रालय, नई दिल्ली।

(ख) अवर-सचिव भारत सरकार, गृह मन्त्रालय (रोकड़ा अनुभाग।

2. यह भी आदेश दिया गया है कि जनसाधारण की जानकारी के लिए यह प्रस्ताव भारत सरकार के राजपत्र में प्रकाशित करा दिया जाए।

प्रकाशेन्दु बनर्जी
सचिव भारत सरकार

(iii) प्रेस-विज्ञप्ति/ज्ञापनी

(PRESS COMMUNIQUE/NOTE)

जब सरकार अपनी किसी नीति को जनसाधारण तक पहुँचाने के लिए सभी पत्र-पत्रिकाओं में प्रकाशित करती है तो उन सूचनाओं को ही प्रेस-विज्ञप्ति या प्रेस ज्ञापनी कहा जाता है। प्रेस-विज्ञप्ति प्रेस-ज्ञापनी की बनिस्बत अधिक औपचारिक हैं। इसीलिए प्रेस-विज्ञप्ति में हेर-फेर या जोड़-बदल किये बिना उसे समाचार-पत्रों में ज्यों का त्यों छाप दिया जाता है। लेकिन प्रेस-ज्ञापनी में पत्रकार अपनी इच्छा से जैसा चाहे हेर-फेर या जोड़-बदल कर सकते हैं। प्रेस-ज्ञापनी को इस तरह संक्षिप्त और परिवर्तित किया जा सकता है।

इनके प्रसारण में प्रेषक, प्राप्ता, सम्बोधन और स्वनिर्देश का उल्लेख नहीं रहता। आरम्भ में तारीख .... दिन सोमवार .... बजे से पहले प्रकाशित या प्रसारित न हो लिख दिया जाता है।

रूपरेखा

तारीख .... को .... प्रातः सायं.......... के पूर्व प्रकाशित या प्रसारित न हो।

प्रेस-विज्ञप्ति

भारत और .... के बीच राजनयिक सम्बन्ध

भारत सरकार और.......................सरकार इस बात पर सहमत हुए हैं कि एक-दूसरे के यहाँ दूतावास खोलकर राजनयिक सम्बन्ध स्थापित किये जाएँ। उन्हें इस बात का विश्वास है कि इस प्रकार उन दोनों के बीच विद्यमान मैत्री सम्बन्ध और भी दृढ़ होंगे और इससे दोनों देशों का हित होगा।

प्रधान सूचना अधिकारी, समाचार पत्र सूचना कार्यालय, भारत सरकार, नई दिल्ली को विज्ञप्ति प्रसार और विस्तृत प्रचार के लिए प्रेषित।

परराष्ट्र मन्त्रालय (अमुक)

नई दिल्ली, तारीख............. सह-सचिव, भारत सरकार

उदाहरण-1

(शनिवार जनवरी 10, 1956 की रात्रि के 9 बजे से पहले न तो प्रकाशित ही किया जाए और न ही प्रसारित किया जाए)

प्रेस-विज्ञप्ति

समाज कल्याण मन्त्रालय

पाकिस्तान बनने के बाद पाकिस्तान से आये विस्थापितों को पुनः बसाने का काम किसी सीमा तक समाप्त हो चुका है। इसलिए पुनर्वास मन्त्रालय का काम बहुत कुछ समाप्त ही गया है। भारत सरकार ने विस्थापितों के अतिरिक्त अन्य सहायता-प्राप्त समाज—अनाथ बच्चे, बूढ़ी स्त्रियों, अंधे, लूले-लँगड़े लोगों का समाज —को उचित रूप में सहायता देकर उन्हें मौत के मुँह में जाने से शीघ्र बचाया जा सके, इसलिए यह निश्चय किया गया है कि पुनर्वास मन्त्रालय को समाज कल्याण मन्त्रालय में बदल दिया जाए।

समाज कल्याण मन्त्रालय के कार्य इस प्रकार होंगे—

1. अनाथ बच्चों के लिए अनाथालय बनवाए जाएँ और उन्हें सामान्य और व्यावसायिक शिक्षा दी जाए जिससे वे अपनी जीविकोपार्जन के साधन ढूंढ सकें।

2. निस्सहाय नारी समाज को शरण देते हुए उनके पुनर्वास की समस्या को हल करते हुए उन्हें इस प्रकार के काम सिखाएँ कि वे अपनी रोटी कमा सकें।

3. अयोग्य, लूले-लँगड़े और बूढ़े पुरुषों को सार्वजनिक सहायता पहुँचाना।

4. पथ-भ्रष्ट समाज को उचित रूप से शिक्षित करके उन्हें इस योग्य बनाना कि वे अपनी शक्ति को उचित रूप में प्रयोग कर सकें।

भारत के मुख्य सूचना अधिकारी, प्रेस सूचना ब्यूरो, नई दिल्ली को विज्ञप्ति जारी करने और विस्तृत प्रचार के लिए प्रतिलिपि भेजी जाती है।

मंत्री परिषद प्र. सुब्रह्मणियम

नई दिल्ली, जनवरी 5, 1960 मंत्री परिषद सचिव

उदाहरण-2

(तारीख 10 अप्रेल, 1957 बुधवार की प्रातः 8 बजे से पहले प्रकाशित या प्रसारित न किया जाए)

प्रेस-विज्ञप्ति

केन्द्रीय समाज सेवा बोर्ड

भारत सरकार ने विधानांग को संसद में सम्मिलित करने का प्रस्ताव पेश किया है और वैधानिक आधार पर एक केन्द्रीय समाज सेवा बोर्ड बनाना चाहती है। बोर्ड वृद्ध, विधवा, अनाथ, दुर्बल, पतित नारियों की पुनःस्थापना और किशोर उपचार के अधिकारों तथा कर्त्तव्यों से सम्बद्ध होगा। बोर्ड का कार्य-क्षेत्र कुछ इस प्रकार का होगा—

(क) चारित्रिक और समाज स्वास्थ्य रक्षा,

(ख) और इसके बाद के अन्य कार्य।

2. बोर्ड का एक अध्यक्ष होगा। अध्यक्ष के अतिरिक्त दो और सदस्य होंगे जिन्हें केन्द्रीय सरकार मनोनीत करेगी। हर राज्य सरकार का एक-एक प्रतिनिधि भी बोर्ड में होगा। यह भी प्रस्तावित किया गया है कि राज्यों में इस बोर्ड की शाखाएँ खोली जाएँ जिसमें स्थानीय समाज-सेवा के कर्मचारी बोर्ड के कार्यक्रम को कार्यान्वित करेंगे। केन्द्रीय सरकार ने पचास लाख रुपये का अनुदान बोर्ड को संचालित करने के लिए प्रस्तावित किया है। जैसे-जैसे बोर्ड के कार्य बढ़ते जाएँगे, उसी आधार पर अनुदान की राशि भी बढ़ा दी जायेगी।

प्रधान सूचना अधिकारी, प्रेस सूचना ब्यूरो, भारत सरकार, नई दिल्ली को विज्ञप्ति जारी करने और विस्तृत प्रचार के उद्देश्य से प्रति प्रेषित।

विधि मन्त्रालय दीनानाथ शर्मा

नई दिल्ली अप्रेल 6, 1957 सह-सचिव, भारत सरकार

(xiv) तार
(TELEGRAM)

दैनिक सामान्य जीवन में ही नहीं सरकारी कार्यालयी प्रक्रिया में भी तार से बहुत ही आवश्यक सूचनाएँ भेजी जाती हैं और वे भी उस समय जब समाचार बहुत ही शीघ्र भेजना हो अथवा जब सीमित समय में अनेक प्रकार के पत्रों का उत्तर देना सम्भव न हो। उस समय तार का प्रयोग किया जाता है। सरकारी प्रक्रिया में तार द्वारा समाचार भेजते समय तीन बातों पर विशेष ध्यान रखा जाता है—पता, विषय और हस्ताक्षर। पता लिखते समय जहाँ तक हो तार का रजिस्टर्ड पता ही लिखना चाहिए। अगर पता रजिस्टर्ड नहीं है तो पता इतना लिखना चाहिए कि तार भी पहुँच जाए और फालतू शब्द भी न आने पाये। विषय जहाँ तक हो छोटा ही हो। विषय-वस्तु में विशेषणों, क्रिया विशेषणों और क्रिया से सम्बन्धित वाक्यों तथा उप-वाक्यों को छोड़ देना चाहिए। अन्त में हस्ताक्षर अवश्य करना चाहिए और जहाँ तार के लिए नहीं लिखा रहता है वहाँ अपना पूरा पता लिख देना चाहिए। अगर कहीं उद्धरण देना हो तो वहाँ आरम्भ और समाप्त शब्द अवश्य लिखना चाहिए। तार भेजने के फौरन बाद उसकी एक नकल प्रमाण स्वरूप डाक से भी भेज देनी चाहिए। सरकार की ओर से भेजे जाने वाले सभी तारों में सरकारी शब्द जरूर लिखा जाता है। और तार के लिए नहीं वाले कालम में सरकारी दफ्तर की मुहर भी जरूर लगाई जाती है वरना तार अवैध माना जायेगा।

रूपरेखा

तार **सरकारी** **तुरंत**

डेनजनर

इज्जतनगर

क्रमांक.......................... देखिए अपना 10 जुलाई का पत्र (विराम) भारत सरकार अमुक की सेवा प्राप्त करना नहीं चाहती (विराम)

गृह

तार के लिए नहीं

(अमुक)

अवर सचिव भारत सरकार

कार्यालय की मुहर भी

भारत सरकार

गृह मन्त्रालय

क्रमांक..................   नई दिल्ली, तारीख.......................

पुष्टि के लिए नकल डाक द्वारा प्रेषित।

(अमुक)

कृते अवर सचिव भारत सरकार

सेवा में,

सचिव, बम्बई राज्य सरकार

गृह विभाग, बम्बई

उदाहरण—1

सरकारी   तार   तुरत

श्रीमती वैजयन्ती माला बाली

बम्बई 400001

संख्या 15/10/60 सं. सं.—संसद सदस्य परिपत्र बीस अप्रेल (विराम) लोक सभा बीस जनवरी के बजाय सत्तरह जनवरी को (विराम) आपातिक विधान पर विचार हेतु एकत्रित होना है (विराम) आपकी उपस्थिति आवश्यक (विराम)

अध्यक्ष लोकसभा

तार हेतु नहीं

चिरंजीलाल

अवर सचिव

लोक सभा सचिवालय

संख्या 15/10/60—सं. स.

संसद सचिवालय

नई दिल्ली, जनवरी 14, 1960

पुष्टि हेतु प्रति डाक द्वारा भेजी जा रही है।

चिरंजीलाल

अवर सचिव

लोक सभा सचिवालय

सेवा में

सभी संसद सदस्यों को।

उदाहरण-2

सरकारी तार तुरत

यदुवंशी वशिष्ठ

40, मैरीन ड्राइव

बम्बई-4000029

संख्या144/र.इ. 29—आपका शेष अवकाश रद्द किया जाता है (i) दस जनवरी को उपस्थित हों (।)

उवाम

तार के लिए नहीं

प्र. बनर्जी

उप सचिव भारत सरकार

उद्योग तथा वाणिज्य मन्त्रालय

नई दिल्ली

संख्या 144/र.इ./29

भारत सरकार

उद्योग तथा वाणिज्य मन्त्रालय

नई दिल्ली, जनवरी 5, 1960

पुष्टि हेतु प्रतिलिपि डाक द्वारा भेजी जा रही है।

2. कार्यभार पर वापस बुलाया जाना अनिवार्य है क्योंकि श्री अक्षय कुमार राय चिकित्सा अवकाश पर जाने वाले हैं। असुविधा हेतु खेद।

प्र. बनर्जी

उप-सचिव भारत सरकार

श्री यदुवंश वशिष्ठ

40, मैरीन ड्राइव, बम्बई-400029

(xvi) तुरत-पत्र तथा बचत-पत्र

(EXPRESS LETTERS AND SAVINGRAM)

(क) तुरत-पत्र

तुरंत पत्रों का उपयोग उस समय किया जाता है जब कोई सूचना आवश्यक भी हो और तार के समान शीघ्र भेजनी हो, पर तार द्वारा न भेजी जा रही हो। तुरत पत्र पर प्राप्ता द्वारा तार के समान ही कार्रवाई की जाती है क्योंकि तुरत पत्र को प्राथमिकता दी जाती है। तुरत पत्रों में शब्दों का प्रयोग तार के समान कम से कम ही करना चाहिए।

(ख) बचत पत्र

वायुयान द्वारा जब पत्र भेजने की व्यवस्था न थी तो डाक जलयानों के जरिए भेजी जाती थी और विदेशों से पत्र-व्यवहार तार द्वारा ही किया जाता था। लेकिन अब वायुयान द्वारा पत्र भेजने की व्यवस्था हो गई है। इसलिए आजकल विदेशों को जाने वाले पत्र वायुयान से ही भेजे जाते हैं। ऐसे पत्रों पर बचत पत्र लिख दिया जाता है। बचत पत्रों का इस्तेमाल भी तुरत पत्र की तरह ही होता है क्योंकि बचत पत्र की भाषा भी ठीक तार या तुरत पत्र की तरह ही प्रयोग की जाती है। बचत पत्र राजनयिक थैलों में या रजिस्टर्ड इन्श्योर्ड द्वारा भेजे जाते हैं। जब बचत पत्रों का विषय गुप्त और आवश्यक हो तभी इनका प्रयोग होता है अन्यथा नहीं। बचत पत्र आजकल अपने देश में भी भेजे जाते हैं।

तुरत अथवा बचत पत्रों की भाषा सूक्ष्म से सूक्ष्म रखी जाती है। इसलिए सम्बोधन और स्वनिर्देश के शब्द नहीं लिखे जाते। बचत पत्रों में भी प्रेषक और प्राप्ता के तार के पते ही लिखे जाते हैं। यथा—

रूपरेखा

क्रमांक..............................1

भारत सरकार

गृह मन्त्रालय

प्रेषक गृह, नई दिल्ली,

सेवा में ....

नई दिल्ली, तारीख.............

विषय : ....

इस मन्त्रालय का ता. .... क्रमांक.............. का पत्र देखिए। चूँकि इस मामले को इस मासान्त से शीघ्र ही केन्द्रीय शासन सेवा कमीशन के पास सहमति के लिए भेजना है। इसलिए कृपया उत्तर तुरन्त दें।

अमुक

अवर सचिव, भारत सरकार

उदाहरण-1

तुरत पत्र

पत्र संख्या 15/6/56-प्र. शाखा

भारत सरकार

गृह मन्त्रालय

नई दिल्ली, जून 10, 1956

प्रेषक—गृह मन्त्रालय, नई दिल्ली।

सेवा में—सभी राज्य सरकारों को।

विषय—**भारतीय राष्ट्रीय कांग्रेसअधिवेशन, नागपुर, जुलाई, 1956**

मध्य प्रदेश सरकार और केन्द्रीय सरकार इस बात पर सहमत हैं कि असैनिक पुलिस का दस्ता और खुफिया अमला सभी प्रादेशिक सरकारों से भारतीय राष्ट्रीय कांग्रेस अधिवेशन, जो जुलाई मास में नागपुर में हो रहा है, के लिए नागपुर

भेज दिया जाए। कृपया सेना की यह टुकड़ी जिसमें एक निरीक्षक, एक खुफिया पुलिस इंस्पेक्टर, दो उप-निरीक्षण, बारह हवलदार और एक सौ बीस सिपाही इस प्रकार भेजें कि वे 5 जुलाई, 1956 तक नागपुर पहुँच जाएँ। नागपुर आकर उप-पुलिस महानिरीक्षक को अपने आने की रिपोर्ट दें।

राजेन्द्र कुमार

अवर सचिव भारत रकार

उदाहरण-2

तुरत पत्र

संख्या 76/70/6/54 हि.

भारत सरकार

गृह मन्त्रालय

नई दिल्ली, 5 जून, 1954

प्रेषक

गृह मन्त्रालय, नई दिल्ली।

सेवा में

सभी राज्य सरकारों को।

विषय : **हिन्दी का प्रयोग—सं. लो. से. आ. की परीक्षाओं में।**

आयोग की प्रतियोगी परीक्षाओं में हिन्दी को लागू करने के तीन क्रम अपनाये जा सकते हैं। यथा—

(क) हिन्दी के दो प्रश्नों के उत्तर पूछे जाएँ और उनका उत्तर भी हिन्दी में ही लिखाया जाए।

(ख) हिन्दी के एक या दो प्रश्न पत्र अनिवार्य कर दिया जाएँ और इस दूसरे स्तर पर प्राप्त अंकों को पूर्ण योग में जोड़ दिया जाए। इस प्रकार परीक्षार्थियों में हिन्दी के प्रति रुचि बढ़ेगी।

(ग) परीक्षा का माध्यम हिन्दी ही हो। इस सुविधा के साथ-साथ अहिन्दी भाषा-भाषी यदि चाहें तो संविधान की सुविधा का लाभ उठाकर प्रश्न-पत्रों के उत्तर अपनी मातृभाषा में भी लिख सकते हैं।

2. भारत सरकार का विचार है कि उपर्युक्त तीनों क्रमों को लागू करने के लिए उचित रूप में एक समय-सारिणी बनायी जाए। यद्यपि **प्रथम क्रम** को

अल्पसूचना के साथ, जो एक वर्ष से कम न हो, लागू किया जा सकता है। पर दूसरे क्रम को लागू करने के लिए कम से कम पाँच वर्ष का समय दिया जाना चाहिए। प्रथम दोनों क्रमों में किसी भी उस परीक्षार्थी को एक अन्य क्षेत्रीय भाषा का ज्ञान प्राप्त करना होगा जिसकी अपनी मातृभाषा हिन्दी है। इस प्रकार हिन्दी भाषा-भाषी और अहिन्दी भाषा-भाषी अर्थात् दोनों की एक ही जैसी दशा होगी और कोई किसी प्रकार का अनुचित लाभ न उठा सकेगा। तीसरे क्रम में हिन्दी को पूर्ण रुपेण परीक्षा माध्यम बनाने का भी सुझाव रखा गया है। इस प्रकार राजभाषा की समस्या खुद-ब-खुद हल हो जाएगी। अहिन्दी भाषा-भाषी अगर चाहें तो अपनी क्षेत्रीय भाषा को परीक्षा माध्यम बना सकते हैं।

3. भारत सरकार इस उद्देश्य की पूर्ति के लिए शीघ्र ही किसी निश्चित तारीख की घोषणा करेगी और उसके अनुसार सभी विश्वविद्यालयों को हिन्दी या क्षेत्रीय भाषा को शिक्षा-माध्मम बनाना होगा। भारत सरकार का विचार है कि इस प्रकार की योजना सन् 1965 से लागू की जाए जबकि संविधान को लागू हुए पन्द्रह वर्ष हो जाएँगे।

4. सभी राज्य सरकारों को उपर्युक्त विषय पर अपने विचार जुलाई 15, 1954 तक इस मन्त्रालय को भेज देने चाहिए।

हस्ताक्षर

(नैनसुख दास सगर)

उप सचिव भारत सरकार

(xvi) सूचना
(NOTICE)

सूचनाएँ समाचार पत्रों में प्रायः इसलिए प्रकाशित तथा प्रसारित कराई जाती हैं कि उस विषय में दिलचस्पी रखने वाली जनता भली प्रकार जानकारी प्राप्त कर सके और उससे लाभ उठाया जा सके।

सरकारी दफ्तरों में खाली जगहों को भरने के लिए विज्ञापन नीलामी की सूचनाएँ और निविदा आदि जैसी अनेक अन्य सूचनाएँ समाचार पत्रों में प्रकाशित कराई जाती हैं। आजकल सभी भारतीय भाषाओं के समाचार पत्रों में इस प्रकार की सूचनाएँ प्रकाशित होती रहती हैं। पहले ऐसा नहीं था। पहले केवल अंग्रेजी के समाचार पत्रों में ही इस प्रकार की सूचनाएँ प्रकाशित होती थीं और तब जन सारधारण को उनसे पूरा-पूरा लाभ नहीं होता था।

सूचनाओं में सबसे पहले सूचना प्रकाशित कराने वाली संस्था या अधिकारी के पद का उल्लेख रहता है और सूचना के नीचे सक्षम अधिकारी का नाम और पद छपा रहता है।

उदाहरण-1

भारत सरकार
पुनर्संस्थापन मन्त्रालय

जनता की जानकारी के लिए सूचित किया जाता है कि पुनर्संस्थापन मन्त्रालय द्वारा जिनको दिल्ली में बिल्डिंग प्लाट अलाट किए गए थे, उन्होंने अभी तक नोटिस दिये जाने के बावजूद उन प्लाटों का कब्जा नहीं लिया है। इस सार्वजनिक सूचना के द्वारा उन्हें 28 फरवरी, 1990 तक का समय दिया जाता है कि वे जाब्ते की सारी कार्रवाई करके और एरियर अदा करके उस पलाट का कब्जा ले लें जो कि उन्हें अलाट किया गया है अन्यथा अलाटमेंट रद्द समझा जाएगा।

डी.ए.—750(5)

उदाहरण-2

सूचना
शुद्धि-पत्र

सर्वसाधारण को सूचित किया जाता है कि माताटीला में तारीख 1 दिसम्बर, 1967 को होने वाले पेड़ों की नीलामी में निम्नलिखित तबदीलियाँ की जाती हैं—

1. तारीख नीलामी 2 जनवरी, 1967

2. संख्या पेड़ अनुमानित 6873

3. दिये गये निर्देशों के अतिरिक्त भी कोई निर्देश आवश्यक समझा जाएगा तो नीलागी शुरू होने के पूर्व घोषित कर दिया जाएगा जिसका पालन करना अनिवार्य होगा।

माताटीला डेम डिवीजन,
झाँसी, यू.पी.

उदाहरण-3

हम आपकी सुरक्षा चाहते हैं

दिल्ली यातायात पुलिस

अपनी स्वयं की सुरक्षा के लिए यातायात नियमों का पालन करें

'लेन' की जानकारी थोड़ी सी समझदारी

रोड़ पर दर्शाई गयी हों या नहीं लेन हमेशा रहती हैं। उनका सही इस्तेमाल कीजिए।

(क) लेन पालन की आदत डालिए

चाहे दर्शाई गयी हों या नहीं, हर मेन रोड़ पर लेन रहती जरूर हैं। ये लेन आपकी और दूसरों की सुरक्षा के लिए है। इनको हमेशा ध्यान में रखिए और उपयोग कीजिए। इसको अपना स्वभाव ही बना लीजिए। बिना खास कारण के एक लेन से दूसरी लेन में कभी मत घुसिए। कहाँ जाना है यह पहले ही सोच लीजिए, जिससे उतावलेपन में रास्ता न बदलना पड़े। एक लेन से दूसरी और दूसरी से पहली में मंडराना, दर्शाई गयी या काल्पनिक लेनों या लाइनों के ऊपर गाड़ी चलाना एक स्वार्थी व्यक्ति का काम ही नहीं बुरी ड्राइविंग भी है।

1. साधारण सामान्य ड्राइविंग

(i) जहाँ तक सम्भव हो बाएँ हाथ की लेन में रहिए।

(ii) **चौराहे के नजदीक आने पर 6 लेन—दोनों ओर 3 लेन।**

(क) दाएँ मुड़ना : समय रहते ही बाहरी लेन में हो जाइए।

(ख) सीधे जाना : बीच या बाएँ हाथ की लेन में रहिए। बशर्ते कि कोई ऐसा सिगनल या रोड़ पर निशान न हो जो इसमें बाधक हो।

(ग) बाएँ मुड़ना : बाएँ हाथ की लेन में रहिए।

2. मोड़ के नजदीक पहुँचने पर

(i) यदि पहले मोड़ से बाएँ मुड़ना चाहते हों तो बाएँ ओर की लेन में रहिए।

(ii) यदि किसी दूसरी ओर मुड़ना चाहते हों तो पहले से ही बीच में हो जाइए।

3. एक तरफा गली में

(i) बाएँ मुड़ना हो तो : बायीं ओर की लेन में रहिए।

(ii) सीधे जाना हो तो : बीच वाली लेन में रहिए।

(iii) दाएँ मुड़ना हो तो : रोड़ के एकदम दाएँ हो जाइए।

(ख) ध्यान रहे

—आगे का रास्ता बिल्कुल साफ देख सकते हैं या नहीं जान लीजिए।

—पीछे के ट्रेफिक का ध्यान रखिए। पीछे देखने वाले शीशे में देखिए।

—यदि ओवरटेक कर रहे हों तो जितनी जल्दी हो सके चक्र पूरा कीजिए।

—यदि आप गलत लेन ले चुके हैं तो जब तक सुरक्षित अपनी लेन में नहीं आ सके उसी में रहिए।

—दुर्घटना को टालने के लिए निश्चित समय से थोड़े पहले निकलिए, जिससे जल्दी में आपको दाएँ-बाएँ चलना न पड़े और न ही हॉर्न पर टा टू करने की नौबत आये। इससे दूसरों को खतरा बढ़ता है।

(क) लेन के नियमों का पालन कीजिए।

(ख) नम्रता से काम लीजिए।

(ग) समझदारी से काम लीजिए।

(घ) अनुशासन का पालन कीजिए।

(ग) जुर्माना

नियमों का उल्लंघन करने वालों को स्थल पर ही दण्डित किया जा सकता है जिसका जुर्माना निम्न प्रकार भरना होगा—

धाराएँ/महत्त्वपूर्ण धाराओं के विवरण सहित	प्रथम अपराध पर जुर्माना		द्वितीय अपराध पर जुर्माना	
	न्यूनतम	अधिकतम	न्यूनतम	अधिकतम
112 मोटर वाहन अधि. बिना लाइसेंस वाहन चलाना, किसी अवयस्क अथवा बिना लाइसेंस व्यक्ति को वाहन चलाने की अनुमति देना, यातायात संकेत अथवा पुलिसमैन के संकेत की अवमानना करना, तीन सवारी चलाना, बिना हेलमेट वाहन चलाना, बाईं ओर से अथवा गलत दिशासे वाहन आगे ले जाना (ओवरटेकिंग), गलत ढंग से अथवा प्रतिबन्धित रूप में पार्किंग, बिना नम्बर प्लेट अथवा दोषपूर्ण नम्बर प्लेट का होना।	रु.50/-	रु.100/-	रु.150/-	रु. 300/-
113 मोटर वाहन अधि. पुलिस अधिकारी से दुर्व्यव्यवहार, पुलिस अधिकारी द्वारा दिये गये निर्देशों की अवमानना	रु.250/-	रु.500/-	रु.250/-	रु.500/-

113-ए **मोटर वाहन अधि.** अनधिकृत व्यक्ति को वाहन चलाने की अनुमति देना।	रु.500/-	रु.1000/-	रु.500/-	रु.1000/-
116 **मोटर वाहन अधि.** अनधिकृत व्यक्ति को वाहन चलाने की अनुमति देना।	रु.500/-	रु.1000/-	रु.500/-	रु.1000/-
116 **मोटर वाहन अधि.** लापरवाही अथवा खतरनाक तरीके से वाहन चलाना	रु.500/-	रु.1000/-	रु.1000/-	रु.2000/-
117 **मोटर वाहन अधि.** **नशे की हालत में वाहन चलाना**	रु.500/-	रु.2000/-	रु.500/-	रु.3000/-
123 **मोटर वाहन अधि.** **बिना रजिस्ट्रेशन अथवा परमिट के वाहन प्रयोग करना**	रु.1000/-	रु.2000/-	रु.1500/-	रु.3000/-

उपायुक्त, दिल्ली यातायातपुलिस

उदाहरण-3

दिल्ली की महिलाओं के लिए आशा
(1990 बालिका वर्ष)

यदि आपकी कोई समस्या है—जैसे कि पारिवारिक कलह, परिवार में आपसी तनाव, अभिभावकों का आपके परिवार में अनुचित हस्तक्षेप, दहेज की माँग, संस्था में आवास तो आप हमारी मदद ले सकते हैं।

कृपया सम्पर्क करें :

दहेज उन्मूलन अनुभाग,

समाज कल्याण निदेशालय

दिल्ली प्रशासन, आई.टी.आई. बिल्डिंग,

कस्तूरबा गाँधी मार्ग, नई दिल्ली-110001

यह विभाग पुरुषों और महिलाओं को उनकी पारिवारिक समस्याओं के लिए निःशुल्क मार्गदर्शन देता है।

हस्ता.-(डी.आर. नाफरी)

निपदेशक एवं सचिव (समाज कल्याण)

सुप्रनि-15190 दिल्ली प्रशासन, नई दिल्ली

उदाहरण-4

मनुष्य पानी नहीं बना सकता तो वह उसे बेकार क्यों करें?

जल ही जीवन है। जल का विकल्प नहीं है

गृहिणियों के लिए कुछ आवश्यक बातें

1. अपने नलों की जाँच करें—

रसोईघर में धीरे-धीरे टपकते नल से लगभग चार गैलन पानी रोज बेकार चला जाता है। कृपया ऐसा न होने दें। उपाय बहुत साधारण है। बस एक नया वाशर टूटी में लगाने की जरूरत है।

2. सब्जियों को बर्तन के अन्दर धोएँ—

जब आप सीधे नल के नीचे सब्जियों और फलों को धोते हैं तो आप महसूस करते होंगे कि आप जरूरत से ज्यादा पानी इस्तेमाल कर रहे हैं। इसके अलावा आपके बाजू भी बेमतलब गीले हो जाते हैं और शायद पानी की छिकती बूँदों से आपके कपड़े भी खराब हो जाते होंगे। इसलिए किसी बर्तन में साफ-सुथरा पानी भरकर उसके अन्दर ही फलों और सब्जियों को धोएँ। इससे बहुत सारा कीमती पानी बच जाएगा और इस पानी को आप गमलों में भी डाल सकते हैं।

3. कम से कम बर्तन इस्तेमाल करें—

जब आप रसोईघर में खाना बना रही होती हैं तो आम तौर पर बहुत सारे बर्तन इस्तेमाल कर लिये जाते हैं। इसका मतलब है कि बर्तन साफ करने का काम भी बढ़ गया और इसके लिए ज्यादा पानी भी चाहिए। इसलिए जब तक बहुत जरूरी न हों तब तक बिल्कुल साफ, नई प्लेट या कोई और बर्तन इस्तेमाल न करें। इससे न केवल पानी बचेगा बल्कि समय और मेहनत भी बचेगी।

4. चिकनाहट को पोंछ कर हटाइए—

प्लेटों और दूसरे बर्तनों को धोने से पहले उन पर से चिकनाहट को और खाने-पीने की चीजों के छोटे टुकड़ों को किसी कागज या छोटे कपड़े के टुकड़े से उतारें। जिस समय आप रसोई में बर्तन और प्लेटें धो रही हों उस समय नल को लगातार मत चलाइए बल्कि छोटे टप या बाल्टी को तीन-चौथाई भर कर बर्तनों को पहले उसमें साफ कर लें और बाद में दूसरे पानी से धो लें। इससे हर रोज बहुत सारा पानी बचाया जा सकता है।

5. प्यालों को गिन लें—

जब आप चाय बना रही हों तो पहले गिन लें कि आप को कितने प्याले चाय की जरूरत है और उतना ही पानी इस्तेमाल करें जितना जरूरी है। हर बार चाय के बर्तन को पूरा न भरें। इससे आप सही अनुपात में चाय की पत्तियाँ डाल सकेंगी और चाय भी वास्तव में बढ़िया बनेगी। इस सारे काम में आप थोड़ा-बहुत पानी बचा सकती हैं।

6. झाड़ू और पोंछे से काम चलाएँ

जब तक बिल्कुल जरूरी न हो रसोई के फर्श को हर रोज न धोएँ। आप झाड़ लगाकर और बाद में ठीक तरह से पोंछा लगाकर भी फर्श को उतना ही साफ बनाए रख सकती हैं। इसमें आपका समय भी बचेगा और मेहनत भी। हर रोज चार गैलन पानी की बजाय अच्छी तरह से पोंछा लगाने के लिए आपको केवल एक गैलन पानी की जरूरत पड़ेगी और फर्श की सफाई में भी कोई कमी न आएगी।

पानी बचाने के लिए यदि आपके पास कोई सुझाव हो तो कृपया लिखें—

मुख्य कार्यकारी पार्षद
दिल्ली प्रशासन, दिल्ली

उदाहरण-5

कार्यालय—कमाण्डेण्ट-6वीं बटालियन केन्द्रीय रिजर्व पुलिस बल,

नई दिल्ली-110060

नीलामी सूचना

क्र. ए. XI-1/88-89-क्यू : 66वीं बटालियन, केन्द्रीय रिजर्व पुलिस बल के अधोलिखित वाहनों को 16-6-1988 को प्रातः दस बजे रवीन्द्र रंगशाला, नई दिल्ली मं सार्वजनिक तौर पर नीलाम किया जाएगा। वाहनों का विवरण अधोलिखितानुसार है—

(क) वाहन नं. 30, रजि. नं. डब्ल्यूजीएच-9121, 3/5 टन, एच/बी/एफ।

(ख) वाहन नं. 15, रजि. नं. डब्ल्यूबीपी-4912, 1टन, डॉज पेट्रोल।

(ग) वाहन नं. 7, रजि. नं. डीएचडी-2558, जीप, सीजे-4।

(घ) वाहन नं. 27, रजि. नं., यूएसआई-3726, 3/5 टन, एच/बी/एफ।

(2) इच्छुक पार्टियों से अनुरोध किया जाता है कि वे इस नीलामी में भाग लेने के लिए निर्धारित तारीख-समय तथा स्थान पर उपस्थित हों। समस्त बोलीदाताओं

को, इस नीलामी में भाग ले सकने का अधिकारी बनने के लिए नीलामी प्रारम्भ होने से यथापूर्व, कमाण्डेण्ट द्वारा नियुक्त अधिकारी मण्डल के पास रु. 4000/-केवल बतौर धरोहर राशि जमा कराने होंगे तथा अपने नाम पंजीकृत कराने होंगे। असफल बोलीदाताओं की उनकी प्रतिभूति राशि नीलामी की समाप्ति पर वापस कर दी जाएगी।

(3) वाहनों की नीलामी उच्चतम बोलीदाताओं के पक्ष में पूर्ण नकद भुगतान के विरुद्ध प्रतिभूति राशि का समायोजन करने के उपरान्त किया जाएगा। सफल बोलीदाताओं को वाहन, नीलामी के उपरान्त उसी दिन अपने स्वयं के खर्च पर ही हटा लेने होंगे। नीलामी क उपरान्त क्रेता द्वारा छोड़े जाने वाले वाहनों के सन्दर्भ में इस यूनिट का कोई उत्तदायित्व नहीं होगा।

(4) सफल बोलीदाता यदि पूर्ण राशि का भुगतान करने में तथा निर्धारित समय के भीतर वाहन हटाने में असफल रहता है तो उसकी समूची प्रतिभूति राशि जब्त कर ली जाएगी।

(5) अन्तिम बोली का निर्णय करने का अधिकार कमाण्डेण्ट अथवा उनके द्वारा नियुक्त अधिकारी मण्डल के पास सुरक्षित हैं, जिसका निर्णय नीलामी से सम्बद्ध समस्त मसलों में अन्तिम माना जाएगा। किन्हीं अपरिहार्य कारणों से नीलामी की तारीख तथा समय में होने वाले किसी परिवर्तन की सूचना कर दी जाएगी।

डीएवीपी-566 (4)/88

उदाहरण-6

आदिवासी/अनुसूचित जाति के पुरुष/महिलाओं हेतु सुअवसर

लघु उद्योग सेवा संस्थान ओखला : नई दिल्ली-110020

दिल्ली, फरीदाबाद, गाजियाबाद तथा नोएडा निवासी आदिवासी/अनुसूचित जाति के महिलाओं/पुरुषों हेतु 1 अगस्त, 1988 से 31 अगस्त, 1988 तक उद्यमन विकास कार्यक्रम।

उद्देश्य :

यह विशिष्ट पाठ्यक्रम प्रतिभागी के ज्ञान को समृद्ध/उन्नत करने तथा उद्यम को वैज्ञानिक ढंग से प्रबन्ध करने की उनकी क्षमता का विकास करने के उद्देश्य से तैयार किया गया है।

अन्तर्विषय (Contents)

उद्योगों में विकास की गुंजाइश, लघु उद्योगों के विकास से सम्बद्ध विभिन्न वित्तीय एवं अन्य संस्थानों द्वारा प्रस्तावित सुविधाओं की जानकारी, प्रबन्ध तकनीक, तकनीकी रूप से साध्य तथा आर्थिक रूप से सक्षम प्रोजेक्ट रिपोर्टों को तैयार करना तथा औद्योगिक इकाइयों का भ्रमण।

प्रबन्धन शिक्षा, पर्सोनल प्रबन्धन, विपणन प्रबन्धन, वित्तीय प्रबन्धन तथा मूल्य नियन्त्रण, उत्पादन प्रबन्ध एवं वर्क स्टडी, निर्यात विपणन प्रक्रिया उन्मुख निरूपण का परिचय।

ग्रह्यता :

भावी उद्यमी, जो स्वयं अपनी लघु उद्योग इकाई शुरू करना चाहते हों।

पाठ्यक्रम शुल्क : मुफ्त

वृत्ति : रु. 100/-

प्रारम्भ की तिथि : 1.8.1988

आवेदन प्राप्ति की अन्तिम तिथि : 25 जून, 1988

स्थान : लघ उद्योग सेवा संस्थान, ओखला औद्योगिक क्षेत्र, नई दिल्ली-110020 के सामने।

वर्ग समय : सप्ताह में पाँच दिन पूर्वाह्न 10-00 से अपाह्न 4.00 बजे तक।

अवधि : एम माह

आपको क्या करना है

निदेशक, लघु उद्योग सेवा संस्थान, ओखला, नई दिल्ली अथवा सहायक निदेशक, 1/सी, बाल सहयोग एक्सटेंशन सेंटर, नरूला होटल के सामने, कनॉट सर्कस, नई दिल्ली से निर्धारित आवेदन प्रपत्र स्वयं प्राप्त करना है।

डीएवीपी-563 (74) 88

उदाहरण–7

भारतीय वायुसेना में अक्टूबर–नवम्बर में आरम्भ होने वाले कोर्स की तकनीकी एवं गैर तकनीकी शाखा में वायुसैनिक के रूप में भर्ती होने के लिए सुनहरा अवसर

भारतीय पुरुष नागरिकों, जन्म अथवा अधिवास से नेपाल व भूटान के गोरखा से, भारतीय वायुसेना के तकनीकी एवं गैर–तकनीकी शाखाओं में वायु सैनिकों की भर्ती के लिए आवेदन पत्र आमन्त्रित किये जाते हैं।

पात्रता शर्तें

योग्यताएँ—तकनीकी ट्रेड

(क मैट्रिकुलेशन/समकक्ष परीक्षा में विज्ञान और गणित अनिवार्य विषयों सहित कम से कम 60 प्रतिशत अंक प्राप्त किये हों। **अथवा**

(ख) इण्टरमीडिएट/10+2/समकक्ष परीक्षा गणित और भौतिकी विषयों सहित पास की हो। **अथवा**

(ग) किसी मान्यताप्राप्त पोलिटेक्निक/इंजीनियरिंग कॉलेज से इंजीनियरी (मैकेनिकल/इलेक्ट्रिकल/इलैक्ट्रॉनिक्स) में तीन वर्षीय डिप्लोमा प्राप्त हो।

आयु

(क) उम्मीदवार का जन्म 15 मई, 1969 और 15 मार्च, 1972 के बीच होना चाहिए।

(ख) इण्टरमीडिएट/समकक्ष परीक्षा उत्तीर्ण या इंजीनियरिंग में तीन वर्षीय डिप्लोमा धारकों के लिए उच्च आयु सीमा में दो वर्ष की छूट है।

योग्यताएँ—गैर तकनीकी ट्रेड :

(क) मैट्रिक अथवा समकक्ष परीक्षा पास हों।

आयु

(क) उम्मीदवार का जन्म 15 मई, 1969 और 15 मार्च, 1972 के बीच हहोना चाहिए।

शारीरिक मापदण्ड

(क) **न्यूनतम ऊँचाई :** (तकनीकी एवं गैर तकनीकी ट्रेड के लिए) 152.5 से. मी.

नोट : गैर तकनीकी ट्रेड के लिए आवेदित जिन उम्मीदवारों ने मैट्रिक में 45 प्रतिशत से कम अंक प्राप्त किये हैं उनकी न्यूनतम ऊँचाई 165 से. म. होनी चाहिए।

(ख) **छाती :** न्यूनतम छाती बिना फुलाव 70 सेमी. और फुलाव सहित 75 से.मी.।

(ग) **दृष्टि :** सहायक तीक्ष्ण दृष्टि प्रत्येक आँख में कम से कम 6/12, बेहतर आँख में 6/6 और बुरी आँख में 6/36 होनी चाहिए। निकट दृष्टि सर्वोत्कृष्ट 7-डी से अधिक नहीं होनी चाहिए।

शर्तें

(क) भारतीय वायुसेना में आरम्भिक कार्य अवधि 20 वर्ष की है जिसे 55 वर्ष की आयु तक बढ़ाया जा सकता है।

(ख) **वेतन :** (i) प्रशिक्षण के दौरान 800/- से 850- रुपये प्रतिमास (ii) प्रशिक्षण समाप्ति पर 930- रुपये से 1150 रुपये प्रतिमास तक।

(ग) महँगाई भत्ता वर्तमान नियमों के अनुसार।

(घ) **अन्य लाभ** (i) निःशुल्क भोजन, आवास, वर्दी तथा चिकित्सा सुविधाएँ दी जाती हैं। (ii) पेंशन ग्रेच्युटी, भविष्य निधि, सामूहिक बीमा योजना, आवास योजना, कैंटीन सुविधाएँ तथा निःशुल्क रेल यात्रा आदि की सुविधाएँ दी जाती हैं।

(ङ) चयन द्वारा मास्टर वारंट अफसर के रैंक तक पदोन्नति के अवसर प्राप्त हैं।

(च) भारतीय वायुसेना में कमीशन अफसर बनने के अवसर भी उपलब्ध हैं।

आवेदन कैसे करें?

आवेदन सादे कागज पर इस विज्ञापन में दिये गये आवेदन प्रपत्र के अनुसार हिन्दी/अंग्रेजी में साफ-साफ टाइप करें या हाथ से लिखें। आवेदन पत्र अध्यक्ष, केन्द्रीय वायु सैनिक चयन बोर्ड, रेस कोर्स कैम्प, नई दिल्ली-110003 के नाम रजिस्टर्ड डाक से अथवा नजदीक के वायु सैनिक चयन केन्द्र को 15 जून, 1988 तक भेजें। आवेदन पत्र के साथ निम्न दसतावेजों की फोटो प्रतियाँ लगाएँ—

(1) उत्तीर्ण परीक्षा का प्रमाण-पत्र (2) आयु प्रमाण के लिए मैट्रिक परीक्षा का प्रमाण-पत्र (3) यदि खेल-कूद अथवा एन.सी.सी. का कोई प्रमाण पत्र हो। (4)

एक स्वयं का पता लिखा हुआ बिना टिकट लगा लिफाफा (14 × 19 वर्ग से. मी.)
(5) पासपोर्ट साइज की दो नवीनतम फोटो निर्धारित स्थान पर चिपकाएँ। फोटो किसी राजपत्रित अधिकारी/कालेज/स्कूल के प्रधानाचार्य द्वारा सत्यापित होनी चाहिए।

(6) आवेदन-पत्र के लिफापे के ऊपर दाहिनी ओर कोने में लिखें—

''तकनीकी ट्रेड के लिए अथवा गैर तकनीकी ट्रेड के लिए''

केन्द्रीय वायुसैनिक चयन बोर्ड, रेस कोर्स कैम्प, नई दिल्ली-110003 या

(7) किसी भी नजदीक के वायु सैनिक चयन केन्द्र में आवेदन प्राप्त करने की अन्तिम तारीख 15 जून, 1988 है।

(8) अपूर्ण तथा निर्धारित दिनांक के पश्चात् प्राप्त आवेदन पत्रों पर विचार नहीं किया जाएगा।

(9) **परीक्षा केन्द्र**	**कोड नं.**	**वायु सैनिकों/चयन केन्द्रों के पते**
अम्बाला	01	नं. 1 वायु सैनिक चयन केन्द्र 48 मैन्सफील्ड रोड, अम्बाला केन्ट-133001
नई दिल्ली	02	नं. 2 वायु सैनिक चयन केन्द्र रेस कोर्स कैम्प, नई दिल्ली-110003
बैरकपुर	04	नं. 4 वायु सैनिक चयन केन्द्र (पश्चिम बंगाल) 743122
मद्रास	08	नं. 8 वायु सैनिक चयन केन्द्र, द्वारा वायु सैनिक स्टेशन, ताम्बरम, मद्रास-600046
पटना	109	नं. 10 वायु सैनिक चयन केन्द्र कदम कुआँ, नया एरिया, पटना-800003
बेगमपट्ट	12	नं. 12 वायु सैनिक चयन केन्द्र, द्वारा वायु सेना स्टेशन बेगमपट्ट सिकन्दराबाद-500011
कोचीन	14	नं. 14 वायु सैनिक चयन केन्द्र 131 कादाबिल बिल्डिंग, पानामपल्ली नगर,

		कोचीन–682016
पुणे	06	नं. 6 वायु सैनिक चयन केन्द्र द्वारा वायु सेना स्टेशन, कॉटन गीन, बम्बई–400033

चयन प्रणाली

पात्र उममीदवारों को अंग्रेजी, बौद्धिक सामान्य ज्ञान विषयों में लिखित परीक्षा के लिए बुलाया जाएगा। तकनीकी ट्रेड के उम्मीदवार चुने गये किसी एक केन्द्र पर गणित तथा विज्ञान विषयों की अतिरिक्त लिखित परीक्षा में शामिल होंगे। उक्त परीक्षाओं में प्रश्न पत्र वस्तुपरक एवं मैट्रिक स्तर के होंगे। उम्मीदवारों के अन्तिम चयन के लिए निम्न प्रणाली अपनाई जाएगी।

(क) जो उम्मीदवार चयन परीक्षा में न्यूनतम उत्तीर्ण अंक प्राप्त करेंगे केवल उन्हें उसी दिन ट्रेड आवंटन परीक्षा में शामिल किया जाएगा और चिकित्सा परीक्षा के लिए भेज दिया जाएगा। (ख) चयन तथा चिकित्सा परीक्षा में सफल उम्मीदवारों की अखिल भारतीय योग्यता सूची तैयार की जाएगी। (ग) उपलब्ध रिक्तियों के आधार पर योग्यता सूची में उच्च स्थान प्राप्त उम्मीदवारों को भर्ती के लिए बुलाया जाएगा। (घ) योग्यता सूची में उचित स्थान प्राप्त न करने वाले उम्मीदवारों को यथानुसार सूचित कर दिया जाएगा।

उदाहरण 8

पब्लिक नोटिस

अदालती सूचना

सुनीला तनेजा बनाम एम.एम. राय गुजराल और अन्य के मुकदमा नं. 1139/83 प्रापर्टी नं. एल–15 एन.डी.एस.ई. भाग 2, नई दिल्ली के मामले में यानि एक मंजिली मेन बिल्डिंग, सर्वेंट क्वाटर्स सहित दो मंजिले गैराज—जो कि 500 वर्ग यार्डर्स (418 वर्ग मी.) के क्षेत्र में बने हैं—की अधोहस्ताक्षरी द्वारा माननीय दिल्ली उच्च न्यायालय के आदेशानुसार 9–7–88 को पूर्वाह्न 10 बजे से दोपहर 12 बजे तक नीलामी की जाएगी। पूरी बिल्डिंग में रु. 2000– प्रतिमाह पर एक किरायेदार रहता है। केवल एक सर्वेंट क्वार्टर खाली है।

शर्तें एवं नियम

(1) न्यूनतम आरक्षित मूल्य रु. 21,00,000– (केवल इक्कीस लाख रु.) है।

(2) राशि—जिसके द्वारा बोलयाँ बढ़ाई जा सकती है अधोहस्ताक्षरी द्वारा निर्धारित की जाएगी।

(3) उच्चतम बोलीदाता क्रेता घोषित होगा।

(4) जो व्यक्ति क्रेता घोषित होगा, उसे इस घोषणा के तुरन्त पश्चात् अपनी क्रय राशि का 25 प्रतिशत अधोहस्ताक्षरी को नकद अथवा रजिस्ट्रार, दिल्ली उच्च न्यायालय के पक्ष में देय, ड्राफ्ट के रूप में जमा करना होगा। चैक स्वीकार नहीं किये जाएँगे।

(5) क्रेता को क्रय राशि की शेष पूर्ण राशि कोर्ट में बिक्री की तिथि से पन्द्रह दिन के अन्दर जमा करनी होगी।

(6) अन्य शर्तें—अगर आवश्यक हुईं तो नीलामी के समय घोषणा की जाएगी।

न्यायालय हस्ताक्षर (देवराज) और, अथवा

की (राज पॉल नागर)

मुहर न्यायालय नीलामीकार

6344 ब्लॉक-7, देव नगर,

करोल बाग, नई दिल्ली-5

उदाहरण-9

अदालती सूचना

अन्तर्गत न्यायालय सब-जज साहब चतुर्थ, समस्तीपुर

मोकदमा नं. : 27-85 मोतफरका

अच्युता नन्द कंठ वो........... शायलान

बनाम

कृष्ण कुमार कंठ वो. .... मसीउल अलेहुम

नोटिस बनाम विनोद कुमार कठ, ग्राम व पोस्ट रेवाड़ी, जिला समस्तीपुर हाल मोकामी, एडवोकेट, सुप्रीमकोर्ट, नई दिल्ली, प्रमोद कुमार कंठ, ग्राम व पोस्ट रेवाड़ी, जिला समस्तीपुर वो. अमोद कुमार कंठ पेसरान राम शरण प्रसाद कंठ, ग्राम

व पोस्ट रेवाड़ी जिला समस्तीपुर हाल मोकामी आई. पी. एस. डिप्टी कमिश्नर ऑफ पुलिस, क्राइम एण्ड रेलवे सेनट्रलनई दिल्ली।

.... मसीउल अलेहुम आज अजा के आप लोगों पर न्यायालय से सम्मन व डाक रजिस्ट्री से सम्मन जारी हुआ लेकिन बावजूद आप लोग सम्मन लेने से भागे फिरते हैं। न्यायालय में हाजिर नहीं होते हैं। अतः आप लोगों को इस प्रकाशन के द्वारा सूचित किया जाता है कि उपरोक्त मुकदमे की सुनवई दिनांक 21-5.88 को होगी इसलिए आप लोग स्वयं या किसी अधिवक्ता के द्वारा उक्त तिथि तक निश्चित रूप से उपरोक्त मुकदमे में हाजिर हों, यदि आप लोग उक्त मुकदमे में निश्चित तिथि पर हाजिर नहीं होंगे तो केस की एक तरफा सुनवाई कर निर्णय दे दिया जाएगा।

ताकीद जाने।

मेरे दस्तख्त एवं इस अदालत की मोहर से आज दिनांक 14 माह अप्रेल सन् 1988 ई. को जारी किया गया।

हस्ताक्षर (भूपेन्द्र सिंह)

सब-जज (चतुर्थ), समस्तीपुर।

उदाहरण-10

भारत सरकार

श्रम मंत्रालय

श्रमजीवी पत्रकारों तथा गैर-पत्रकार समाचार पत्र कर्मचारियों के लिए वेतन आयोग

9वीं मंजिल, लोकनायक भवन, नई दिल्ली

सूचना

जैसा कि श्रमजीवी पत्रकारों तथा गैर-पत्रकार समाचार पत्र कर्मचारियों के लिए वेतन आयोग समाचार पत्र कर्मचारियों के लिए वेतन की दे निश्चित करने-संशोधित करने के कार्य में संलग्न हैं तथा इस दिशा में काफी काम हो चुका है।

और जैसा कि सर्वोच्च न्यायालय ने दिनांक 2 मई, 1988 के अपने निर्णय में निर्धारित किया है कि विधि प्रतिवेदन (लॉ रिपोर्ट्स) श्रमजीवी पत्रकार एवं अन्य समाचार पत्र कर्मचारियों (सेवा शर्तों) तथा विविध प्रावधान अधिनियम (1955 का 45) (जिसे यहाँ आग अधिनियम कहा जाएगा) के अर्थ में समाचार पत्र हैं।

और जैसा कि उपरोक्त निर्णय के पश्चात् एक विधि प्रतिवेदन संस्थान के विस्तृत जानकारी जमा कराने, वैयक्तिक सुनवाई के लिए समय प्रदान करने का अनुरोध किया है।

और जैसा कि वेतन ने अधिनियम की धारा 10(1) के अन्तर्गत विधि प्रतिवेदन संस्थानों से, जो कि समाचार पत्र संस्थान हैं उनके श्रमजीवी पत्रकारों एवं गैर पत्रकार समाचार पत्र कर्मचारियों तथा कथित श्रेणी के कर्मचारियों के लिए वेतन की दरों के निर्धारण अथवा संशोधन में इच्छुक अन्य व्यक्तियों से 27 जून, 1988 तक लिखित प्रतिनिधित्व प्राप्त करने तथा आयोग को प्रतिवेदन भेजकर सुनवाई का अनुरोध करने वालों को सुनवाई का अवसर देने का निर्णय लिया है।

अतः अब विधि प्रतिवेदन संस्थानों में कार्यरत कर्मचारी संगठनों एवं अन्य इच्छुक व्यक्तियों से अनुरोध है कि वे अधिनियम की धारा 10(2) के अन्तर्गत अपने लिखित प्रतिवेदन की पन्द्रह प्रतियाँ आयोग के कार्यालय में भेजें। जिसमें श्रेणीवार नियोजन, वेतन ढाँचे तथा वित्तीय स्थिति का अन्तःसम्बन्धी वितरण हो तथा उसके साथ ही विगत आठ वर्षों के अपने लाभ एवं हानि खाते तथा तुलना पत्रों को तीन प्रतियाँ संलग्न करें। प्रतिवेदन 27 जून, 1988 तक पहुँच जाने चाहिए। ऐसे कर्मचारी तथा नियोक्ता, संगठन जिन्होंने अपने प्रतिवेदनों में सुनवाई का अनुरोध किया है क्रमशः 29 व 30 जून, 1988 को प्रातः 10–30 बजे आयोग के कार्यालय में उपस्थित हो सकते हैं। कृपया यह ध्यान रखें कि प्रतिवेदन जमा कराने अथवा वैयक्तिक सुनवाई के लिए समय वृद्धि का कोई भी अनुरोध स्वीकार नहीं होगा।

हस्ताक्षर के. लक्ष्मीनारायणन

सचिव

डीएवीपी 590/50/88

उदाहण-11

केन्द्रीय उत्पाद एवं सीमा शुल्क समाहर्तालय जयपुर

सार्वजनिक नीलाम

केन्द्रीय उत्पादन एवं सीमा शुल्क समाहर्तालय, केन्द्रीय राजस्व भवन, स्टेच्यु सर्किल, जयपुर में दिनांक 12-6-1988 को प्रातः 10 बजे अभिग्रहित-अधिहरित किये गये, विभागीय वाहन एक ट्रक, एक जीप और एक एम्बैस्डर कार एवं शेविंग क्रीम-सत्तर ग्राम पैकिंग (525 कार्टून जिनमें 37,800 ट्यूब हैं) की नीलामी की जानी है। वाहन/सामान जैसा है जहाँ है के आधार पर बेचा जाएगा तथा इनकी जाँच किसी भी कार्य दिवस पर कार्यालय समय में की जा सकती है।

अन्य शर्तों की जानकारी इस कार्यालय के अधीक्षक (निपटान) से किसी भी कार्य-दिवस में प्राप्त की जा सकती है।

डीएवीपी 532 (58)/88

उदाहरण-12

दिल्ली विकास प्राधिकरण

रोहिणी परियोजना प्रखण्ड संख्या 9, रोहिणी कॉम्पलैक्स, नई दिल्ली

निविदा आमन्त्रण सूचना संख्या-7

दिल्ली विकास प्राधिकरण अध्यक्ष की ओर से अधिशाषी अभियन्ता रोहिणी परियोजना प्रखण्ड संख्या 9 द्वारा निम्नलिखित कार्यों के लिए दि.वि.प्रा. के सार्वजनिक निर्माण विभाग से अ.से. डाक एवं तार की समुचित श्रेणी के स्वीकृत ठेकेदारों से 14.7.1988 को अपराह्न 3 बजे तक मुहरबन्द वस्तु दर निविदाएँ आमन्त्रित की जाती हैं जो उसी दिन अपराह्न 3.30 बजे तक इच्छुक निविदा-दाताओं अथवा उनके प्रतिनिधियों के समक्ष खोली जाएगी।

निविदा दस्तावेज वैध आयकर अदायगी प्रमाण पत्र प्रस्तुत करने एवं निविदा शुल्क के रु. 150- का भुगतान करने पर किसी भी कार्य दिवस में प्राप्त किये जा सकते हैं। धरोहर राशि (बशर्तें कि माफ न हो) अधोहस्ताक्षरी के पक्ष में देय रिजर्व बैंक ऑफ इण्डिया द्वारा गारंटी प्राप्त किसी अनुसूचित बैंक की माँग जमा रसीद ड्राफ्ट के रूप में निविदा के साथ संलग्न करें। निर्धारित ढंग से धरोहर राशि जमा न करने

वाले ठेकेदारों की निविदाएँ तत्काल निरस्त कर दी जाएंगी। निविदा प्रपत्रों का निर्गमन 11.7.1988 (अपराह्न 4 बजे) बन्द कर दिया जाएगा।

क्र. सं.	कार्य का नाम	अनु.लागत रुपये	धरोहर राशि रुपया	स्वीकृत अवधि
(1)	रोहिणी फेज-2 में भूमि का विकास सब-हेड : सैक्टर-13(डी) एवं 14 में एस.डब्ल्यू. ड्रेन का निर्माण करना।	64,19,436/-	20,000/-	12 माह
(2)	रोहिणी फेज-2 के लिए भूमि का विकास सब हेड : सैक्टर-13 में एस. डब्ल्यू. ड्रेन का निर्माण करना	90,76,816-	20,000	12 माह

उदाहरण-13

महानगर टेलीफोन निगम लिमिटेड, दिल्ली टेलीफोन, दिल्ली

ईस्टर्न कोर्ट, खुर्शीद लाल भवन, नई दिल्ली-110050 में स्थित साइकिल-स्कूटर स्टैण्ड को चलाने, रख-रखाव करने के लिए वार्षिक ठेका देने के लिए मुहरबन्द निविदाएँ आमन्त्रित की जाती हैं। निविदाएँ श्री एम. एल. हांडा, सहायक महाप्रबन्धक (ई) म.टे.नि.लि., नई दिल्ली को सम्बोधित की जानी चाहिए तथा दिनांक 5.7.1988 को दोहपरह 15.00 बजे तक पहुँच जानी चाहिए। निविदाएँ उसी दिन अपराह्न में 15.20 बजे खोल दी जाएँगी। शर्तों सहित निर्धारित फार्म अनुभाग पर्यवेक्षक, (भवन-दो) कमरा संख्या 623, खुर्शीद लाल भवन, जनपथ, नई दिल्ली से किसी भी कार्य दिवस को प्रातः दस बजे से दोपहर 13.00 बजे के बीच भारतीय पोस्टल आर्डर द्वारा 50 रुपये का भुगतान करके प्राप्त किये जा सकते हैं।

हस्ताक्षर

(एम.एल. हांडा)

सहायक प्रबन्धक (ई)

उदाहरण–14

दिल्ली विकास प्राधिकरण

दिल्ली विकास प्राधिकरण की भूमि पर अनधिकृत कब्जों के विरुद्ध चेतावनी

सर्वसाधारण को सूचित किया जाता है कि दिल्ली विकास प्राधिकरण द्वारा समय समय पर भूमि अधिग्रहित की जाती है जिसकी जरूरत दिल्ली के योजनाबद्ध विकास के लिए पड़ती है। प्राधिकरण को पता लगा है कि कुछ गलत लोग प्राधिकरण की भूमि की बिक्री और खरीद में लगे हैं। अनधिकृत कब्जों को हटाने के लिए पहले भी कार्यक्रम लागू किए गए हैं और भविष्य में भी जहाँ कहीं भी प्राधिकरण की भूमि पर अनधिकृत कब्जे का पता लगेगा तो दिल्ली के योजनाबद्ध विकास के हित में प्राधिकरण की भूमि पर से अनधिकृत निर्माण गिराने और हटाने की कार्यवाही की जाएगी।

अत: आम जनता को उनके अपने हित में चेतावनी दी जाती है कि प्राधिकरण की भूमि की इस प्रकार की खरीद या बिक्री में न फसें और न ही ऐसी भूमि पर अनधिकृत निर्माण करें। प्राधिकरण की भूमि का इस प्रकार लेन–देन एवं उस पर अनधिकृत निर्माण करना गैर–कानूनी है और ऐसे में अभिजन द्वारा कानूनी कार्यवाही की जा सकती है।

आम जनता से अनुरोध है कि वे योजनाबद्ध विकास के लिए ली गई भूमि पर अनधिकृत कब्जे को रोकने में सहयोग दें।

हेमन्त कुमारमहतो
निदेशक (भूमि)

उदाहण–15

राजभवन

जम्मू एवं कश्मीर

अपील

राज्यपाल कल्याण कोष

जम्मू एवं कश्मीर की मौजूदा स्थिति से राष्ट्रवासी अनभिज्ञ नहीं हैं। यहाँ काफी बड़ी संख्या में ऐसे लोग हैं जो किसी न किसी रूप में आतंकवाद का शिकार

बने हैं। उन्हें हमारी सहायता की अपेक्षा है और उनके जख्मों को प्यार के फाहे से भरा जाना जरूरी है। इस उद्देश्य के लिए राज्यपाल कल्याण कोष की स्थापना की गई है।

मैं सर्वमान्य से तथा साथ ही विभिन्न चैरिटेबल तथा लोकोपकारी संगठनों एवं व्यवसायी समुदायों, उद्योगपतियों व व्यापारियों से अपील करता हूँ कि वे कथित राज्यपाल कोष में उदार हृदय से दान दें।

दान राशि ड्राफ्ट या क्रास्ड चैक के रूप में भेजी जा सकती हैं जो राज्यपाल के सचिव, राजभवन, श्रीनगर अथवा राजभवन, जम्मू के पक्ष में देय हो। राशि की रसीद तुरन्त भेज दी जाएगी।

हस्ता. राज्यपाल

जम्मू एवं कश्मीर

सू.प्र.नि./पी-55/90

उदाहरण-16

समाज कल्याण निदेशालय, दिल्ली प्रशासन

आई.टी.आई. बिल्डिंग, कस्तूरबा गाँधी मार्ग, नई दिल्ली-110006

वैवाहिक सूचना

इस निदेशालय द्वारा संचालित अभय महिला आश्रम की बालिकाओं के लिए बेरोजगार, स्वस्थ एवं सुयोग्य वरों की खोज है। तीस वर्ष तक की आयु के युवक प्रार्थना-पत्र का प्रपत्र अधीक्षिका, अभय महिला आश्रम, निर्मल छाया परिसर, जेल रोड़, तिहाड़, नई दिल्ली के कार्यालय से किसी भी कार्य दिवस को प्रातः 10 बजे से 4 बजे के बीच निःशुल्क प्राप्त कर अपने प्रार्थना-पत्र प्रस्तुत करें।

हस्ता. (डी.आर. नाफरी)

निदेशक एवं सचिव, समाज कल्याण, दिल्ली।

सु.प्र.नि. 1295/89

(xvii) घोषणा-पत्र

(PROCLAMATION)

घोषणा-पत्र भारत सरकार की ओर से यदा-कदा ही लिखे जाते हैं या घोषित किये जाते हैं। किसी भी महत्त्वपूर्ण विषय पर सरकार की ओर से अपना निश्चय अथवा निर्णय निकालने या प्रसारित करने में घोषणाओं का प्रयोग किया जाता है। सभी घोषणाओं पर राज्यपाल या राष्ट्रपति के हस्ताक्षर होते हैं।

घोषणा-पत्र एक विशेष प्रकार की शैली और भाषा मे लिखे जाते हैं और उस भाषा में एक भी शब्द का हेर-फेर या संशोधन या परिवर्तन करना निषेध ठहराया जा चुका हैं।

उदाहरण-1

भारत का संविधान

हम भारत के लोग एक सम्पूर्ण-प्रभुत्व-सम्पन्न लोकतन्त्रात्मक गणराज्य बनाने के लिए तथा उसके समस्त नागरिकों को :

सामाजिक, आर्थिक, और राजनैतिक न्याय,

विचार अभिव्यक्ति, विश्वास, धर्म

और उपासना की स्वतन्त्रता,

प्रतिष्ठा और अवसर की समता,

प्राप्त कराने के लिए,

ता उन सब में

व्यक्ति की गरिमा और राष्ट्र की

एकता सुनिश्चित करने वाली बन्धुता

बढ़ाने के लिए

दृढ़संकल्प होकर अपनी इस संविधान-सभा में आज तारीख 26 नवम्बर, 1949 ई. (मिती मार्गशीर्ष शुक्ला सप्तमी, संवत् दो हजार छः विक्रमी) को एतद् द्वारा इस संविधान को अंगीकृत, अधिनियम और आत्मार्पित करते हैं।

□□□

9

फाइल-पद्धति
FILING SYSTEM

(क) सामान्य परिचय
(GENERAL INTRODUCTION)

जिस पद्धति से सरकारी कार्यालयों, निजीकार्यालयों और दूसरे प्रकार के व्यापारिक कार्यालयों में समस्त पत्र-व्यवहार को सुरक्षित रखा जाता है, वही फाइल पद्धति कहलाती है। भावी सन्दर्भ के लिए पत्र-व्यवहार को सुरक्षित रखना बहुत ही आवश्यक है। अगर ऐसा न किया जाए तो सारा काम-काज, खास तौर से सरकारी कार्यालयों की कार्य-विधि ठप्प पड़ जाए। इसी कारण पत्र-व्यवहार को फाइल में वर्षों तक सुरक्षित रखा जाता है जिससे कि आवश्यकता पड़ने पर उस पत्र-व्यवहार से सन्दर्भ लिये जा सकें।

फाइल पद्धति बहुत ही सरल होनी चाहिए जिससे कार्यालय का कोई भी कर्मचारी या अधिकारी आवतियों को आसानी से फाइल में रख सके। इसलिए फाइल तैयार करते समय ध्यान रखना चाहिए कि फाइल का कागज अच्छा खासा मोटा हो, जो पत्र-व्यवहार को खराब होने से सुरक्षित रख सके। फाइल ऐसी होनी चाहिए जिसमें अधिक से अधिक पत्र व्यवहार समा सके।

प्राय: फाइलों के दो मुख्य भाग होते हैं। एक भाग को **टिप्पणी भाग** (Note Portion) कहते हैं तो दूसरे भाग को **पत्र व्यवहार भाग** कहते हैं। दोनों भागों के लिए पृथक्-पृथक् फाइलें तैयार की जाती हैं। टिप्पणी भाग में विचाराधीन पत्र व्यवहार तथा नई आवतियों को रखा जाता है। पत्र व्यवहार भाग में सभी प्रकार के पत्र व्यवहार और बाहर जाने वाले पत्रों की प्रतियों को सुरक्षित रखा जाता है। साथ ही आवश्यकता पड़ने पर दोनों तरह की फाइलों के लिए **परिशिष्ट टिप्पणी**

(Appendix to Notes) और **परिशिष्ट पत्र-व्यवहार** (Appendix to Correspondence) भी तैयार की जा सकती हैं।

(ख) अंकन, छेदनऔर क्रम संख्या
(NUMBERING, PUNCHING AND SERIAL NUMBERS)

फाइल के हर पृष्ठ पर विधिवत् अंक डालते रहना चाहिए जिससे पृष्ठों के इधर-उधर हो जाने का डर न रहे। यदि कभी भूल से कोई पृष्ठ खाली भी रह जाता है तो उस पृष्ठ पर अंक नहीं डालना चाहिए। फाइल में किसी पृष्ठ को रखते समय यह ध्यान रखना चाहिए कि पृष्ठ का एक चौथाई भाग छोड़ दिया गया है अथवा नहीं। इस तरह पृष्ठ का चौथाई भाग बिल्कुल छुटा रहना चाहिए जिससे छेद आदि करके पृष्ठ को फाइल में सुरक्षित रखा जा सके। अगर स्थान नहीं छोड़ा जाएगा तो शब्दों के कटने का भय बना रहेगा। पृष्ठों में छेद करने के बाद उनको फाइल में ठीक-ठीक रखकर उन पर क्रम संख्या डाल देनी चाहिए। क्रम संख्या हमेशा लाल रोशनाई से लिखी जानी चाहिए।

(ग) सन्दर्भ देना
(DOCKETING)

प्रत्येक आवति तथा निकासी पत्र (receipt and issue) के बारे में टिप्पण-फाइल में संक्षिप्त विवरण लिखा जाता है जिससे पत्र-व्यवहार में बड़ी सहायता मिलती है। प्राप्ति के बारे में लाल रोशनाई से हर पृष्ठ के ऊपर पत्र-व्यवहार की क्रम संख्या, पत्र संख्या, तारीख और प्रेषक का नाम/पद संक्षेप में लिख देना चाहिए। जैसे—

क्रम संख्या 10 (प्राप्ति) पत्र संख्या 40/1095/55-1 अनुभाग तारीख 15.5.85 प्रेषक अवर सचिव, संघ लोक सेवा आयोग

निकासी पत्र का सन्दर्भ देते समय पृष्ठ पर उसकी क्रम संख्या, तारीख और प्राप्ता का नाम और पद स्पष्ट करना चाहिए। जैसे—

क्रम संख्या 8 (निकासी)—तारीख 30 अगस्त, 1985

सेवा में श्री रामलाल, सचिव, योजना कमीशन

सन्दर्भ देते समय मन्त्रालय और अनुभाग का नाम तथा फाइल का विषय टिप्पणी भाग के प्रथम पृष्ठ पर सबसे ऊपर लिखदेना चाहिए तभी उस पर सन्दर्भ देना चाहिए।

(घ) नई फाइल खोलना
(OPENING OF A NEW FILE)

(1) नई फाइल
(New File)

हर अनुभाग में मुख्य-मुख्य विषयों के आधार पर फाइल तैयार करने की एक सूची रहती है। इस तरह के सभी शीर्षकों को **मानक शीर्षक** कहते हैं। कार्य-वर्ष के आरम्भ होते ही फाइलों की संवीक्षा करके आवश्यकता के अनुसार फाइलों की संख्या घटाई-बढ़ाई जा सकती है। फाइल खोलते समय यह ध्यान रखना चाहिए कि प्रति वर्ष एक तरह की सभी फाइलों की मुख्य फाइल की संख्या उतनी ही रहनी चाहिए जितनी गत वर्ष में थी। जब कभी भी नई फाइल खोलने की आवश्यकता समझी जाए तो सहायक को अच्छी तरह से यह देख समझ लेना चाहिए कि वह नई फाइल किस मानक-शीर्षक के अन्तर्गत रखी जाएगी और फिर उचित शीर्षक लिखकर फाइल तैयार कर लेनी चाहिए। हर फाइल पर निम्नलिखित बातों का ब्यौरा साफ-साफ अंकित रहना चाहिए। यथा—

(क) मुख्य शीर्षक की संख्या जैसे 10

(ख) मुख्य शीर्षक के अन्तर्गत उप-शीर्षक की संख्या जैसे 5

(ग) कार्य-वर्ष जैसे 1962

(घ) अनुभाग के नाम का सूक्ष्म रूप जैसे प्रशा.

इन चारों बातों को फाइल पर इस रूप में लिखना चाहिए

10/5/1962-प्रशा-1

हर विषय के लिए एक फाइल खोली जानी चाहिए। अगर विषय ऐसा है जिस पर काफी पत्र-व्यवहार होने की सम्भावना है तो फाइल में सिर्फ प्राप्तियाँ ही रखी जानी चाहिए। अगर पत्र बाहर भेजे जाएँ या टिप्पणियाँ ली जाएँ या निवेश लेना आवश्यक हो तो इस तरह के सभी कार्यों के लिए अलग से फाइल तैयार करनी चाहिए। अन्त में फाइल के सार मूल फाइल में उतार लेने चाहिए। इस प्रकार की फाइल को **आंशिक फाइल** (Part File) कहते हैं।

(2) आंशिक फाइल
(Part File)

आंशिक फाइल बनाने से कई लाभ होते हैं। कभी-कभी जब मूल फाइल नहीं मिल पाती है तो आंशिक फाइल खोल ली जाती है। कभी-कभी ऐसा भी होता है कि मूल फाइल को एक ही समय में अलग-अलग अनुभागों को अवलोकनार्थ

भेजना पड़ जाता है या कई प्राधिकारियों द्वारा उसका अवलोकन आवश्यक समझा जाता है तो आंशिक फाइल तैयार कर ली जाती है। इस प्रकार समय की बचत होती है। आंशिक फाइल तैयार करते समय निम्नलिखित बातों पर विशेष रूपसे ध्यान रहना चाहिए। यथा—

(1) मूल विचाराधीन पत्र या उसकी नकलें तथा मूल विचाराधीन पत्र से सम्बन्धित सारे आवश्यक पत्र उस आंशिक फाइल में रहने चाहिए।

(2) विचाराधीन पत्र या उसकी नकलें या उससे सम्बन्धित टिप्पणी अथवा उसकी प्रति **टिप्पणी भाग** में रहनी चाहिए।

(3) जैसे ही मुख्य फाइल प्राप्त हो जाए, वैसे ही इस आंशिक फाइल को उसके साथ नत्थी कर देना चाहिए।

(4) अगर कभी आंशिक फाइलें तैयार करने की एक से अधिक जरूरत आ पड़े तो उन पर क्रम संख्या डालते रहना चाहिए। जैसे **10/5/1982-प्रशा-1 (आंशिक फाइल-1), 10/5/1982-प्रशा-1 (आंशिक फाइल-2) आदि**

चालू वर्ष में जितनी भी फाइलें काम में लाई जा रही हों उन सबका लेखा-जोखा मिसिल रजिस्टर (File Register) में अंकित रहना चाहिए। इस मिसिल रजिस्टर की रूप रेखा यहाँ दी जा रही है।

मिसिल रजिस्टर

फाइल संख्या......... **विषय....................**	**प्रारम्भ करने की तारीख........................** **अभिलेख के वर्गीकरण के ....** **साथ लिखने की तारीख ....**
प्राथमिक आवतियाँ	**संचलन**

प्राप्त करने की तारीख	दैनिकी संख्या	किसको सौंपी गई	तारीख	किसको सौंपी गई	तारीख	किसको सौंपी गई	तारीख

(ङ) हवाला देना तथा निशान-पर्ची का प्रयोग
(REFERENCING AND USE OF SLIPS)

फाइल में अगर किसी पिछली फाइल का हवाला देना हो तो फाइल में निशान-पर्ची लगा देनी चाहिए जिससे प्राधिकारी आसानी से उस हवाले को पढ़-समझ सकें। अगर एक फाइल में कई पर्चियाँ लगानी हैं तो फाइल के ऊपरी भाग में निशान पर्चियाँ फैली हुई लगानी चाहिए न कि एक के ऊपर एक। जहाँ तक हो **निशान-पर्चियाँ** आवश्यकता के अनुसार लगाई जानी चाहिए।

विचाराधीन पत्र नाम की निशान-पर्ची सामान्यतयः नई आवती के साथ लगाई जानी चाहिए क्योंकि फाइल का सारा दारोमदार उसी पर निर्भर रहता है। **नवीनतम संसूचना** (Latest communication) अथवा **गौण आवती**, जिस पर विषय के अनुसार विचार करना है, ही पर नई आवती नाम की पर्ची लगानी चाहिए। विचाराधीन पत्र या नई आवती को छोड़कर चालू फाइल में अन्य किसी भी स्थान पर निशान-पर्ची नहीं लगानी चाहिए। अगर कहीं आवश्यकता समझी भी जाए तो निशान-पर्ची न लगाकर उपान्त में हवाला लिख देने चाहिए। उदाहरणस्वरूप—

पृष्ठ 10/टिप्पणी या पृष्ठ 20/पत्र-व्यवहार

निशान-पर्ची के विषय का जैसे ही प्राधिकारी वर्ग अवलोकन कर डालें वैसे ही निशान-पर्ची को फाइल से हटा देना चाहिए और भविष्य के हवाले के लिए उपान्त में निर्देश लिख देने चाहिए। जैसे—

टिपपणी की विषय वस्तु में	टिप्पणी के उपान्त में
फाइल संख्या 15247 (राजस्व)	**निशन-पर्ची ग पृष्ठ संख्या 20 टिप्पणी**

पुस्तकों, नियमों, अधिनियमों, विधान आदि के सन्दर्भ देने के लिए यह उचित होगा कि उपान्त में पेंसिल से उनके सन्दर्भ दिए जाएँ या सार लिख दिया जाए।

(च) फाइलों पर अग्रता अंकन
(PRIORITY MARKING ON FILES)

फाइलों और कागजात पर अग्रता अंकन के लिए खास तौर से दो शब्दों का प्रयोग किया जाता है—**तात्कालिक** और **अग्रता।** तात्कालिक फ्लेग केवल उन्हीं फाइलों पर लगाना चाहिए जिन पर दूसरी फाइलों की अपेक्षा शीघ्र कार्रवाई करानी हो, लेकिन अग्रता फ्लेग केवल ऐसी फाइलों पर ही लगाना चाहिए जिनको अन्य फाइलों पर तरजीह दिलानी हो। तात्कालिक फ्लेग वाली फाइल का अधिकारी सारा काम छोड़कर फौरन ही अवलोकन कर डालता है और उस पर आवश्यकतानुसार कार्रवाई करता है। इस प्रकार अग्रता-फ्लेग वाली फाइल का वह दूसरी साधारण फाइलों की अपेक्षा शीघ्र ही निपटान करता है।

बाहर जाने वाली फाइलें या पत्र जिन पर तात्कालिक निशान पर्ची लगी हो, पर फौरन ही कार्रवाई चालू कर देना चाहिए। ऐसी फाइलों या पत्रों को अधिक समय तक डाक में नहीं डाले रखना चाहिए। लेकिन यह भी ध्यान में रखना चाहिए कि जब तक अनुभाग अधिकारी का स्पष्ट संकेत न हो, कोई ऐसी फाइल जिस पर तात्कालिक निशान पर्ची लगी हो, अधिकारी के घर नहीं भेजी जानी चाहिए।

❑❑❑

10

निर्गमन और प्रेषण
ISSUE AND DESPATCH

(क) निर्गमन कार्य
(WORK OF ISSUE)

जब मसौदा या प्रारूप विभाग-अधिकारी या उप-सचिव जैसे अधिकारियों द्वारा स्वीकृत होकर अनुभाग में आ जाता है तो दैनिकी लेखक उस प्रारूप को या प्रारूप के साथ फाइल को ही टाइप के लिए टाइपिस्ट के पास भेज देता है। टाइपिस्ट उस प्रारूप को विधिवत् टाइप करके मिलानकर्त्ता के पास प्रारूप अथवा प्रारूप के साथ फाइल को भेज देता है। मिलानकर्त्ता टाइप किए गए प्रारूप को भली प्रकार देखकर हस्ताक्षर-पैड में रखकर सम्बन्धित अधिकारी के पास हस्ताक्षर की निशान-पर्ची लगाकर हस्ताक्षरों के लिए भेज देता है। हस्ताक्षरों के लिए मिलानकर्त्ता जब प्रारूप को अधिकारी के पास भेजता है तो फाइल को साथ न भेजकर अपने पास सुरक्षित रख छोड़ता है। जब प्रारूप हस्ताक्षर होकर लौट आता है तो वह मूल प्रति को सम्बद्ध फाइल में रखकर प्रेषण लिपिक के पास भेज देता है, जो प्रारूप की कार्यालय प्रति (O.C.) पर निर्गमन की मुहर लगाकर फाइल को अनुभाग के दैनिकी लेखक को सौंप देता है और वह दैनिकी लेखक उस फाइल को सम्बद्ध अनुभाग को लौटा देता है।

निकासी दैनिकी
(Issue Diary)

केन्द्रीय रजिस्ट्री में निम्न रूपरेखा वाली एकदैनिकी रहती है। इस दैनिकी में

निकासी दैनिकी

क्रम संख्या	फाइल या दैनिकी की संख्या	जिस टाइपिस्ट के नाम अंकित की गई उसका नाम	तारीख जब फाइल अनुभाग में वापिस आई
	तारीख............		

प्राप्त होने वाली सभी फाइलों को अंकित किया जाता है। फाइल को प्राप्त करने की तारीख पृष्ठ के बीचों-बीच लाल रोशनाई से लिखी जानी चाहिए। इस दैनिकी में तार तथा दूसरे प्रकार के आवश्यक प्रारूपों को भी लाल रोशनाई से ही चढ़ाया जाना चाहिए ताकि उस पर तुरन्त कार्रवाई की जा सके। प्रेषण लिपिक को प्राप्त होने वाले हर प्रारूप पर रबड़ की मुहर लगानी चाहिए जिसमें नीचे लिखी बातों का स्पष्टीकरण हो। कार्य दिवस समाप्त होने पर निकासी दैनिकी अनुभाग अधिकारी

.... तारीख को प्राप्त हुई
निकासी दैनिकी की संख्या ....
श्री................................ द्वारा टाइप
श्री .... द्वारा मिलाया गया

के सामने प्रस्तुत की जानी चाहिए। अनुभाग अधिकारी दैनिकी को देखकर यह अन्दाजा लगाएगा कि सारे दिन में कितनी फाइलों पर कार्रवाई की गई। शेषफाइलों को निपटाने के लिए भी वह लिपिक को सलाह देगा।

(ख) प्रेषण कार्य

(WORK OF DESPATCH)

जब फाइल या प्रारूप को मिलानकर्त्ता प्रेषण लिपिक के पास भेज देता है तो प्रेषण लिपिक उसको निकासी दैनिकी में चढ़ाकर प्राप्ता को डाक से भेज देता है। डाक से पत्रों को भेजते समय इस बात का ध्यान रखना चाहिए कि एक अधिकारी की या एक कार्यालय की सारी डाक एक ही स्थान पर चढ़ाई जाए और एक ही लिफाफे में भेजी जाए।

डाक बाहर भेजते समय प्रारूप की शुद्ध और स्वच्छ नकल ही बाहर भेजी जानी चाहिए और भेजने से पूर्व यह अच्छी तरह से देख लेना चाहिए कि उस पर अधिकारी के हस्ताक्षर हो चुके हैं और तारीख व पत्र संख्या वगैरह तथ्य सब कुछ यथा स्थान अंकित कर दिये गये हैं। हस्ताक्षर हो जाने के बाद पत्र किसी भी दशा में 24 घण्टे से अधिक कार्यालय में न रहे इस बात का विशेष ध्यान रखना चाहिए। पत्र को डाक से भेज देने के बाद प्रारूप की कार्यालय-प्रति पर इस तरह की मुहर लगा देनी चाहिए जैसा कि यहाँ बताया गया है। जब पत्र बाहर भेज दिया जाए तो प्रेषण लिपिक को चाहिए कि वह कार्यालय की प्रति के साथ फाइल को निकासी दैनिकी में चढ़ाने के लिए भेज दे। निकासी दैनिकी में फाइल को दर्ज करने के बाद सम्बन्धित अनुभाग को फाइल लौटा देनी चाहिए।

प्रेषित
.................तारीख को
श्री................ के द्वारा

प्रेषणोपरान्त कार्य
(Work After Issue)

पत्र को प्रेषित कर देने के बाद केन्द्रीय रजिस्ट्री प्रारूपों को फाइल के साथ उनके अनुभागों को लौटा देती है। अनुभाग में जैसे ही केन्द्रीय रजिस्ट्री से प्रारूप और फाइल लौटती है वैसे ही उन्हें दैनिकी लेखक को सौंप दिया जाता है। वह उसकी गति को मिसिल रजिस्टर में चढ़ाकर फाइल को सहायक के पास भेज देता है। सहायक को अगर यह विश्वास है कि पत्र का उत्तर अवश्य आएगा या उस पर अभी और कार्रवाई करनी है तो फाइल पर निशान-पर्ची लगाकर अपने पास फाइल को सुरक्षित रख छोड़ता है और इस तरह फाइल को बन्द नहीं करता। इस प्रकार के सभी सन्दर्भ या हवाले अनुस्मारक दैनिकी (Reminder Diary) में चढ़ाए जाते हैं और फाइल दैनिकी के साथ ही रख छोड़ी जाती है।

डाक द्वारा प्रेषण
(Despatch by Post)

डाक से भेजते समय पत्रों को निम्नलिखित प्रेषण रजिस्टर (Despatch Register|) में चढ़ाकर ही भेजना चाहिए। तार भेजते समय विशेष सावधानी बरतनी

डाक द्वारा भेजे जाने वाले पत्रों के लिए प्रेषण रजिस्टर

क्रम संख्या	पत्र संख्या	प्राप्ता का नाम/पद संज्ञा और पता	लगाये गये टिकटों का लेखा-जोखा	
			रुपये	नये पैसे
		तारीख		

चाहिए तार को उसे प्रेषण रजिस्टर में लाल रोशनाईसे चढ़ाया जाए और प्रेषण रजिस्टर की क्रम संख्या को तार पर **भविष्य के हवाले के लिए** लिख छोड़ना चाहिए। यदि पत्र रजिस्टर्ड डाक से **रसीदी** (Acknowledgement due) के साथ भेजना हो तो रसीदी पर पत्र की संख्या और तारीख लिख देनी चाहिए ताकि रसीदी के वापस आने पर उसे सम्बन्धित अनुभाग में भेजा जा सके। जो भी पत्र डाक से भेजा जाए उसके लिफाफे पर कार्यालय के नाम की रबड़ की मोहर लगा देनी चाहिए, नहीं तो पत्र बैरंग भी हो सकता है और, या डाक अधिकारी छान-बीन के लिए पत्र की रोक भी सकता है क्योंकि कोई भी सार्वजनिक व्यक्ति राजकीय टिकिट को अपने निजी प्रयोग में नहीं ला सकता। इसीलिए लिफाफे पर कार्यालय की मुहर के साथ **भारत सरकार की सेवा के लिए** (On India Govt. Service) उपवाक्य या तो छपा हो या ऐसी मुहर लगी हो।

स्थानीय डाक का प्रेषण
(Despatch of Local Dak)

प्रेषक लिपिक नगर की उस सारी डाक को, जो हरकारे के हाथ भेजी जाएगी, एक रजिस्टर में चढ़ाएगा। इस रजिस्टर को **स्थानीय डाक प्रेषण** रजिस्टर

कहते हैं और इसका रूप निम्न प्रकार का होता है। प्रेषण रजिस्टर में पत्र आदि को चढ़ा लेने के बाद पत्र को नीचे दिये गये रूप की पियून-बुक में चढ़ाकर प्राप्ता के पास भेज देना चाहिए। प्राप्ता पत्र को प्राप्त करते समय पियून-बुक में अपने हस्ताक्षर भी कर देगा जो इस बात का सबूत होगा कि पत्र वास्तव में प्राप्ता तक पहुँच गया। पियून जब पियून-बुक को लाकर लिपिक को दे तो लिपिक को चाहिए कि वह यह अच्छी तरह देख ले कि उस पर प्राप्त के हस्ताक्षर हैं या नहीं। पियून बुक द्वारा आवश्यक पत्रों को भेजते समय उनके आगे प्रेषण समय भी लिख देना चाहिए। प्राप्ता को इस प्रकार के पत्र प्राप्त करते समय हस्ताक्षरों के साथ समय अंकित कर देना चाहिए।

स्थानीय डाक का प्रेषण रजिस्टर

क्रम संख्या	पत्र संख्या	प्राप्ता का नाम/पद संज्ञा और पता

पियून बुक

तारीख	प्राप्ता का नाम पद-संज्ञा तथा पता	पत्र का विषय या पत्र संख्या	पियून का नाम	प्राप्ता के हस्ताक्षर

□□□

11

सूचीकरण तथा अभिलेखन

INDEXING AND RECORDING

(क) सूचीकरण
(INDEXING)

सूचीकरण वह तालिका है जिसके द्वारा फाइल मे रखे गये कागज-पत्रों की स्थिति का तुरन्त और सुविधा के साथ ज्ञान हो सके तथा जरूरत पड़ने पर कागज-पत्रों को आसानी से निकाला जा सके और उन पर उचित कार्रवाई की जा सके।

सूचीकरण तैयार करने की दो विधियाँ हैं। पहली विधि के अनुसार सूचीकरण को फाइल के साथ ही रखा जाता है जबकि दूसरी विधि के अनुसार सूचीकरण को फाइल से एकदम अलग रखा जाता है।

सूचक-पर्ची का गठन
(Constituents of an Index-Slip)

किसी भी सूचक-पर्ची से दो बातों का ज्ञान होता है। प्रथम—शीर्षक और द्वितीय—फाइल-संख्या। इन दोनों बातों का तुरन्त निम्न प्रकार से बोध हो जाता है।

1. शीर्षक (Title)—शीर्षक में फाइल का विषय छिपा रहता है। फाइल का विषय जहाँ तक हो, छोटा हो और अपने में पूर्ण हो। ऐसा पूर्ण, जैसा कि अखबारों के मोटे-मोटे शीर्षकों को पढ़ लेने के बाद सारे अखबार को पढ़ने की जरूरत नहीं होती। फाइल के विषय में उसका मूल शीर्षक, उप-शीर्षक और विषय-सूची तीनों बातों का समावेश रहता है और तीनों बातों का अपना-अपना बड़ा ही महत्त्व है। इन तीनों तथ्यों को नीचे और स्पष्ट किया जा रहा है। यथा—

(क) मूल शीर्षक (Heading)—जहाँ तक हो, मूल शीर्षक छोटा हो, पर इतना छोटा भी नहीं कि उससे कोई अर्थ ही न निकले। इसलिए मूल शीर्षक स्वत:

पूर्ण और छोटा हो। अनावश्यक शब्द भी न छूटें और फालतू शब्दों को उसमें भरा न गया हो।

(ख) उप-शीर्षक (Sub-Heading)—मूल शीर्षक की सहायता के लिए या उसे स्पष्ट करने के लिए उप-शीर्षकों की सहायता ली जाती है। उप-शीर्षक तैयार करते समय इस बात का ध्यान रखना चाहिए कि वे विषयानुसार छोटे हों, पर ऐसे हो जिससे एक ही झलक में विषय पर पूरी रोशनी पड़ सके।

(ग) विषय-सूची (Contents)—यथा शक्ति विषय-सूची भी संक्षिप्त ही होनी चाहिए और वे सब विशेषताएँ उसमें पाई जानी चाहिए जिनके बारे में मूल शीर्षक और उप-शीर्षक के अन्तर्गत स्पष्ट कर आये हैं।

2. फाइल संख्या (File Number)—सूचीकरण में फाइल संख्या का निर्देश होना चाहिए। अगर फाइल संख्या नहीं दी गई है तो पूर्व सन्दर्भ देने या ढूँढने में या फाइल की खोज करने में बड़ी कठिनाई होगी। इस मुसीबत से बचने के लिए फाइल संख्या अवश्य लिखी जानी चाहिए। फाइल-संख्या तैयार करते समय उन सारी बातों को ध्यान में रखना चाहिए जिनका वर्णन अध्याय पन्द्रह में फाइल-पद्धति के नई फाइल खोलना उप शीर्षक के अन्तर्गत किया गया है।

सूचक-पर्ची तैयार करना
(Preparation of Index-Slip)

जब कभी नई फाइल खोलने की आवश्यकता पड़े तो सहायक को चाहिए कि वह अनुभाग अधिकारी की इस बारे में स्वीकृति अवश्य प्राप्त कर ले तभी नये शीर्षक तैयार करे। नये शीर्षक को फाइल पर लिखने के बाद फाइल सम्बद्ध लिपिक को सौंप देनी चाहिए। सम्बद्ध लिपिक फाइल के शीर्षक और उप-शीर्षकों के अनुसार प्रत्येक की दो-दो प्रतियाँ टाइप करेगा।

सूचक पर्ची तैयार करते समय सबसे ऊपर मल शीर्षक फिर उसके नीचे उप-शीर्षक टाइप करना चाहिए और संख्या इन दोनों के बाद। टाइप करने के बाद सभी सूचक-पर्चियों को **वर्णमाला के अनुसार** (alphabetically) रखना चाहिए। टाइप की गई दो प्रतियों में से एक चालू वर्ष में अनुभाग में काम आती रहेगी जबकि दूसरी प्रति पर उस समय कार्य किया जाएगा जबकि वार्षिक सूचक-पर्ची बनाई जाएगी। दूसरी सूचक-पर्ची को संकलनकर्त्ता (compiler) को सौंप देनी चाहिए। यह सूचक पर्ची वर्ष के अन्त में काम में लाई जाएगी।

(ख) अभिलेखन
(RECORDING)

जब किसी प्राप्ति पर सभी प्रकार की कार्रवाई समाप्त हो जाती है और उसका उपयोग बेकार माना जाने लगता है तो फाइल को अभिलेख-कक्ष में भेज दिया जाता है। अभिलेख-कक्ष में फाइल को भेजने से पहले उस पर **क, ख, ग** जैसे संकेत लिख दिये जाते हैं। इस प्रकार के संकेत लिखने का उद्देश्य यह होता है कि कौन फाइल कितने महत्त्व की है और कितने वर्षों तक अभिलेख कक्ष मे सुरक्षित रखी जाएगी।

यथा—

क वर्ग की फाइलों का उद्देश्य होता है कि उसका मुद्रण होना है। **क** वर्ग के अन्तर्गत वे फाइलें आती हैं जो प्रश्नावली से सम्बन्धित हों। साधारण और सामान्य नियम का जिनमें समावेश हो। इस तरह की पंजी को अभिलेख-कक्ष में भेजने से पहले उस पर शाखा-अधिकारी की स्वीकृति ले लेना बहुत जरूरी है।

ख वर्ग की फाइलों से तात्पर्य है कि ऐसी फाइलें मुद्रण के लिए नहीं भेजी जाएँगी। इस प्रकार की फाइलों में भी वैसे तो आदेश-अनदेश निहित रहते हैं पर इनकी आवश्यकता कभी-कभी ही और कम पड़ती है।

ग वर्ग की फाइलों से तात्पर्य है कि एक निश्चित समय के बाद उनको नष्ट कर दिया जाएगा। इन फाइलों का विषय विशेष महत्त्व का नहीं होता। अत: कुछ समय के बाद ऐसी फाइलों को जला देना ही आवश्यक होता है।

अत: निम्न फाइलों और रजिस्टरों को उनके सामने लिखी समयावधि के बाद नष्ट कर दिया जाता है—

अनुभाग दैनिकी	8 वर्ष बाद
फाइल रजिस्टर	8 वर्ष बाद
आवती रजिस्टर (केन्द्रीय रजिस्ट्री अनुभाग की)	2 वर्ष बाद
निर्गम रजिस्टर	2 वर्ष बाद
प्रेषण दैनिकी	1 वर्ष बाद
पियून बुक	1 वर्ष बाद
आवती रजिस्टर	3 वर्ष बाद
बीजक	1 वर्ष बाद

अन्तरानुभागीय फाइल संचलन रजिस्टर	1 वर्ष बाद
सहायक दैनिकी	1 वर्ष बाद
टाइपकार्य तालिका	1 वर्ष बाद
स्थानीय डाक प्रेषण रजिस्टर	3 वर्ष बाद
डाक टिकट लेखा रजिस्टर	3 वर्ष बाद
डाक प्रेषण रजिस्टर	3 वर्ष बाद
आशुलिपि संचलन दैनिकी	1 वर्ष बाद
नियन्त्रण चार्ट	1 वर्ष बाद
अनुस्मारक स्थगन दैनिकी	1 वर्ष बाद
संसद में दिए गए वचनों और आश्वासनों का रजिस्टर	1 वर्ष बाद

□□□

12

विलम्ब की रोकथानाम
CHECKS ON DELAYS

(क) बकाया विवरण
(ARREAR STATEMENTS)

पहले कभी-कभी पत्र-व्यवहार का अन्तिम निस्तारण करने में अत्यधिक समय लग जाया करता था जिसके कारण कार्यालयों का कार्य अनावश्यक रूप से बहुत बढ़ जाता था परन्तु अब इधर कुछ वर्षों से पत्र-व्यवहार के अन्तिम निस्तारण में होने वाले इस तरह के विलम्ब पर किसी हद तक काबू पा लिया गया है। इस परिस्थिति का सामना करने के लिए अब साप्ताहिक, मासिक, त्रैमासिक तथा कालावधि विवरण तैयार किये जाते हैं और देखा जाता है कि विलम्ब क्यों और कहाँ हो रहा है ?

साप्ताहिक बकाया विवरण
(Weekly Arrear Statement)

सहायक एक सप्ताह में प्राप्त सारी प्राप्तियों का एक विवरण तैयार करता है। इसी को साप्ताहिक बकाया विवरण कहते हैं। इस विवरण में यह स्पष्ट किया जाता है कि एक सप्ताह में कुल कितनी आवतियाँ प्राप्त हुईं और उनमें से कितनी आवतियों का अन्तिम रूप से निस्तारण किया गया। इस प्रकार इस विवरण से यह पता लग जाता है कि सहायकों या अधिकारियों ने एक सप्ताह में कितना काम निपटाया।

य विवरण सप्ताह के अन्तिम कार्य-दिवस पर तैयार किया जाता है। विवरण में बताया जाता है कि पहले तीन दिन में और बाकी चार दिन मे और फिर सात दिन के बाद कितने मामलों का अन्तिम निस्तारण किया गया। ऐसे मामलों का

जिनके निस्तारण में सात दिन से अधिक समय लगता है, पूरा–पूरा विवरण दिया जाता है। अनुभाग अधिकारी के पास जब यह साप्ताहिक विवरण पहुँचता है तो वह इस विवरण में ऐसे मामलों के बारे में लिख देता है जिन पर वह स्वयं कार्रवाई कर सकता है। इसके उपरान्त जब विवरण उच्च अधिकारियों के पास अवलोकनार्थ पहुँचता है तो वह उच्च अधिकारी रुके हुए उन मामलों पर कार्रवाई करने के लिए उचित आदेश अनुदेश दे देता है।

इस प्रपत्र के पहले तीनों कोष्ठों को पूरा करने के लिए दैनिकी लिपिक कार्रवाई करता है। कार्रवाई कर चुकने पर दैनिकी लिपिक इस विवरण को सभी सहायकों को दिखाता है और सहायक अपनी दैनिकी की सहायता से चार से दस तक के कोष्ठों की पूर्ति करता रहता है। यथा—

साप्ताहिक बकाया विवरण का प्रपत्र (प्रोफॉर्मा)

.... अनुभाग सप्ताहान्त की तारीख..............

क्रम संख्या	सम्बन्धित सहायक का नाम	मामलों/आवतियों की संख्या जिन पर कार्रवाई हो रही है							सहायक के हस्ताक्षर
		गत सप्ताह की प्राप्तियाँ	सप्ताह में प्राप्त नई आवतियों की संख्या	चालू सप्ताह में निस्तारित आवतियों की संख्या	तीन दिन तक	4 से 7 दिन तक	सात दिन से अधिक	योग	
योग									तारीख ....

1. निलम्बित पत्र उस तारीख से माने जाऐंगे जिस दिन सहायक ने उन्हें प्राप्त किया है।

2. सात दिन से अधिक के मामलों/आवतियों का विवरण नीचे दिये गये प्रपत्रक पर तैयार किया जाएगा।

अनुभाग अधिकारी के हस्ताक्षर.................

.... को सप्ताह से अधिक समय तक

निलम्बित मामलों/आवतियों का विवरण

सहायक का नाम	दैनिकी संख्या या फाइल संख्या	किस तारीख से निलम्बित है	विषय	निलम्बितअनुभाग और रहने के विभाग अधि कारण कार्यियों की टिप्पणी

तारीख..............   अनुभाग अधिकारी के हस्ताक्षर ....

मासिक बकाया विवरण

(Monthly Arrear Statement)

इस विवरण से अधिकारियों को इस बात का पता चल जाता है कि कौन मामला एक मास से कहाँ और क्यों निलम्बित पड़ा हुआ है। यह विवरण सहायक द्वारा निश्चित समय पर ही तैयार किया जाता है। सभी मामलों को ऐसे क्रम से रखा जाता है कि सबसे पुराना मामला सबसे ऊपर रहे। इस तरह तारीखवार मामलों को लगाया जाता है।

मासिक बकाया विवरण

(एक मास से अधिक समय तक निलम्बित मामलों के लिए)

.... अनुभाग   .... मास

क्रमसंख्या	फाइल संख्या या दैनिकी संख्या	विचाराधीन नई आवती की तारीख या मामले के प्रारम्भ की तारीख	सूक्ष्म विषय	कब से और किसके पास लम्बित है?	कैफियत

मासिक बकाया विवरण को सह-सचिव तक विधिवत् प्रस्तुत किया जाता है। सभी अधिकारी अपने-अपने सुझाव विधिवत देते रहते हैं और इस बात पर भी ध्यान रखा जाता है कि मामले के इतने दिनों तक निलम्बित रहने के क्या कारण हैं या थे? ऐसे बहुत-से मामलों की सूचना मन्त्री तक पहुँचायी जाती है और जब मामले वापस प्राप्त होते हैं तो सभी मामलों को **संगठन तथा पद्धति-विभाग** (Organisation and Method Deptt.) को अवलोकनार्थ भेज दिया जाता है।

मासिक बकाया विवरण का सारांश उस विभाग के संगठन तथा पद्धति-अनुभाग को हर मास की दस तारीख तक अवश्य ही भेज दिया जाता है इस बात को ध्यान में रखते हुए कि मासिक बकाया विवरण दस तारीख तक पहुँच जाए। अतः सहायक मास की तीन तारीख तक उसे तैयार करके अपने अधिकारी को सौंप देता है।

कभी-कभी कुछ कार्यालय निलम्बित फाइलों पर दृष्टि रखने के लिए **एकान्तर मासिक बकाया विवरण** को प्रयोग में लाते हैं। जब इस एकान्तर मासिक बकाया विवरण को प्रयुक्त किया जाए तो यह ध्यान में रखना चाहिए कि पूरा पत्रक एक ही फाइल या मामले के लिए प्रयोग में लाया जाए। इस तरह सभी पत्रकों को तैयार करने के बाद तारीखवार लगाते रहना चाहिए। इस तरह पुराना पत्रक सबसे ऊपर आ जाएगा। जब किसी एक फाइल का काम पूरा हो जाए और उसकी सभी प्राप्तियों का निस्तारण हो चुके तो पत्रक को लाल रोशनाई से काट देना चाहिए। पत्रक को लाल रोशनाई से काट देने के बाद उस पत्रक को अलग कर लेना चाहिए।

एकान्तर मासिक बकाया विवरण

(एक मास से अधिक समय तक निलम्बित फाइलों के लिए)

.... अनुभाग

फाइल	दैनिकी संख्या	प्राप्त की तारीख
विषय :-		

तारीख	कब से किसके पास है?	विलम्ब होने का कारण	शाखा	उच्चतर अधिकारी की टिप्पणी

त्रैमासिक बकाया विवरण
(Quarterly Arrear Statement)

हर तीन मास के बाद यानि मार्च, जून, सितम्बरऔर दिसम्बर के अन्त में तीन मास तक किये गये कार्य का **संख्यात्मक सार** (Numerical Abstract) तैयार किया जाता है और बकाया मामलों का भी विवरण तैयार किया जाता है। इस विवरण को सचिव के सामने अवलोकनार्थ प्रस्तुत किया जाता है। सचिव के पास से वापस आने पर चौथे महीने की पन्द्रह तारीख तक उसकी प्रति संगठन तथा पद्धति विभाग को भेज दी जाती है।

कालावधि विवरणी रजिस्टर
(Register of Periodical Returns)

कालावधि विवरणी तैयार करने के लिए हर अनुभाग में एक रजिस्टर रहता है, जिसमें इन **विवरणियों** (Returns) को प्राप्त किया जाता है और निर्माण-कार्य किया जाता है तथा प्रेषण-कार्य की जानकारी रखी जाती है। इस रजिस्टर के दो भाग होते हैं। पहले भाग में इन विवरणियों को प्राप्त करने की व्यवस्था रहती है और दूसरे भाग में उनके प्रेषण की व्यवस्था। इस रजिस्टर की, जिसकी रूपरेखा नीचे दी जा रही है, वार्षिक जाँच होती रहनी चाहिए और आवश्यकतानुसार इसमें परिवर्तन करते रहना चाहिए।

कालावधि विवरणी रजिस्टर

क्रम संख्या	कालावधि विवरणी, रिपोर्ट, सारांश आदि का वर्णन	विवरणी की कालावधि -यानी सप्ताहिक, मासिक, त्रैमासिक, वार्षिक आदि	प्रेषण का नियत तारीख	फाइल संख्या का हवाला	की गई कार्रवाई
1	2	3	4	5	6

अनुभाग अफसर सप्ताह के प्रथम कार्य-दिवस पर ही इस रजिस्टर का अवलोकन करता है और इसके अनुसार तुरन्त ही कार्रवाई शुरू कर देता है। इसके बाद रजिस्टर शाखा-अधिकारी के सामने पेश किया जाता है। एक मास समाप्त होने पर ही कोष्ठक छह की पूर्ति की जानी चाहिए। प्रत्येक अनुभाग में कालावधि विवरणियों की निम्न रूप में एक सूची रहनी चाहिए जो यथा स्थान टाँग कर रखी जानी चाहिए।

कालावधि विवरणियों और रिपोर्टों की सूची

क्रम संख्या	समीक्षा, विवरण या जो कार्रवाई की गई उसका वर्णन	विवरण या समीक्षा की कालावधि	कैफियत—अगर सम्भव हो

दैनिकी लेखक निम्न संख्यात्मक विवरण पर ऐसे मामलों का एक **संख्यात्मक सार** (Numerical statement) तैयार करता है जो एक मास से अधिक समय तक निलम्बित रहे हैं और फिर उस विवरण को अनुभाग अधिकारी के पास अवलोकनार्थ प्रस्तुत करता है जो संख्यात्मक सार का अच्छी तरह निरीक्षण करके उसे मन्त्रालय के संगठन तथा पद्धति-विभाग को प्रस्तुत कर देता है। संगठन तथा पद्धति-विभाग सभी विभागों से प्राप्त सारों की अच्छी प्रकार जाँच करता है और मास की पन्द्रह तारीख तक उसके आधार पर तैयार किया गया **संचित विवरण** (Consolidated statement) की एक प्रति केन्द्रीय संगठन तथा पद्धति-विभाग को उचित कार्रवाई के लिए भेजा देता है।

संख्यात्मक सार

(एक मास से अधिक समय तक निलम्बित मामलों की संख्या बताने के लिए)

.... अनुभाग **...................... दिनांक**

निस्तारणार्थ निलम्बित मामलों की संख्या

1 से 3 मास की अवधि में	3 से 6 मास की अवधि में	6 मास से 1 वर्ष तक की अवधि में	1 वर्ष से 2 वर्ष के मध्य काल में	2 वर्ष से अधिक अवधि में	योग	कैफियत

संचित विवरण

मन्त्रालय/कार्यालय........................

(..................... को एक मास से अधिक समय तक

निलम्बित मामलों की संख्या भेजने के लिए)

क्रम संख्या	अनुभाग का नाम	.... को एक मास से अधिक समय तक निलम्बित मामलों की संख्या						
		1 से 3 मास तक	3 से 6 मास तक	6 मास से 1 वर्ष तक	1 वर्ष से 2 वर्ष तक	2 वर्ष से ऊपर	योग	कैफियत

(ख) निपटान कार्य

(WORK OF DISPOSAL)

किसी पत्र के निपटान में कितना समय लगा है, इसकी जानकारी रखना बड़े महत्त्व की बात है, जिससे कार्यालय की कार्य-विधि में किसी प्रकार का भी दोष उत्पन्न न हो सके। इस प्रकार भावी कार्यक्रम तैयार करने में बड़ी सहायता मिलती है और उसके विकास-कार्य का दूसरे एकांश के कार्य के विकास-कार्य के साथ तुलनात्मक अध्ययन साथ-साथ होता रहता है।

किसी विशेष प्रकार की प्राप्ति के निपटाने में कितना समय लगा है, यह देखने के लिए अनुभाग में प्राप्त सभी प्रकार की आवतियों को प्राथमिक और गौण—दो भागों में बाँट लिया जाता है और प्राथमिक आवतियों पर **प्रा** शब्द लिख दिया जाता है जबकि गौण प्राप्तियों पर **गौ** शब्द लिखा जाता है।

प्राथमिक प्राप्तियों पर नए सिरे से कार्रवाई आरम्भ की जाती है, जबकि गौण प्राप्तियों पर एक दम नई कार्रवाई शुरू नहीं की जाती क्योंकि गौण प्राप्तियाँ उस सीढ़ी को पार कर चुकी होती हैं। इस प्रकार की आवतियों पर जो कार्रवाई की जाती है वह केवल इसलिए कि कार्यालय पर अनावश्यक कार्य-भार न बढ़े। गौण प्राप्तियों पर अन्य मन्त्रालयों और दूसरी राज्य सरकारों से विचार विमर्श और सलाह-मशविरा किया जाता है। गौण प्राप्तियों का निपटान करने के लिए समय की कोई पाबंदी नहीं रहती जबकि प्राथमिक प्राप्तियों पर उनको प्राप्त करने की तारीख से उनके अन्तिम निस्तारण तक जो समय लगता है उस पर अवश्य ही ध्यान दिया जाता है।

(ग) नियन्त्रण चार्ट

(CONTROL CHART)

जब अनुभाग में दैनिकी में प्राप्तियों को चढ़ाया जाता है तो दैनिकी लेखक दैनिकी में प्राप्तियों पर अंकित **प्रा** और **गौ** शब्द लिखता जाता है। साथ ही साथ गतिविधि को स्पष्ट करने के लिए नियन्त्रण चार्ट की भी कोष्ठपूर्ति करता रहता है। नियन्त्रण पट को भरते समय निम्न बातों पर ध्यान रखना चाहिए—

दैनिकी लेखक कोष्ठक दो में प्रार्थमिक प्राप्तियों की क्रम संख्या लिखेगा। इस प्रकार की इन्दराज करते समय प्रतिदिन उचित दिनांक के सामने लिखना चाहिए। उन प्राथमिक प्राप्तियों को सावधानी से नियन्त्रण-पट पर अंकित करते रहना चाहिए, जो प्राप्त करने की तारीख के बाद **एक, दो, तीन और चार** सप्ताहों में पूरी तरह से निस्तारित कर दी जाती हैं। इन निस्तारित प्राप्तियों के आगे /, //, ///, //// इस प्रकार की तिरछी रेखाएँ सप्ताह के अनुसार खींचते रहना चाहिए। ऐसी प्राप्तियाँ, जिनका चार सप्ताह के बाद निपटान हुआ हो, को सीधी रेखा द्वारा काट देना चाहिए। नियन्त्रण-चार्ट निम्न रूप-रेखा वाले प्रोफॉर्मा (प्रपत्र) पर तैयार किया जाता है।

प्राथमिक प्राप्तियों के निस्तारणार्थ नियन्त्रण-पट (चार्ट)

.... अनुभाग .... मास

तारीख	प्राथमिक प्राप्तियों की दैनिकी संख्या, विशेष आवश्यक प्राप्तियों के साथ आवश्यक शब्द लिख देना चाहिए									कैफियत

नियन्त्रण-पट सार

(Abstract of Control Chart)

मास के अन्त में लिपिक को चाहिए कि वह उत्तर दिये गये या उत्तर न दिये गये पत्रों अथवा प्राप्तियों का ब्यौरा पृथक्-पृथक् तैयार करता रहे और अन्त में निर्धारित फार्म पर, जिसकी रूपरेखा नीचे दी जा रही है, पर सार तैयार करना चाहिए। यह सार नियन्त्रण-पत्र सार कहलाता है। इस सार की दो प्रतियाँ तैयार की जानी चाहिए। सार तैयार करने के बाद उन कोष्ठों को नीली पेंसिल से काट देना चाहिए जिनका उत्तर भेजा जा चुका है। अनुभाग अधिकारी का कर्त्तव्य है कि वह सार की जाँच करे और बाद में एक प्रति मन्त्रालय को मास की पाँचवीं तारीख तक भेज दी जानी चाहिए।

नियन्त्रण-पट सार

.... अनुभाग .... मास

प्राथमिक प्राप्तियों की संख्या जिस का उत्तर देना है			प्राथमिक प्राप्तियों की संख्या जिनका उत्तर दिया जा चुका है						ऐसी प्राप्तियों की संख्या जिन का उत्तर नहीं दिया गया			
गत मास का शेष कार्य	चालू मास कार्य	योग	प्रथम सप्ताह में	प्रथम और दूसरे सप्ताह के मध्य काल में	दूसरे और तीसरे सप्ताह के मध्य काल में	तीसरे और चौथे सप्ताह के मध्य काल में	चार सप्ताह के बाद	योग	विशेष आवश्यक	आवश्यक	योग	कैफियत

❑❑❑

13

देवनागरी लिपि

(क) लिपि

मानव अपने भावों को मौखिक अथवा लिखित दो प्रकार से प्रकट कर सकता है। मौखिक अथवा सांकेतिक भावाभिव्यक्ति को **मौखिक ध्वनि अथवा छैनी विधि** कहते हैं तो लिखित अथवा ब्रुश द्वारा भावाभिव्यक्ति को **लेखन विधि** कहा जाता है। लिखित भाषा दूसरे अर्थों में मौखिक भाषा का ही शुद्ध एवं परिष्कृत रूप है क्योंकि लिखित भाषा का अपना एक क्रमबद्ध एवं स्थाई प्रभाव रहता है जबकि मौखिक भाषा से मानव मुकर भी सकता है जैसा कि प्राय: होता है। लिखित भाषा से न कोई मुकर सकता है और न कोई अपनी बात को अस्वीकार ही कर सकता है।

चित्र-लिपि

जहाँ मानव वातावरण का दास है वहीं वह नकलची एवं अनुकरण प्रिय भी है। वातावरण की दासता एवं अनुकरण प्रियता की भावना ने ही कालान्तर में लिपि को स्थाई रूप दिया। सभ्यता के आरम्भ में प्रागैतिहासिक मानव ने जो कुछ देखा होगा उसकी भावाभिव्यक्ति सर्वप्रथम चित्रों द्वारा ही सम्भव हो सकी होगी और एकभाव के लिए एक चित्र अथवा संकेत गढ़ लिया होगा।

अत: सर्वप्रथम चित्र लिपि का विकास हुआ। यही चित्र लिपि मानव के भावों को व्यक्त करने का प्रथम प्रयास है। चित्र लिपि के चिह्न अब भी मोहनजोदड़ो तथा हड़प्पा नगरों की खुदाई में उपलब्ध हुए हैं किन्तु कालान्तर में मानव के विकास के साथ-साथ चित्र लिपि से प्रत्येक भाव को व्यक्त करना सम्भव न हो सका। जैसे ही प्रागैतिहासिक मानव ने समाज में सभ्य मानव का स्थान पाया तो उसने अपने भावों को ठीक-ठीक व्यक्त करने की आवश्यकता के महत्त्व को समझा। इसी आवश्यकता

की पूर्ति के लिए शनैः-शनै उसने चित्रों एवं संकेतों के स्थान पर ध्वनियों को खोजना आरम्भ किया और कालान्तर में एक-एक चित्र अथवा एक संकेत के लिए एक-एक ध्वनि अपनाकर चित्रों को लिपि का रूप दिया। तत्पश्चात् एक चित्र के लिए एक अक्षर गढ़ा गया। इस प्रकार मानव द्वारा प्रयुक्त चित्र-लिपि **आक्षरिक लिपि** बन गयी। आक्षरिक लिपिके विकास के उपरान्त भी चित्र लिपि का लोप नहीं हुआ। समाचार-पत्रों में, पुस्तकों में, मूर्तियों एवं विभिन्न प्रकार के शिल्पों के चित्रों में चित्र लिपि आज तक जीवित एवं सुरक्षित है। लिखित लिपिको अधिक प्रभावशाली बनाने के लिए आज भी लिखावट के साथ-साथ चित्र-लिपि प्रयुक्त की जाती है। भावों को व्यक्त करने के लिए आक्षरिक लिपि का विकास हो जाने पर भी चित्र-लिपि का आज भी उतना ही महत्त्व एवं आवश्यकता है जितनी कि प्रागैतिहासिक काल में उसकी आवश्यकता थी।

(ख) आक्षरिक लिपि

मैक्समूलर के मतानुसार ईसा पूर्व चौथी शताब्दी के उपरान्त भारत में लिपि का प्रचार हुआ किन्तु वास्तविकता ऐसी नहीं है क्योंकि तीसरी शताब्दी ईसा पूर्व के अशोक सम्राट के शिला-लेख मिलते हैं। ये शिला-लेख **खोष्ठी और ब्राह्मी लिपियों** में उपलब्ध है किन्तु खोष्ठ और ब्राह्मी लिपियों का चलन एकदम नहीं हुआ होगा। उन लिपियों का विकास और उनको लिपिबद्ध करने की प्रथा इससे पूर्व रही होगी। लिपि के प्राचीनतम प्रमाण ईसा पूर्व पांचवीं शताब्दी के भी उपलध हुए हैं। इनकी लिपि ब्राह्मी थी। ब्राह्मी लिपि (ब्राह्मणों की लिपि बाईं ओर से दाईं ओर को लिखी जाती है जबकि खोष्ठी लिपि दाईं ओर से बाईं ओर को लिखी जाती है। सन् 350 ई. के उपरान्त ब्राह्मी लिपि उत्तरी ब्राह्मी लिपि और दक्षिणी ब्राह्मी लिपि दो अलग-अलग शैलियों में लिखी जाने लगी थी। उत्तर ब्राह्मी लिपि का प्रचार उत्तर भारत मे हुआ तो दक्षिणी ब्राह्मी लिपि दक्षिण भारत में उपयोग में लाई जाने लगी थी।

उत्तरी ब्राह्मी लिपि का आगे चलकर **गुप्त लिपि और कुटिल लिपि** के रूप में विकास हुआ। कुटिल लिपि ने भी कालान्तर में दो राहें अपना ली। कुटिल लिपि में चिह्न टेढ़े-मेढ़े हुआ करते थे जिनका अध्ययन कठिन होता था। इसी कारण से इस लिपि को कुटिललिपि कहा जाने लगा। कुटिल लिपि से ही देवनागरी और शारदा लिपियों का उदय हुआ। शारदालिपि में कश्मीरी भाषा लिखी जाती है। इन सभी लिपियों का नामकरण निम्न रूप में हुआ। यथा

ब्राह्मी लिपि—आरम्भ में ब्राह्मणों द्वारा प्रयुक्त किये जाने के कारण ही यह लिपि ब्राह्मी लिपि के नाम से सम्बोधित की जाने लगी।

(क) **गुप्त लिपि**—गुप्त वंश के शासन काल में जो लिपि प्रचलित थी उसी को गुप्त लिपि के नाम से जाना जाता था।

(ख) **कुटिल लिपि**—जिस लिपि में अक्षर टेढ़े-मेढ़े लिखे जाते थे उसलिपि को कुटिल लिपि का नाम दिया गया।

ब्राह्मी लिपि से देवनागरी लिपि का विकास

ब्राह्मी लिपि > देवनागरी लिपि

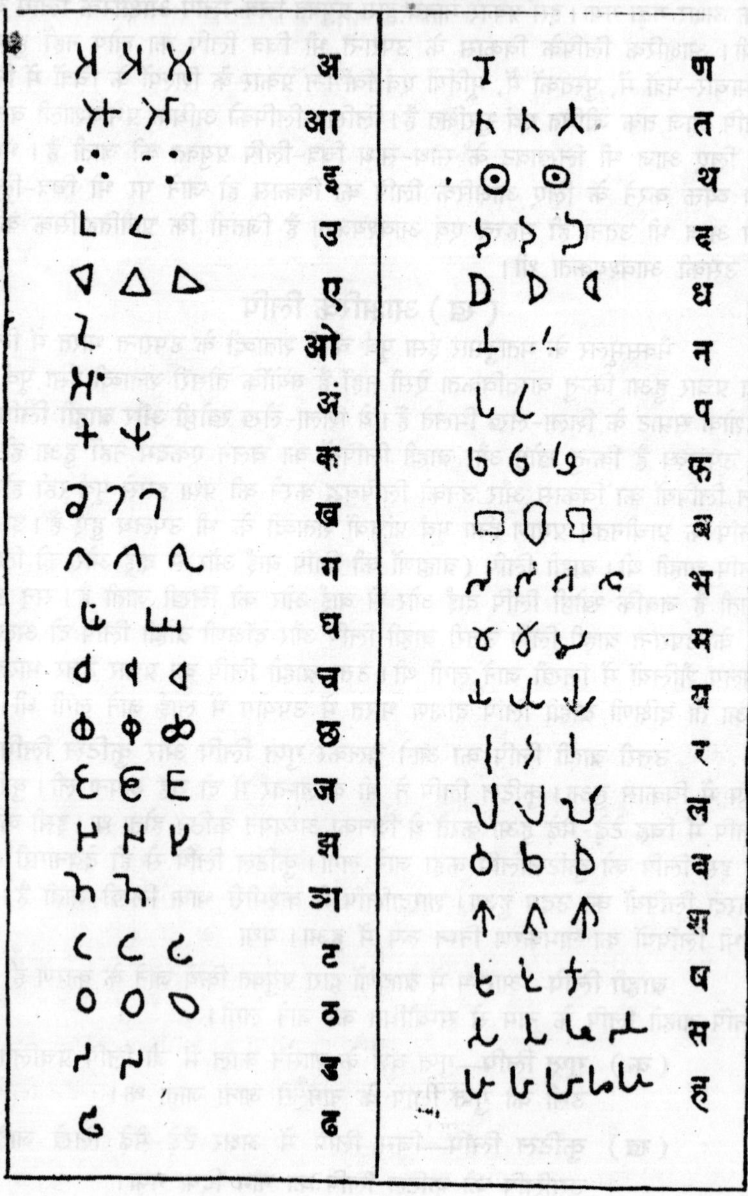

लिपियों का क्रमिक विकास

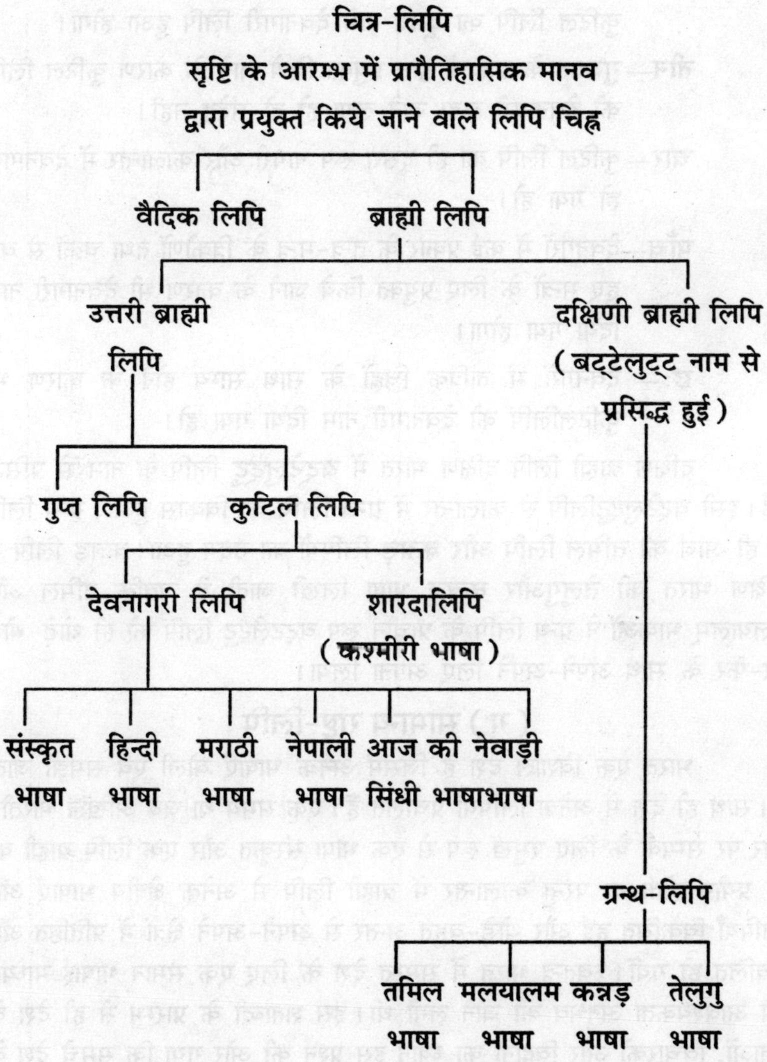

(ग) शारदा लिपि—कश्मीर में पूजनीयदेवी शारदा के नाम पर इस लिपि का नामकरण हुआ।

(घ) देवनागरी लिपि—इस लिपि के नामकरण के अनेक कारण हैं। यथा

एक— उन दिनों देश में नगर नाम की राजधानी थी। अतः उस नगर में बोली जाने के कारण ही इस लिपि का देवनागरी नाम पड़ा होगा।

दो— देवभाषा संस्कृत की लिपि चूँकि देवनागरी ही थी इसलिए भी कुटिल लिपि का दूसरा नाम देवनागरी लिपि हुआ होगा।

तीन— गुजरात के ब्राह्मणों द्वारा प्रयुक्त किये जाने के कारण कुटिल लिपि को देवनागरी कहा जाने लगा हो तो संदेह नहीं।

चार— कुटिल लिपि का ही दूसरा रूप नागरी और कालान्तर में देवनागरी हो गया हो।

पाँच—देवनगरों में कई प्रकार के तन्त्र-मन्त्र के त्रिकोणों तथा चक्रों से बने हुए मन्त्रों के लिए प्रयुक्त किये जाने के कारण भी देवनागरी नाम दिया गया होगा।

छः— देवनगरों में तांत्रिक चिह्नों के साथ साम्य होने के कारण भी कुटिललिपि को देवनागरी नाम दिया गया हो।

दक्षिण ब्राह्मी लिपि दक्षिण भारत में **बट्टेलुट्टु** लिपि के नाम से प्रसिद्ध हुई। इसी बट्टेलुट्टुलिपि से कालान्तर में **ग्रन्थ लिपि** का विकास हुआ। ग्रन्थ लिपि से ही आज की **तमिल लिपि और कन्नड़** लिपियों का उदय हुआ। कन्नड़ लिपि में दक्षिण भारत की **तेलुगुऔर कन्नड़** भाषा लिखी जाती है जबकि तमिल और मलयालम् भाषाओं ने ग्रन्थ लिपि के प्राचीन रूप बट्टलेट्टु लिपि को ही थोड़े-थोड़े हेर-फेर के साथ अपने-अपने लिए अपना लिया।

(ग) सामान्य राष्ट्र-लिपि

भारत एक विशाल देश है जिसमें अनेक भाषाएँ बोली एवं समझी जाती है। साथ ही देश में अनेक लिपियाँ प्रचलित हैं। एक समय था जब अखिल भारतीय स्तर पर सम्पर्क के लिए प्रमुख रूप से एक भाषा संस्कृत और एक लिपि ब्राह्मी का ही प्रयोग होता था परन्तु कालान्तर में ब्राह्मी लिपि से अनेक क्षेत्रीय भाषाएँ और लिपियाँ विकसित हुईं और थोड़े-बहुत अन्तर से अपने-अपने क्षेत्रों में प्रतिष्ठित और प्रचलित हो गयीं। स्वतन्त्र भारत में समस्त देश के लिए एक समान भाषाई माध्यम की आवश्यकता अनुभव की जाने लगी थी। इस शताब्दी के प्रारम्भ से ही देश के नेताओं, विचारकों और विद्वानों का ध्यान इस प्रश्न की ओर गया कि समूचे देश के लिए एक भाषा और एक लिपि कौनसी हो सकती है और उसकी विशेषताएँ क्या होनी चाहिए।

सन् 1905 ई में **लोकमान्य बाल गंगाधर तिलक** ने समस्त भारतीय भाषाओं के लिए एक सामान्य लिपि के रूप में **देवनागरी** को अपनाने का प्रबल समर्थन किया था। सन् 1910 ई. में न्यायमूर्ति **श्री बी. कृष्णस्वामी अय्यर** ने समूचे भारत के लिए एक भाषा और एक लिपि की नितान्त आवश्यकता पर बल दिया था और इस बात का संकेत दिया था कि बहुप्रचलित और वैज्ञानिक होने के कारण सामान्य लिपि के रूप में **देवनागरी** को ही भली भाँति अपनाया जा सकता है। **महात्मा गाँधी** ने देवनागरी लिपि को समस्त भारत के लिए एक सामान्य लिपि के रूप में अपनाया। सन् 1937 ई. में महात्मा गाँधी ने स्पष्ट रूप से कहा था कि फारसी और रोमन लिपियों में न तो देवनागरी जैसी पूर्णता है और न ही देवनागरी के समान भारतीय भाषाओं की विभिन्न ध्वनियों को ही शुद्ध रूप से व्यक्त करने की क्षमता ही है। **नेहरू जी** का सुझाव था कि देवनागरी लिपि को समस्त भारतीय भाषाओं के लिए एक अतिरिक्त (Additional) दूसरी लिपि के रूप में स्वीकार किया जा सकता है। इसका सबसे बड़ा लाभ माना गया कि एक प्रदेश के लोग दूसरे प्रदेश की भाषा को अधिक सरलता से सीख सकेंगे क्योंकि वास्तविक कठिनाई भाषा की न होकर लिपि की है।

अगस्त, 1961 ई में राज्यों के मुख्य मन्त्रियों और केन्द्रीय मन्त्रियों ने सम्मेलन में एकमत होकर यह राय दी थी कि समस्त भारतीय भाषाओं के लिए एक सामान्य लिपि का होना वांछनीय ही नहीं, आवश्यक भी है क्योंकि ऐसी लिपि भारतीय भाषाओं के बीच एक सेतु का काम करेगी और उससे भावनात्मक एकता को बढ़ावा मिलेगा। विभिन्न भारतीय भाषाओं और साहित्य के मूर्धन्य विद्वानों ने यही राय दी है कि राष्ट्रीय एकता को बल प्रदान करने और विभिन्न भारतीय भाषाओं और साहित्यों को एक-दूसरे के निकट लाने के लिए एक सामान्य लिपि के रूप में देवनागरी को अपनाना वांछनीय ही नहीं आवश्यक भी है। परिणामतः गत साठ-सत्तर वर्षों से देश के लिए एक लिपि की आवश्यकता का अनुभव किया जाता रहा है और बहुमत देवनागरी के पक्ष में है।

आदर्श लिपि की विशेषताएँ

एक आदर्श लिपि में कौन-कौन से गुण होने चाहिए और देवनागरी में ऐसी कौनसी विशेषतायें हैं जो उसकी प्रतिद्वन्दिनी फारसी और रोमन लिपियों में नहीं है और जिनके कारण बहुमत देवनागरी लिपि को सामान्य लिपि के रूप में अपनाने की सिफारिश की गई है उनका उल्लेख यहाँ किया जा रहा है अर्थात् किसी भी भाषा की आदर्श लिपि वही हो सकती है जिसमें निम्नलिखित गुण हों—

(क) एक ध्वनि को व्यक्त करने के लिए केवल एक चिह्न हो।

(ख) एक चिह्न केवल एक ही ध्वनि का बोध कराता हो।

(ग) मात्रा और वर्ण-बोधक चिह्न इतने भिन्न हों कि किन्हीं दो चिह्नों के स्वरूप में परस्पर कोई भ्रम या संशय न रहे, और

(घ) चिह्न सुन्दर और कलात्मक होने के साथ-साथ आधुनिक लेखन और मुद्रण के यान्त्रिक साधनों, जैसे टाइपराइटर टेलीप्रिंटर, मुद्रण यन्त्र आदि के लिए सरलता से अपनाये जा सकें।

इतना ही नहीं, जिस देश में अनेक लिपियाँ प्रचलित हों उसऐसे देश के लिए अपनायी जाने वाली सामान्य लिपि में निम्नलिखित विशेषताएँ भी होनी चाहिए। यथा

(एक) देश की अधिकांश जनता उस लिपि से परिचित हो।

(दो) देश की अन्य लिपियों से उस लिपि का घनिष्ठ सम्बन्ध हो।

(तीन) उस लिपि के वर्णों का स्वरूप अन्य लिपियों के वर्णों के स्वरूप से मेल खाता हो।

(चार) उस लिपि की वर्णमाला अन्य लिपियों के अनुरूप हो।

(पाँच) ऐसी लिपि की परम्परागत प्रतिष्ठा हो। वह क्षेत्र की अपनी लिपि रही हो। जनता का उस लिपि से भावनात्मक लगाव रहा हो और उसे अपनाने में जन साधारण को आत्मगौरव का अनुभव हो।

मुगलकाल में और उसके बाद काफी समय तक फारसी और उर्दू देश के अनेक भागों में राजकाज और अभिजात वर्ग की भाषाएँ रही हैं तथापि समचे देश में एक सामान्य लिपि के रूप में अपनाये जाने के लिए किसी लिपि में जो गुण और विशेषताएँ होनी चाहिए वे फारसी लिपि में अपेक्षाकृत कम हैं। फलतः सामान्य लिपि के रूप में फारसी लिपि को अपनाने के लिए जो समर्थन पहले मिला था वह क्रमशः हटता गया और स्वतन्त्रता प्राप्ति के बाद लुप्त प्रायः हो गया।

भारत में अंग्रेजी शासन के साथ-साथ अंग्रेजी भाषा और रोमन लिपि का प्रचलन आरम्भ हुआ था और आधुनिक शिक्षा के प्रचार-प्रसार के साथ इनका प्रचार भी होता गया। आज भारत का अधिकांश शिक्षित वर्ग रोमन लिपि से परिचित है जो अंग्रेजी भाषा की लिपि के रूप में भारत मे आयी थी जबकि भारत की सभी भाषाओं की विशिष्ट ध्वनियों को ठीक-ठीक व्यक्त करने के लिए रोमन लिपि समर्थ नहीं है। रोमन लिपि के जिन गुणों से आकर्षित होकर उसको अपनाने का समर्थन

किया जाता है वे सारे गुण हमारी आवश्यकता के अनुसार परिवर्तित लिपि में नहीं मिलेंगे। इसके विपरीत उसमें ऐसे अनेक दोष हैं जिन्हें झुठलाया नहीं जा सकता। उदाहरण के लिए रोमन में एक ही चिह्न अनेक ध्वनियों के लिए अथवा अनेक ध्वनियाँ एक चिन्ह के लिए प्रयोग में लायी जाती हैं जैसे—

Action	में	a	का उच्चारण	ऍ
Call	में	a	का उच्चारण	ऑ
Calm	में	a	का उच्चारण	आ
Afraid	में	a	का उच्चारण	अ
Tuition	में	tio	का उच्चारण	श
Schedule	में	sch	का उच्चारण	श
Sharad	में	sh	का उच्चारण	श
Church	में	ch	का उच्चारण	च
Fluctuation	में	tu	का उच्चारण	च
Go	में	G	का उच्चारण	ग
George	में	Ge	का उच्चारण	ज
Lakshmi	में	ksh	का उच्चारण	क्ष (क्ष)
Ex	में	x	का उच्चारण	क्स
Upper	में	pp	का उच्चारण	प
Up	में	p	का उच्चारण	प
Put	में	u	का उच्चारण	उ (ु)
Shut	में	u	का उच्चारण	अ
Too	में	oo	का उच्चारण	ऊ (ू)
Two	में	wo	का उच्चारण	ऊ (ू)
Ankle	में	a	का उच्चारण	ए
Uncle	में	u	का उच्चारण	अ
Vine	में	v	का उच्चारण	व
Wine	में	w	का उच्चारण	व
House	में	h	का उच्चारण	ह

Hour	में	h	का उच्चारण	**अ**
Our	में	Ou	का उच्चारण	**अव**
Over	में	ov	का उच्चारण	**ओ**

इस प्रकार रोमन लिपि भारतीय लिपियों की तुलना में बहुत कम ध्वन्यात्मक (Phonetic) है। इसका वर्ण विन्यास वैज्ञानिक नहीं कहा जा सकता। अपने देश भारत में रोमन लिपि की कोई परम्परागत प्रतिष्ठा नहीं है। उर्दू अथवा फारसी लिपि तो और भी अधिक दोषपूर्ण है क्योंकि फारसी लिपि भी ध्वन्यात्मक नहीं है। जैसा कि निम्न से स्पष्ट है। यथा

निम्न तालिका में फारसी लिपि के समान ध्वनि वाले अक्षर दर्शाये गये हैं। जिनसे स्पष्ट है कि एक ही ध्वनि के लिए उर्दू की फारसी लिपि में कई–कई ध्वनियाँ हैं। यथा

تلوار	तलवार	में	ت	(ते)
طوطا	तोता	में	ط	(तोए
ثواب	सवाब	में	ث	(से)
سوار	सवार	में	س	(सीन)
صندوق	संदूक	में	ص	(स्वाद)
ذات	ज़ात	में	ذ	(ज़ाल)
پرزور	पुरज़ोर	में	ز	(ज़े)
پژمردہ	पझ़मुर्दा	में	ژ	(झे)
ضبط	ज़ब्त	में	ض	(ज़्वाद)
لفظ	लफ़ज़	में	ظ	(ज़ोय)
یار	यार	में	ی	(ये)
جائے	जाए	में	ے	(छोटी ये)
فیل	फ़ेल	में	ف	(फ़े)
پھل	फल	में	پھ	(फ

देवनागरी लिपि के अक्षर	खरोष्ठी लिपि के अक्षर
त	ت ط
स	ث س ص
ज़	ذ ز ژ ض ظ
य	ی ے
फ	ف [illegible]

(घ) देवनागरी ही क्यों ?

पिछले हजार वर्षों से देवनागरी लिपि भारत की न केवल सर्वाधिक प्रचलित लिपि रही है अपितु लोकप्रिय लिपि का स्थान भी वह ग्रहण किये रही है। हिमाचल प्रदेश, दक्षिण पंजाब, दिल्ली राज्य, राजस्थान, उत्तर प्रदेश, मध्य प्रदेश, बिहार और महाराष्ट्र में उसका प्रयोग आज भी बहुलता से होता है। गुजराती, पंजाबी (गुरुमुखी) और बंगला लिपियों का देवनागरी लिपि से बहुत अधिक साम्य है। भारत की मराठी भाषा भी देवनागरी लिपि में ही लिपिबद्ध की जाती है। अब तो सिंधी भाषा ने भी अरबी लिपि के स्थान पर देवनागरी लिपि को अपना लिया है। नेपाल की नेपाली और नेवाड़ी भाषाओं के लिए भी देवनागरी लिपि ही प्रयोग की जाती है। इस प्रकार संस्कृत, हिन्दी, मराठी, सिंधी, नेपाली और नेवाड़ी भाषाओं का साहित्य देवनागरी में ही लिपिबद्ध किया जाता है।

संस्कृत और प्राकृतों के लिए अखिल भारतीय स्तर पर देवनागरी का प्रयोग पिछली शताब्दी से अधिकाधिक होने लगा है। संस्कृत भाषा और साहित्य का विद्यार्थी चाहे वह भारत के किसी भी प्रदेश का वासी क्यों न हो देवनागरी लिपि से अवश्य परिचित होता है। लेखन प्रणाली के क्रमिक विकास को देखने से ज्ञात होता है कि एक प्रादेशिक लिपि में लिखे मूल पाठ को उस प्रदेश से बाहर अन्य प्रदेशों में पहुँचाने का प्रधान साधन देवनागरी लिपि को ही रहा है जिसके कारण देवनागरी लिपि को

लिखित संचार के अखिल भारतीय माध्यम के रूप में सब से अधिक बल प्राप्त है।

लगभग सभी आधुनिक भारतीय लिपियों का स्रोत ब्राह्मी लिपि ही है जो संस्कृत अशोक राज्यकाल तक विश्व की सर्वाधिक वैज्ञानिक लिपि बन चुकी थी इसी कारण सभी भारतीय लिपियाँ सहोदरा हैं क्योंकि सभी का स्वरों एवं व्यंजनों का ध्वनि-विन्यास एवं स्वरूप समान है।

तमिल भाषा को छोड़कर प्राय: सभी भारतीय लिपियों की वर्णमाला भी एक सी ही है। लेखन पद्धति के कारण उनके वर्णों के स्वरूप में भिन्नता अवश्य ही पाई जाती है। देवनागरी में वे सभी गुण हैं जो एक आदर्श लिपि में होने चाहिए और वे सारी विशेषताएँ भी देवनागरी लिपि में विद्यमान हैं जिनकी एक सामान्य राष्ट्र लिपि से अपेक्षा की जाती है। मराठी, गुजराती, असमिया, बंगला, पंजाबी और उड़िया भाषाओं के लिपिग्राम हिन्दी के लिपिग्रामों के समान ही हैं। अत: लिप्यंतरण के सम्बन्ध में किसी प्रकार का भ्रम नहीं रहेगा। यद्यपि तमिल, तेलुगु, मलालम्, कन्नड़, कश्मीरी और सिंधी भाषाओं में देवनागरी से भिन्न कुछ अतिरिक्त लिपिग्राम भी हैं किन्तु देवनागरी लिपि में उनके लिए विशिष्ट ध्वनियों को अपनाने में किसी प्रकार की कठिनाई का सामना नहीं करना पड़ा है। जैसा कि पृष्ठ 259 से स्पष्ट है।

(ङ) मानक व परिवर्धित देवनागरी

देश के स्वतंत्र होने के बाद हिन्दी को राष्ट्र भाषाघोषित कर दिये जाने के उपरान्त केन्द्रीय सरकार द्वारा हिन्दी के प्रचार और प्रसार की विविध योजनाओं पर काम शुरू किया गया। योजनाओं को कार्यान्वित करते हुए यह अनुभव किया गया कि हिन्दी वर्णमाला और हिन्दी वर्तनी का मानकीकरण हिन्दी के प्रचार, प्रसार और विकास के लिए एक आवश्यक शर्त है। यह मानकीकरण हिन्दी टाइपराइटर और टेलीप्रिंटर के कुंजी पटलों को व्यवस्थित करने और विभिन्न भारतीय भाषाओं की विशिष्ट ध्वनियों को देवनागरी के माध्यम से व्यक्त करने के लिए भी आवश्यक समझा गया। देवनागरी लिपि को अखिल भारतीय लिपि के स्वरूप निमित्त और क्षमता देने के उद्देश्य से उसमें हिन्दीतर भारतीय भाषाओं को कुछ आवश्यक विशिष्ट ध्वनियों को व्यक्त करने के लिए विद्वानों द्वारा देवनागरी लिपि में कुछ नवीनतम् प्रतीकों का समावेश करना पड़ा।

देवनागरी लिपि में सुधार करने के लिए उत्तर प्रदेश सरकार ने प्रथम प्रयास सन् 1953 ई. में एक सम्मेलन आयोजित कर किया। इस सम्मेलन में विद्वज्जन, संस्थाओं और सरकारों ने अनेकानेक सुधार देवनागरी लिपि के लिए सुझाये। सन् 1953 के ई. इन सभी सिफारिशों को भारत सरकार ने ज्यों का त्यों स्वीकार कर

लिया। पर देश की कई राज्य सरकारें लखनऊ के सन् 1953 ई. के सम्मेलन की इन सिफारिशों से सहमत नहीं थीं। उत्तर प्रदेश सरकार को सन् 1954 ई. तक स्वयं भी सन् 1953 ई. के सम्मेलन की अनेक सिफारिशों को अपनाने में कठिनाई का अनुभव हुआ। फलस्वरूप उत्तर प्रदेश सरकार ने सन् 1957 ई. में लखनऊ में दूसरा सम्मेलन बुलाया जिसमें उन सभी त्रुटियों और कठिनाइयों को दूर किया गया जो सन् 1953 ई. के लखनऊ सम्मेलन के सुधार से लिपि में उत्पन्न हो गयी थी।

भारत सरकार ने भी अगस्त 1959 ई. में देवनागरी लिपि में प्रस्तावित सुधारों को अन्तिम रूप देने के लिए देश के तत्कालीन सभी शिक्षा मंत्रियों के समक्ष एक सम्मेलन में प्रस्तुत किया। इस सम्मेन में लखनऊ सम्मेलन, 1957 के लिपि सुधारों को स्वीकृत कर अनुमोदित मानक वर्णमाला के रूप में भारत सरकार ने अपनी मान्यता प्रदान कर दी। इस प्रकार आज की देवनागरी लिपि का राष्ट्रीय स्तर का मानक रूप निम्न प्रकार है जो सन् 1957 ई० के लखनऊ सम्मेलन में स्वीकृत किया गया था। यथा—

स्वर

अ आ इ ई उ ऊ ऋ ऌ

ए ऐ ओ औ अं अः

मात्राएँ

ा ि ी ु ू ृ े ो ौ ं ः

व्यंजन

क ख ग घ ङ

च छ ज झ ञ

ट ठ ड ढ ण

त थ द ध न

प फ ब भ म

य र ल व

श ष स है

क्ष ज्ञ श्र

ड़ ढ़ ळ

अंक	**१**	**२**	**३**	**४**	**५**	**६**	**७**	**८**	**९**	**०**
अन्तर्राष्ट्रीय अंक	**1**	**2**	**3**	**4**	**5**	**6**	**7**	**8**	**9**	**0**

स्पष्टीकरण

1. हिन्दी में दीघ ॠ का प्रयोग नहीं होता। अतः इसे स्वरों में सम्मिलित नहीं किया गया है।

2. संयुक्ताक्षर

(क) खड़ी पाई वाले अक्षरों का संयुक्तीकरण

निम्नलिखित खड़ी पाई वाले अक्षरों (व्यंजनों) को संयुक्त करते समय पूर्व की भाँति पाई हटा कर ही अन्य अक्षरों से संयुक्त किया जाएगा।

यथा

ख्‍ ग्‍ घ्‍ च्‍ ज्‍ झ्‍ ण्‍ त्‍

थ्‍ ध्‍ न्‍ प्‍ ब्‍ भ्‍ म्‍ य्‍

ल्‍ व्‍ श्‍ ष्‍ स्‍ क्ष्‍ ज्ञ्‍ श्र्‍

उदाहरणार्थ

विख्यात मग्न विघ्न सच्चा मज्जा व्यञ्जन

गण्य पत्ता तथ्य ध्वल विन्यास प्यार

धब्बा सभ्यता रम्य गय्या उल्लास व्यास

विश्लेषण राष्ट्र स्वीकार यक्ष्मा

(ख) टेढ़ी पाई वाले अक्षर —क, फ व ह जैसे टेढ़ी पाई वाले व्यंजनों की टेढ़ी टांग को सीधा करके उन्हें दूसरे व्यंजनों के साथ संयुक्त किया जाएगा। जैसा कि अब भी किया जाता है। यथा

क्‍ फ्‍ ह्‍

पक्का, मक्का, दफ्तर, रफ्तार, आह्वान, चिह्न

(ग) वृताकार अक्षर—ङ, छ, ट, ठ, ड, ढ, द और ह को संयुक्त करते समय इनके नीचे हल (्) चिह्न लगाना होगा। यथा

ङ् छ् ट् ठ् ड् ढ् द् ह्

गङ्गा टट्टू पाठ्य चड्ढा धनाढ्य विद्या चिह्न

वाङ्मय लट्ठा कण्ठ्य बुड्ढा विद्वान आह्वान

(घ) (एक) र का संयुक्त रूप यथावत ही रहेगा। यथा

अर्थ, धर्म, चर्म

(दो) व्यंजनों के नीचे लगाया जाने वाला र वास्तव में **आधा र** अर्थात् स्वर रहित र नहीं है अपितु संयुक्त किया जाने वाला व्यंजन स्वयं स्वर रहित रहता है। स्वर रहित व्यंजनों के साथ **र** का प्राचीन रूप **्र** ही प्रचलित रहेगा। वर्तमान **र** इसीप्राचीन रूप **्र** का विकसित रूप है। अत: **्र** को संयुक्त करते समय इसका यही रूप पनाया गया है।

(तीन) **श्र** को वर्णमाला में एक स्वतंत्र वर्ण के रूप में मान्यता प्रदान की गयी है। अत: **श्र** का वर्तमान रूप ज्यों का त्यों अपना लिया गया है। वैसे **श्र** रूप भी **श** और **्र** का ही विकसित रूप है। **श्र** या **श्र** समान ही है।

(चार) **ट्र** का रूप भी समान ही रहेगा। इसमें किसी भी प्रकार का परिवर्तन सम्भव नहीं है। **ट्र** ट् और ्र का संयुक्तीकरण है।

(ङ) **ह** को संयुक्त करते समय उसके नीचे **हल** चिह्न लगाकर भी अन्य अक्षरों से संयुक्त किया जा सकता है और उसके **टेढ़े** अथवा अर्द्ध कोष्ठ वाले भाग को सीधा कर के भी **ह** संयुक्त किया जा सकता है।

यथा

चिह्न चिह्न (किन्तु चिह्न नहीं)

3. शिरो रेखा

घ व भ के परिवर्तित रूप के साथ सभी अक्षरों पर शिरो रेखालगाना प्रचलित रहेगा।

4. विराग चिह्न

(क) विराम चिह्न अंग्रेजी के समान ही प्रचलित रहेंगे। केवल पूर्ण विराम के लिए अंग्रेजी के बिन्दु के स्थान पर हिन्दी की प्राचीन

परिपाटी के अनुसार खड़ी पाई (।) प्रयुक्त की जाएगी। यथा

(– = —— , ; । ? ! :)

(ख) विसर्ग (:) चिह्न को ही कोलन का चिह्न मान कर प्रयुक्त कियाजाना चाहिए।

(ग) टाइप मशीन में निम्न चिह्नों को अवश्य ही स्थान दिया जाना चाहिए। यथा

(˙ . % " " ( ) + × × = ँ)

(ङ) टाइपराइटर में **अनुस्वार और अनुनासिक** ˙ ँ चिह्न पूर्व की भाँति ही प्रचलन में रहेंगे। टाइपराइटर में भी इनको अवश्य ही स्थान दिया जाना चाहिए।

5. हिन्दीतर भाषाओं की कुछ विशिष्ट ध्वनियों को व्यक्त करने के लिए कुछ नवीन प्रतीकों का समावेश कर दिया गया है जो इस प्रकार है—

(1) दक्षिण भारत की चार भाषाओं तथा कश्मीरी भाषा के ह्रस्व 'ए' और 'ओ' ऍ ऑ ॅ ॆ

(2) कश्मीरी भाषा के विशिष्ट स्वर 'अ' 'आ' और 'उ' 'ऊ' ॳ ॴ ॕ ॏ / ॶ ॷ ॖ ॗ

(3) कश्मीरी भाषा के कुछ शब्दों के अन्त में आने वाले अत्यल्प 'इ' और 'उ' इ॰ उ॰ ि॰ ु॰

ऊपर (2) और (3) में सुझाए गये संकेत-चिह्नों को आवश्यकतानुसार अन्य भाषाओं के लिए भी प्रयुक्त किया जा सकता है।

व्यंजन

(1) कश्मीरी चवर्ग —————— च॒ छ॒ ज॒ झ॒

(2) सिंधी भाषा के अंत स्फुट व्यजन —————— ॻ ॼ ॾ ॿ

(3) तमिल ழ के लिए —————— ऴ

और मलयाळम ഴ के लिए —————— ष़

(4) तमिल ற मलयाळम റ तेलुगु और कन्नड़ ఱ के लिए —————— ऱ

(5) तमिल ன और मलयाळम ന के लिए —————— ऩ

(6) मलयाळम ററ के लिए —————— ऱ्ऱ

(7) उर्दू की विशिष्ट ध्वनियों को व्यक्त करने के लिए तदनुरूप देवनागरी वर्ण के नीचे बिंदु लगाया जाए।

यथा—

अ़ ع क़ ق ख़ خ ग़ غ

ज़ ز झ़ ژ फ़ ف

आवश्यकतानुसार इनका प्रयोग तेलुगु आदि भाषाओं के लिए भी किया जा सकता है।

(च) हिन्दी वर्तनी का मानकीकरण

संविधान की धारा 301 के अनुसार हिन्दी भाषा न केवल अब राष्ट्रभाषाही है अपितु वह कुछ राज्यों की राजभाषा भी घोषित की जा चुकी है। इसके अतिरिक्त राष्ट्रभाषा का पद ग्रहण कर लिए जाने के उपरान्त देश-विदेशों में हिन्दी सीखने और बोलने वालों की संख्या में दिनों-दिन अधिकाधिक वृद्धि होती ही जा रही है। किन्तु नव-पाठकों के समक्ष एक नई समस्या उस समय आ विराजती है जब वे हिन्दी वर्तनी के अनेक शब्दों के दो-दो रूप पाते हैं। तब उनको यह सोचना-विचारना पड़ता है कि कौनसा रूप शुद्ध है और कौनसा नहीं। इसी कारणवश हिन्दी वर्तनी की मानक पद्धति निर्धारित करना परमावश्यक और समयोचित जान पड़ा ताकि हिन्दी के शब्दों की वर्तनी में अधिकाधिक एकरूपता ही दृष्टिगोचर दीख पड़े। परिणाम स्वरूप भारत सरकार के शिक्षा मन्त्रालय ने सन् 1961 ईस्वी में हिन्दी की वर्तनी को मानक रूप प्रदान करने के लिए एक विशेषज्ञ समिति निुक्त की थी जिसने गम्भीर विचार-विमर्श के उपरान्त एक मानक नियमावली निर्धारित की। इस समिति ने सन् 1962 ईस्वी में वर्तनी सम्बन्धी जो सिफारिशें प्रस्तुत की थीं उन्हीं के आधार पर हिन्दी वर्तनी का मानक रूप निर्धारित किया जा सका है जिनका वर्णन नीचे किया जा रहा है। यथा

1. **विभक्तियों को** संज्ञा शब्दों के अतिरिक्त अन्य शब्दों के साथ मिलाकर ही लिखा जंाना चाहिए। संज्ञा शब्दों के साथ विभक्तियों को न मिलाकर पृथक्-पृथक् ही लिखा जाना चाहिए। जैसे—

संज्ञा	**सर्वनाम**
राष्ट्रपति के लिए	**मुझको (मुझे)**
महिला ने	**उसने**
किताबों में से	**उनमें से**

अपवाद एक—व्यवस्था की गयी है कि प्रेस की सुविधा और पत्र-पत्रिकाओं में विभक्तियों को संज्ञा के साथ मिलाकर लिखा जासकता है।

दो—जब भी सर्वनाम शब्दों के साथ दो विभक्ति शब्द एक साथ प्रयुक्त किये जाएँ तो प्रथम शब्द सर्वनाम के साथ मिलाकर लिखा जाना चाहिए और दूसरा विभक्ति शब्द पृथक् लिखा जाना चाहिए। जैसे **इनमें से, उनके लिए।**

तीन—यदि **और व तक** शब्द सर्वनाम और विभक्ति शब्दों के मध्य में आएँ तो विभक्ति शब्द को पृथक् करके ही लिखा जाना चाहिए। जैसे—

आप ही के लिए तो, मुझ तक को भी

2. **संयुक्त क्रियाओं** में सभी मूलभूत या अंगभूत क्रियाएँ अलग-अलग ही लिखी जानी चाहिएँ। जैसे—

खाता है, जाता है, पढ़ा करता था, जाया करता था।

3. **साथ व तक जैसे अव्यय शब्द** सदैव पृथक् ही लिखे जाने चाहिएँ। जैसे—**आपके साथ, वहाँ तक**

4. **कर** क्रिया के साथ ही लिखा जाना चाहिए। जैसे—

पढ़कर, खा-पीकर, उठ-बैठकर

5. **द्वन्द्व समास** में पदों अथवा शब्दों को हाईफन प्रयोग कर साथ-साथ ही लिखा जाना चाहिए। जैसे—

राधा-कृष्ण, शिव-पार्वती-संवाद, सुबह-शाम

6. **सा, जैसा** आदि शब्दों के पूर्व हाईफन अवश्य ही प्रयुक्त किया जाना चाहिए। जैसे—

मेरे-जैसा, राधा-जैसी, तलवार-से भी तेज, मधुलिका-सी

7. **तत्पुरुष समास** शब्दों में हाईफन उसी दशा में प्रयुक्त किया जाना चाहिए जहाँ शब्दों के अर्थ मे भ्रम पैदा होने की सम्भावना हो। जैसे—

भू-तत्त्व (पृथ्वी के तत्त्व), रामराज्य (राम के राज्य के समान)

ये दोनों शब्द भूतत्व और राम राज्य से भिन्न अर्थ वाले हैं।

8. **जहाँ य-व** जैसे अक्षरों में श्रुतिमलक भ्रम होता है वहाँ यह आवश्यक समझा गया है कि उन शब्दों में प्रथम स्वरात्मक रूप को ही अपनाया जाए। यह नियम क्रिया, विशेषण, अव्यय आदि सभी रूपों में अपनाना चाहिए। यथा—

गए (गये नहीं), **नई** (नयी नहीं), **हुआ** (हुवा नहीं)

9. हिन्दी भाषा में ऐ (ै) और औ (ौ) का प्रयोग दो प्रकार की ध्वनियों को व्यक्त करने के लिए किया जाता है। वहाँ दोनों प्रकार की ध्वनियों को व्यक्त करने के लिए इन्हीं ध्वनियों को प्रयोग में लाना चाहिए। उदाहरण के लिए—

प्रथम प्रकार की ध्वनि **है व और में ै व ौ** के समान।

दूसरे प्रकार की ध्वनि **गवैया और कौवा** को यों भी लिखा जाता है। यथा—

गवय्या व कव्वा (इन दोनों ही शब्दों को अशुद्ध मानकर तिलांजलि देनी चाहिए।)

10. संस्कृत के तत्सम शब्दों को ज्यों का त्यों लिखा जाना चाहिए। यथा—

विद्वान, चिह्न, महान,

जिन शब्दों के प्रयोग में हिन्दी में हलन्त लुप्त हो चुका है उनमें फिर से हलन्त लगाने की कोशिश नहीं करनी चाहिए।

11. जहाँ पर **पंचमाक्षर** के बाद उसी वर्ग के शेष चार वर्णों में से कोई वर्ण हो तो वहाँ **अनुस्वार** का ही प्रयोग किया जाना चाहिए। जैसे—

अंत (अन्त नहीं), **गंगा** (गङ्गा नहीं),

चंचल (चञ्चल नहीं), **ठंडा** (ठण्डा नहीं),

संत (सन्त नहीं), **संपादक** (सम्पादक नहीं)।

12. **चन्द्र बिन्दु और अनुस्वार** में भी अवश्य ही भेद किया जाना चाहिए ताकि शब्दों के उच्चारण में किसी प्रकार का संशय न रहे। जैसे—

हंस हँस, अंगना अँगना, में मैं, नंद नँदन

अपवाद एक—जहाँ मुद्रण में चन्द्र बिन्दु के प्रयोग में कठिनाई का अनुभव हो तो वहाँ चन्द्रबिन्दु के स्थान पर अनुस्वार का प्रयोग करना चाहिए। जैसे—

नहीँ के सथान पर **नहीं, मैँ** के स्थान पर **मैं**

दो—कविता आदि के ग्रन्थों में छन्द की दृष्टि से चन्द्रबिन्दु का यथास्थान प्रयोग अवश्य होना चाहिए।

तीन—प्रारम्भिक कथाओं की पुस्तकों के बच्चों को शुद्ध उच्चारण की शिक्षा देने के लिए **चन्द्रबिन्दु और अनुस्वार में** भेद करने के लिए यथास्थान उनका प्रयोग किया जाना चाहिए।

13. **अरबी**-फारसी के ऐसे मूल शब्दों को जिनका हिन्दीकरण हो चुका है उनको हिन्दी उच्चारण के अनुसार ही लिखा जाना चाहिए। जैसे—**जरूर** (ज़रूर नहीं) किन्तु ऐसे शब्द जिनका हिन्दीकरण नहीं हुआ है उनको मूल अरबी-फारसी उच्चारण के अनुसार ही लिखा जाना चाहिए। यथा—

नाज, बाज, फ़ैल, अक्लमंद।

14. अंग्रेजी भाषा के जिन शब्दों में अर्द्ध विवृत **ए** और **ओ** ध्वनि का प्रयोग होता है उनके शुद्ध रूप का हिन्दी में प्रयोग अभीष्ट होने पर **ए** और **आ** की मात्रा (ॅ) पर अर्धचन्द्र (ॉ) का प्रयोग किया जाना चाहिए। अर्थात् एॅ—ऑ। यथा

ऍट **बॉल**

सेंट **कॉलिज**

15. **संस्कृत** के जिन शब्दों में विसर्ग का प्रयोग होता है यदि वे तत्सम रूप में ही प्रयुक्त हुए हों तो विसर्ग का प्रयोग अवश्य ही यिा जाना चाहिए। जैसे—

दुःखानुभूति, पुनः, प्रातः, दुःसाहस

अपवाद—जब विसर्ग वाला शब्द अपने तद्भव रूप में प्रयुक्त किया जाए अर्थात् जो शब्द हिन्दी में अपना विसर्ग खो चुके हैं तो ऐसे शब्दों को बिना विसर्ग ही प्रयुक्त करना चाहिए। जैसे **दुख**

इस प्रकार हिन्दी वर्तनी को मानक रूप दिया जा चुका है और इस प्रकार हिन्दी की वर्तनी को अन्तर्राष्ट्रीय स्तर पर ला खड़ा किया गया है।

❑❑❑

14

टंकन कार्य
THE TYPING WORK

(क) सामान्य परिचय
(GENERAL INTRODUCTION)

कार्यालयों में समय-समय पर निर्धारित लिपिक द्वारा टंकन-कार्य भी किया जाता है। आवश्यक नहीं कि कार्यालयों में टंकन-कार्य केवल टिप्पण-पत्रक पर टिप्पणी टंकित करने और अनुमोदनार्थ प्रस्तुत किया जाने वाला मसौदा ही टंकित कराया जाए। कार्यालयों में टिप्पणियाँ तो अधिकांशतः हाथ से ही लिखी जाती हैं पर उच्च अधिकारियों को प्रस्तुत की जाने वाली टिप्पणियाँ अवश्य ही टंकित करके प्रस्तुत की जाती हैं।

अनुमोदनार्थ प्रस्तुत मसौदे को उच्च अधिकारियों द्वारा स्वीकृत कर दिये जाने के उपरान्त जब मिसिल अनुभाग में वापिस लौट आती हैं तो मसौदे का शुद्ध रूप आवश्यक प्रतियों के साथ लिपिक द्वारा टंकित किया जाता है। उसके उपरान्त ही उच्च अधिकारियों के हस्ताक्षरों के लिए मसौदा उच्च अधिकारी के समक्ष प्रस्तुत किया जाता है।

कार्यालयों में टंकन का केवल इतना सा ही कार्य सम्पन्न किया जाता हो सो आवश्यक नहीं। टिप्पणी और मसौदे को टाइप करने के अतिरिक्त भी कार्यालयों में अन्य प्रकार का टंकन-कार्य आये दिन टाइप के लिए निकलता रहता है जो टंकक को टंकित करना ही पड़ता है। कभी-कभी टंकक कोस्टेसिल कागज पर भी विषय-वस्तु को टाइप करना पड़ता है। अतः हर प्रकार के टंकन-कार्य को सम्पादित करने के लिए टंकन की सभी प्रकार की तकनीकी से टंकक को परिचित होना चाहिए जबकि ऐसा होता नहीं क्योंकि कार्यालयों में बहुत ही अदक्ष (Unskilled) टंकक

भर्ती किये जाते हैं। टंकक की भर्ती के समय केवल उसकी गति और शुद्धता पर ही ध्यान दिया जाता है, उसकी तकनीक पर नहीं।

इस अध्याय में टंकन-कार्य की तकनीक पर गम्भीरतापूर्वक विस्तार से प्रकाश डाला जाएगा ताकि एक अदक्ष टंकक भी सुगमता से हर प्रकार के टंकन-कार्य को आकर्षक, शुद्ध, स्वच्छ व साफ-सुथरा टंकित कर सके।

(ख) उपांत (हाशिया) बनाना
(MARGINS)

आकर्षक टाइप करने के लिए आवश्यक है, कि हाशिया विधिवत छोड़ा जाए। टाइप करते समय कागज के चारों ओर उपांत या हाशिया छोड़ा जाता है। यथा—

(क) कागज के बाईं ओर का उपांत—

8 × 13 के फुल स्केप आकार के कागज या 8 ×10 आकार के क्वाटो कागज पर एक इंच का हाशिया छोड़ना चाहिए। अठपेजी- 5 गुणा 8 आकार के आक्टेवो-कागज पर आधा इंच हाशिया छोड़ना चाहिए। टाइप के दस अन्तरों के बराबर एक इंच माना जाता है जबकि बड़े आकार के नौ पाइका टाइप अन्तरों के बराबर और इलाइट टाइप के बारह अन्तरों के बराबर एक इंच होता है। इसी अनुपात से बाईं ओर का उपांत छोड़ना चाहिए।

(ख) दाहिनी ओर का उपांत—

कागज के दाहिनी ओर हर प्रकार के कागज पर केवल दो अन्तरों का हाशिया छोड़ा जाता है।

(ग) ऊपर की ओर का हाशिया—

फुल स्केप और क्वाटो आकार के कागज पर एक इंच अथवा एक अन्तर वाली छः पंक्तियों के बराबर चौड़ा हाशिया छोड़ा जाता है। **अठपेजी** आक्टेवो कागज पर केवल आधा इंच या एक अन्तर वाली तीन पंक्तियों के बराबर चौड़ा स्थान छोड़ा जाता है।

(घ) नीचे की ओर के उपांत—

कागज पर ऊपर के हाशिये के समान ही नीचे की ओर भी चौड़ा हाशिया छोड़ा जाता है।

टिप्पणी और मसौदा टाइप करते समय बाईं ओर 2.5 इंच हाशिया छोड़ा जाता है जो अशुद्धियों को ठीक करने, संशोधन करने तथा आवश्यकतानुसार कुछ जोड़ने के लिए आवश्यक है।

(ग) पंक्तियों के मध्य में अन्तर छोड़ना

(LINE SPACING)

टंकन कार्य करते समय पंक्तियों के बीच में हिन्दी में कम से कम एक अन्तर का स्थान देकर टाइप करना चाहिए। नया परिच्छेद आरम्भ करने के पूर्व दो अन्तर का स्थान छोड़ना चाहिए। टिप्पणी और मसौदा टाइप करते समय पंक्तियों के मध्य में दो अन्तरों के स्थान की आवश्यकता होती है। टिप्पणी और मसौदे के परिच्छेद के मध्य में भी दो ही अन्तर का स्थान छोड़ा जाता है। इस प्रकार परिच्छेदों के मध्य में अतिरिक्त स्थान छोड़ने की कोई आवश्यकता नहीं होती।

(घ) दूसरे पृष्ठ पर टाइप जारी रखना

(CONTINUATION WORK)

जब एक पृष्ठ के क्रम में ही अगले पृष्ठ पर टंकन जारी रखना होता है तो निम्न तथ्यों को ध्यान में रखना पड़ता है। यथा—

(1) **सूचक शब्द टाइप करना** (Catchword)—कार्यालयों में विषय-वस्तु को टाइप करते समय अगले पृष्ठ के पहले शब्द को चालू पृष्ठ के आखिरी पंक्ति के नीचे दाहिनी ओर टाइप कर देने की प्रथा है। यह शब्द सूचक शब्द कहलाता है। सूचक शब्द के पहले एक तिरछी रेखा टाइप कर दी जाती है। यदि आगामी पृष्ठ पर टाइप किया जाने वाला शब्द एक या दो ही अक्षर का है अथवा नये परिच्छेद की संख्या हो तो उसके बाद में आने वाले शब्द को इसे भी सूचक शब्द में सम्मिलित कर देना चाहिए।

(2) **पृष्ठ संख्या डालना** (Pagination)—कागज के ऊपर के उपांत के मध्य में पृष्ठ संख्या निम्न तीन प्रकार से टाइप की जा सकती है। यथा सम्भव तीसरे प्रकार की पृष्ठसंख्या से बचना ही चाहए—

2 या (2) या दो या (दो) अथवा **एक, दो, आदि**

(3) **हाशिया उलटना** (Transposition of Margins)—कार्यालयों में मिसिल पर काम करने की जो विधि है उसको दृष्टिगत कर यह आवश्यक है कि प्रथम पृष्ठ पर उपांत जिस ओर छोड़ा गया है

दूसरे पृष्ठ पर भी उपांत उसी ओर छोड़ा जाए। इस प्रकार प्रथम पृष्ठ का चौड़ा उपांत बाईं ओर होगा तो दूसरे पृष्ठ पर चौड़ा उपांत का भाग दाहिनी ओर होगा।

(4) **पंक्ति के ऊपर पंक्ति टाइप करना** (Superimposition)—कागज के दूसरी ओर अथवा दूसरे पृष्ठ पर टाइप करते समय पंक्तियाँ पहले पृष्ठ की पंक्तियों के ठीक ऊपर टाइप की जानी चाहिए। इस प्रकार टाइप करने से पंक्तियों के बीच की सफेद जगह सफेद ही बनी रहेगी और टाइप की विषय वस्तु स्पष्ट बनी रहेगी जो एकदम पठनीय होगी।

(ङ) परिच्छेदीकरण
(PARAGRAPHING)

किसी भी प्रकार की विषय-वस्तु अथवा टाइप सामग्री को टाइप करते समय परिच्छेद को तीन प्रकार से टंकित किया जा सकता है। यथा—

(एक) **दूरारम्भ परिच्छेद** (Indented Paragraph)—इस परिच्छेद की प्रथम पंक्ति बाईं ओर के हाशिये से पाँच अन्तर छोड़ कर आरम्भ की जाती है और दूसरी पंक्तियाँ हाशिये के ठीक बाद से टाइप की जाती है। टाइप करने की यही आम विधि है। यथा

10*15 ____________________

____

____

____

(दो) **चौकोर परिच्छेद** (Block Paragraph)—चौकोर परिच्छेद की सभी पंक्तियाँ बाईं ओर के हाशिये के ठीक बाद से ही आरम्भ कर दी जाती है। उप-परिच्छेद और उप-उप-परिच्छेद इसी प्रकार टाइप किये जाते हैं। यथा

10 ____________________

____

____

____

(तीन) **दूर शेष परिच्छेद** (Hanging paragraph)—इस प्रकार के परिच्छेद

में पंक्ति बाईं ओर के हाशिये से आरम्भ की जाती है और दूसरी पंक्तियाँ तीन अन्तर की दूरी से टाइप की जाती हैं। परिच्छेद बनाने की यह विधि भी उप-परिच्छेद और उप उप परिच्छेद बनाने में काम लायी जाती है। यथा

10 13

____

____

____

(च) परिच्छेदों पर संख्या डालना
(NUMBERING PARAGRAPHS)

टाइप करते समय मुख्य परिच्छेद पर संख्या टाइप करने की तीन विधियाँ हैं। टाइप करते समय किसी एक प्रकार के लिए एक ही विधि को अपनाना चाहिए। साधारणतया, प्रथम मुख्य परिच्छेद पर संख्या टाइप नहीं की जाती है। दूसरे परिच्छेद से ही संख्याएँ टाइप की जाती हैं। संख्या टाइप करने की तीनों विधियों को नीचे दर्शाया जा रहा है, यथा

10 15

2. ________________________________

____

____

2. ________________________________

____

____

2. ________________________________

____

____

मुख्य अनुच्छेद के नीचे टाइप किये जाने वाले उप अनुच्छेद दूरारम्भ, चौकोर या दूर-शेष अनुच्छेद में से किसी प्रकार का भी हो सकता है लेकिन उन परअंक अवश्य ही टाइप किये जाने चाहिए और उनके बाईं ओर मुख्य परिच्छेद से अलग दर्शाने वाला हाशिया छोड़ना चाहिए। नीचे बतायी गयी तीनों विधियों में से

किसी भी एक विधि को अपनाया जा सकता है किन्तु एक प्रकार के टाइप कार्य के लिए एक ही विधि को अपनाना चाहिए। यथा

10 15 20

2. ________________

मुख्य परिच्छेद ________________

____

उप परिच्छेद
दूरारम्भ

(i) ________________

(ii) ________________

चौकोर
उप-परिच्छेद

(i) ________________

(ii) ________________

दूरशेष
उप-परिच्छेद

(i) ________________

(ii) ________________

किसी उप-परिच्छेद के नीचे आने वाले उप-उप परिच्छेद को उससे पृथक् दर्शाने के लिए उन्हें दूरारम्भ या चौकोर परिच्छेद की भाँति टाइप करना चाहिए। दूर-शेष परिच्छेद की तरह टाइप नहीं करना चाहिए क्योंकि इससे टाइप की गयी पंक्तियाँ बहुत अधिक दाहिनी ओर चली जाएँगी और टाइप के लिए कम ही स्थान बच पाएगा। यथा

10 15 20 25

मुख्य परिच्छेद

2. ______________________________

____

____

उप-परिच्छेद

(i)______________________________

____

____

दूरारम्भ उप-उप-परिच्छेद

(क)______________________________

____

(ख)______________________________

____

____

चौकोर उप-उप-परिच्छेद

(क)______________________________

____

____

(छ) शीर्षक टाइप करना
(HEADINGS)

किसी भी टाइप की जाने वाली विषय-वस्तु में शीर्षक दो प्रकार से टाइप किये जा सकते हैं। अर्थात्

1. **मुख्य शीर्षक** (Main Heading)—मुख्य शीर्षक सदा ही टाइप की विषय वस्तु के ठीक मध्य में टाइप किया जाता है। मुख्य शीर्षक और उसके नीचे वाले परिच्छेद की प्रथम पंक्ति के मध्य में साधारणतया तीन पंक्तियों के बराबर अन्तर छोड़ा जाता है। मुख्य शीर्षक टाइप करते समय उसके साथ पूर्ण विराम कभी भी टाइप नहीं किया जाता।

(2) उप शीर्षक (Sub-headings)—उप-शीर्षक अनेक प्रकार से टाइप किये जा सकते हैं। जैसा नीचे दर्शाया गया है—

मुख्य शीर्षक **भारत सरकार**

पहले प्रकार का उप शीर्षक **गृह मन्त्रालय**

दूसरे प्रकार का उप शीर्षक **हिन्दी शिक्षण संस्थान**

____

____

____

तीसरे प्रकार का उप-शीर्षक

पंजी के भाग ______________________________

____

____

चौथे प्रकार का उप-शीर्षक

पंजी पृष्ठों पर संख्या डालना

____

____

____

पाँचवें प्रकार का उप-शीर्षक

दाम्पत्य ______________________________

अधीकारों का ______________________________

प्रत्यास्थापन______________________________

इस प्रकार उप शीर्षक टाइप करते समय

(एक)—मुख्य शीर्षक के ठीक नीचे एकदम मध्य में टाइप किया जाता है।

(दो)—परिच्छेद के ठीक ऊपर टाइप की विषय-वस्तु के एकदम मध्य में उपशीर्षक टाइप किया जाता है।

(तीन)—बाईं ओर के हाशिए के आरम्भ में और प्रथम पंक्ति के अंश के रूप में उप-शीर्षक बाईं ओर से हाशिए से पाँच अन्तर छोड़ कर टाइप किया जाता है।

(चार)—परिच्छेद के आरम्भ में प्रथम पंक्ति के ऊपर हाशिए से ही आरम्भ होता हुआ टाइप किया जाता है किन्तु उस उप शीर्षक को पंक्ति के अंश के रूप में टाइप नहीं किया जाता।

(पाँच)—पाँचवें प्रकार का उप शीर्षक हाशिए में ही टाइप कर दिया जाता है।

टाइप करते समय यों तो ये सभी विधियाँ उप-षीर्षक टाइप करने के लिए बपनायी जा सकती हैं किन्तु एक प्रकार के टाइप कार्य के लिए सदा आरम्भ से अन्त तक एक ही विधि को अपनाना चाहिए। यह भी ध्यान रखना चाहिए कि पृष्ठ के अन्त में मुख्य शीर्षक या उप-शीर्षक उस समय तक टाइप नहीं करना चाहिए जब तक कि उसी पृष्ठ पर शीर्षक के साथ कम से कम दो पंक्तियाँ टाइप करना सम्भव न हो।

(ज) विराम चिह्नों का प्रयोग

(SPACING FOR PUNCTUATION MARKS)

सभी प्रकार के टाइप के कार्य में पग-पग पर विराम चिह्न प्रयोग करने ही पड़ते हैं और उन विरामों के साथ अन्तर भी छोड़ना पड़ता है। प्राय: टंकक हर प्रकार के विराम चिह्न के उपरान्त एक जैसा ही अन्तर छोड़ता है जो सिद्धान्तत: गलत होता है। किस चिह्न के साथ कितना अन्तर छोड़ना है इसका ज्ञान टंकक को होना ही चाहिए। अत: सभी प्रकार के टाइप कार्य में विराम चिह्नों के लिए अन्तर छोड़नें के निम्नलिखित नियमों का समान रूप में पालन किया जाना चाहिए।

		चिह्न के पहले	चिह्न के बाद
पूर्ण विराम (।)	वाक्य के	—	2
विस्मयादि बोधक चिह्न (!)	अन्त में		
प्रश्न सूचक चिह्न (?)			
अल्प विराम (,)			
अर्ध विराम (;)		—	1
कोलन (:)			
योजक चिह्न (-)		—	—
वियोजक चिह्न (—)		1	1
उद्‌धरण चिह्न :			
प्रारम्भ (“)		1	—
अन्त (”)		—	1
कोष्ठक :—			
प्रारम्भ [(]		1	—
अन्त [(]		—	1

1. टाइप करते समय पूर्ण विराम से समाप्त होने वाले संक्षिप्त शब्दों के बाद केवल एक ही अन्तर छोड़ना चाहिए अत: प्रात मि.

2. अक्षर समूहों वाले संक्षिप्त शब्दों में एक समूह के अक्षरों के मध्य अन्तर नीं छोड़ना चाहिए किन्तु पूर्ण समूह के अन्त में एक अन्तर अवश्य ही छोड़ना चाहिए। यू.एस.एस.आर., एम.ए.

3. यदि किसी व्यक्ति के नाम के आद्य-अक्षर हों तो हर अक्षर के अन्त में एक अक्षर के साथ एक अन्तर छोड़ा जाता है — पं.ज.ला.नेहरू श्री ला. व.शास्त्री

आंकड़ों के मध्य में अन्तर

आंकड़ों के मध्य में दिये जाने वाले अल्प-विराम चिह्न के बाद भूल कर भी अन्तर नहीं छोड़ना चाहिए। आंकड़ों के मध्य अन्तर छोड़ने से आँकड़ों को पढ़ने व समझने में व्यवधान उत्पन्न होता है। इतना ही नहीं आँकड़ों के मध्य में स्थान रहने से उनके मध्य में कुछ भी बढ़ाया या टाइप किया जा सकता है। यथा

यों टाइप करना है	**यों नहीं**
1,89,566.60	1,89 ,566.60

(झ) अक्षर विग्रह

(SYLLABIFICATION)

जब कभी पंक्ति के अन्त में एक शब्द पूरा टाइप न हो सके तो शब्द के शेष अंश को आने वाली पंक्ति में टाइप करना पड़ता है। यही क्रिया अक्षरविग्रह कहलाती है। कागज के दाहिनी ओर के हाशिए को एक-सा बनाये रखने के लिए यह आवश्यक भी है। दाहिनी ओर उपान्त एक सा होने से टंकित कार्य साफ-सुथरा और आकर्षित दिखाई पड़ता है। शब्दों का विग्रह सन्धि विच्छेद, यदि शब्द में सन्धि है तो, करके अथवा समास विगह करके किया जाना चाहिए। यदि सन्धि युक्त अथवा सामासिक शब्द न हो तो शब्द का विग्रह करते हुए यह ध्यान रखना चाहिए कि विखण्डित हुए शब्द से टंकित की गयी सामग्री को पढ़ने में किसी प्रकार की रुकावट पैदा न हो। अतः शब्दों के विखण्डित करते समय निम्न बातों को ध्यान में रखना चाहिए। यथा

(i) जहाँ तक हो सके शब्दों का विग्रह उसी प्रकार करना चाहिए जिस प्रकार उनका उच्चारण किया जाता है। यथा

साधारण को	साधा	और रण में
सिकुड़न को	सिकु	और ड़न में

(ii) उपसर्ग या प्रत्यय वाले शब्दों का विग्रह वहीं करना चाहिए जहाँ उपसर्ग अथवा प्रत्यय हो। यथा—

प्रस्थान **प्र** और **स्थान**

उच्चतर **उच्च** और **तर**

(iii) जिन शब्दों के बीच में एक व्यजन दो बार आता हो तो उनमें उसका विग्रह अक्षर के दुबारा आने से पूर्व ही कर देना चाहिए। यथा—

दुस्साहस दु और स्साहस

सम्मिलितसम्मि और लित

(iv) सन्धि विच्छेद करके। यथा

आवश्यकतानुसार को आवश्यकता और **नुसार** द्वारा

उत्तरोत्तर को उत्तरो और त्तर द्वारा

(v) सामासिक और योजक युक्त शब्दों का विग्रह वहीं से किया जाता है जहाँ योजक चिह्न प्रयोग किया गया हो अथवा समास का मूल शब्द हो।

यथा—

नीलकमल को नील और कमल में विभाजित करना चाहिए

अन्तर्राष्ट्रीय को अन्तर और राष्ट्रीय में विभाजित किया जाना चाहिए।

टाइप करते समय जहाँ तक सम्भव हो निम्नलिखित स्थितियों में शब्द का विग्रह नहीं करना चाहिए—

एक—परिच्छेद के अन्तिम शब्द और पृष्ठ के अन्तिम शब्द का विभाजन वर्जित है।

दो—व्यक्ति वाचक नामों का, संक्षिप्त शब्द का और अंकों का विभाजन वर्जित है।

तीन—एकाक्षर शब्दों एवं उनके बहुवचनों या इसी प्रकार के दूसरे शब्दों का विभाजन वर्जित है।

चार—जब शब्द केवल एक या दो ही अक्षरों का हो तो भी उसका विभाजन नहीं करना चाहिए। यथा

कोई को और ई

नहीं न और हीं इस प्रकार का विभाजनवर्जित है।

पाँच—जहाँ शब्द का विग्रह करने में भ्रम अथवा सन्देह हो तो भी विग्रह नहीं करना चाहिए।

(ञ) कार्बन प्रतियाँ तैयार करना

(CARBON MANIFOLDING)

कार्यालयों में टिप्पणी और अनुमोदनार्थ मसौदे को छोड़कर हर प्रकार के टंकन कार्य की कम से कम दो प्रतियाँ तो टंकित की ही जाती हैं जो मूल कागज के साथ कार्बन लगाकर तैयार की जाती हैं। अच्छी कार्बन प्रतियाँ टंकित करने के

लिए और सुन्दर व आकर्षक कार्बन प्रतियाँ निकालने के लिए निम्नलिखित तथ्यों पर ध्यान देना चाहिए। यथा—

एक—कार्बन प्रतियाँ निकालते समय कार्बन कागज साफ और यथा सम्भव नया ही होना चाहए।

दो—मूल और प्रतियाँ निकालने के लिए काम में लाया जाने वाला कागज़ प्रतियों की संख्या के अनुसार मोटा या पतला होना चाहिए। अधिक प्रतियाँ निकालना हो तो पतला कागज ही प्रयोग किया जाना चाहिए। दो-तीन प्रतियों के लिए आम साधारण कागज ही काम में लाया जा सकता है।

तीन—कागजों के बीच में कार्बन प्रयोग करने की अनेक विधियाँ हैं किन्तु कार्बन को उचित और शीघ्र लगाने की विधि यह है कि जितनी प्रतियाँ टाइप की जानी हैं उतने ही कागज मशीन में एक साथ लगा लिये जाएँ तथा बेलन को आवश्यकतानुसार घुमाकर कागजों को दबा लेना चाहिए। उसके उपरान्त कागजों के बीच में कार्बन कागज को इस प्रकार प्रयोग किया जाए कि स्याहीयुक्त काला भाग टाइपराइटर की ओर हो। कार्बन कागज लगा चुकने पर बेलन को उतना ही घुमाना चाहिए कि टाइप किया जाने वाला भाग ही टंकक के समक्ष रहे।

चार—बेलन साफ-सुथरा होना चाहिए। उसमें दाँते नहीं होने चाहिए। बेलन थोड़ा सख्त भी होना चाहिए ताकि कार्बन प्रतियाँ साफ-स्वच्छ और पठनीय टंकित हो सकें। कुछ मशीनों मे बेलन बदलने का प्रावधान होता है। ऐसी स्थिति में मशीन में सख्त बेलन लगा लेना चाहिए।

पाँच—मशीन के अक्षर अच्छी स्थिति में होने चाहिए। टूटे-फूटे और घिसे-पिटे अक्षरों से सुन्दर और आकर्षक प्रतियाँ टाइप करना असम्भव हो जाएगा। टाइपकरने से पहले ब्रुश से टाइप अक्षरों को भली-भाँति साफ कर लेना चाहिए ताकि अक्षरों के अन्दर फँसी गन्दगी साफ हो जाए और टाइप के समय अक्षर स्पष्ट टाइप हों।

छः—कागजों के मध्य में कार्बन कागज प्रयुक्त करते समय इस बात का ध्यान रखना चाहिए कि कार्बन कागज टाइप किये जाने वाले कागजों से एक आध इंच बाहर रहना चाहिए ताकि टाइप करने के उपरान्त कार्बन कागजों को बाहर निकालने में सुविधा रहे और उन्हे खींच

कर बाहर निकाला जा सकें। इस विधि से कार्बन कागजों को निकलने से न तो हाथ ही गन्दे होंगे और न ही टंकित प्रतियों पर किसी प्रकार का काला दाग या धब्बा ही पड़ेगा।

सात—मशीन की कुंजियों को सदा एक से ही दाब से दबाना चाहिए। इस प्रकार सभी अक्षर एक रूपता से टाइप होंगे और कोई भी अक्षर अपठनीय नहीं होगा। यदि कुंजियों पर एक सा दाब नहीं दिया जाएगा तो कार्बन प्रतियों में अक्षरों की छाप एक सी नहीं होगी। कुंजियों पर कुछ जोर से चोट करनी चाहिए, विशेश रूप से भ, घ, थ, ब, ष, ऋ और झ, अंकों एवं भिन्नों को चोट देकर टाइप करना चाहिए ताकि ये कार्बन प्रतियों पर स्पष्ट और पठनीय उभर सकें। अल्प विराम कोमा, पूर्ण विराम, अर्ध विराम सेमी कोल आदि को धीरे ही दाब देकर टाइप करना चाहिए।

आठ—कार्बन कागजों की, जब वे प्रयोग न किये जाएँ तो, सदा ही भली प्रकार देखभाल करनी चाहिए। उनको न तो कभी मोड़ना ही चाहिए और न ही गोल करके लपेटना चाहिए। कार्बन को सदा ही कार्बन के डिब्बे में अथवा इसी कार्य के लिए बनवाया गया सन्दूक या दराज में रखना चाहिए और सदा ही कार्बनों को धूल-मिटटी से बचाया जाना चाहिए।

(ट) स्टेंसिल काटना
(STENCIL CUTTING)

स्टेंसिल कागज एक प्रकार का मोमिया कागज होता है। आजकल काम में लाये जाने वाले स्टेंसिल कागज पुराने चलने के मोमिया कागजों से अधिक अच्छे और लम्बी अवधि तक रखे जाने वाले होते हैं। नये प्रकार के स्टेंसिल कागजों के फटने या टूटने का भय नहीं रहता। परिणामस्वरूप नये प्रकार के स्टेंसिल कागज को प्रयोग में लाने में बड़ी सुविधा रहती है।

स्टेंसिल पर टाइप करने के लिए प्रयोग में लायी जाने वाली मशीन के अक्षर अच्छे होने चाहिए और बेलन भी अपेक्षाकृत कुछ सख्त होना चाहिए। टाइप करते समय यदि स्टेंसिल कागज के पीछे एक सख्त कागज लगा लिया जाए तो अधिक अच्छा टाइप किया जा सकता है। स्टेंसिल कागज पर टाइप करते समयनिम्नलिखित बातों पर विशेष रूप से ध्यान देना चाहिए। यथा

(i) मशीन के अक्षरों को ब्रुश से अच्छी प्रकार साफ कर लेना चाहिए।

(ii) स्टेंसिल स्विच द्वारा मशीन का गियर बदल देना चाहिए जिससे

कि टाइप के अक्षर स्टेंसिल कागज पर ही पड़े और रिबन को लेशमात्र भी न छू पायें। यदि मशीन में रिबन का स्विच खराब हो गया तो रिबन को ही मशीन से हटा देना चाहिए।

(iii) कार्बन को स्टेंसिल कागज के पीछे लगाये जाने वाले कागज पर सावधानी से लगा लेना चाहिए और स्टेंसिल को कार्बन के ऊपर कुछ इस प्रकार रखना चाहिए कि कार्बन का स्याही वाला भाग स्टेंसिल कागज से सटा हुआ हो। इस प्रकार जब स्टेंसिल कटेगा तो अक्षरों की छाप स्पष्ट दिखायी पड़ेगी और टाइप की गयी विषय वस्तु को पढ़ने में सुविधा रहेगी।

(iv) स्टेंसिल को कागज पर इस प्रकार चढ़ाना चाहिए कि स्टेंसिल के पीछे लगाया जाने वाला कागज ठीक बेलन के साथ लगा रहे।

(v) स्टेंसिल कागज पर टाइप करते समय कागज पर बने हुए चौखटे के भीतर प्रतिलिपि को ठीक से टाइप करने की व्यवस्था करनी चाहिए। यदि विषय-वस्तु को ठीक स्थान पर रखने में किसी प्रकार की कठिनाई का अनुभव ही तो विषय-वस्तु की एक कच्ची नकल एक अलग कागज पर ठीक उसी प्रकार तैयार कर लेना चाहिए जिस प्रकार स्टेंसिल कागज पर काटनी हो।

(vi) टाइप की कुंजियों पर एक समान जोर देकर चोट करनी चाहिए जिससे स्टेंसिल कागज पर एक समान अक्षरों की छपाई हो। विराम चिह्न और भ, ध, थ, ष तथा ख अक्षरों की कुंजियों पर दूसरे अक्षरों की कुंजियों की अपेक्षा हल्की चोट करनी चाहिए और प-ष, म-भ एवं य-थ की कुंजियों पर कुछ अधिक चोट देकर टाइप करना चाहिए। स्टेंसिल कागज पर अगर किसी अक्षर का भाग पूरी तरह से छिद गया हो जैसे प या 0, तो छिद्र के अलग हो जाने वाले टुकड़े को भीगी उँगली के सिरे से उठाकर स्टेंसिल कागज पर लगा देना चाहिए और नाखून से रगड़ देना चाहिए।

(vii) स्टेंसिल कागज पर टाइप करने की गति और कागज पर टाइप करने की गति में लगभग बीस का अन्तर होना ही चाहिए। इस प्रकार कम गति से टाइप करने से टाइप में शुद्धि आएगी जो स्टेंसिल पर टंकन करने के लिए परमावश्यक है।

(viii) स्टेंसिल पर टाइप करते समय यदि कोई अशुद्धि हो जाती है तो स्टेंसिल कागज को भूल कर भी पीछे नही घुमाना चाहिए। इस प्रकार घुमाने से स्टेंसिल कागज पर सिकुड़ने आने का भय बना रहता है। इसलिए स्टेंसिल कागज को पीछे घुमाते समय नीचे के किनारों को मजबूती से पकड़ कर रखना चाहिए ताकि स्टेंसिल कागज में सिकुड़न न पड़ने पाये। वैसे स्टेंसिल कागज पर हर अशुद्धि को ठीक करने के लिए स्टेंसिल कागज को मशीन से बाहर निकाल लेना चाहिए। अच्छा यही होगा कि सभी अशुद्धियाँ टाइप कार्य समाप्त हो जाने के बाद की जाए ताकि स्टेंसिल कागज को बार-बार आगे-पीछे करने की परेशानी से बचा जा सके।

(ix) आँकड़ों के लिए यदि स्टेंसिल कागज पर रेखाएँ बनानी हों तो मापनी (स्केल) और स्टेंसिल कलम से बहुत ही हलके स्पर्श से रेखाएँ खींचना चाहिए। अच्छा यही होगा कि हइस प्रकार की रेखाएँ बाद में खींची जाएँ।

(ठ) संख्याएँ टाइप करना
(NUMERALS)

टाइप करते समय संख्याएँ टंकित करने की विधि निम्न प्रकार अपनायी जा सकती है। यथा

नागरी अंकों में	अरबी अंकों में	रोमन रोमन अंकों में	छोटे अंकों में	अक्षरों में	शब्दों में
१	1	(I)	(i)	(क)	(एक)
२	2	(II)	(ii)	(ख)	(दो)
३	3	(III)	(iii)	(ग)	(तीन)
४	4	(IV)	(iv)	(घ)	(चार)
आदि	आदि	आदि	आदि	आदि	आदि

अंकों को टाइप करते समय निम्नलिखित बातों पर विशेष रूप से ध्यान देना चाहिए। यथा

1. पुस्तकों के मुख्य परिच्छेद और पृष्ठों की संख्या स्पष्ट करने के लिए नागरी लिपि के अंकों को ही प्रयोग करना चाहिए। आजकल इस

कार्य के लिए भी अरबी भाषा के अन्तर्राष्ट्रीय रूप को ही प्रयोग में लाने की प्रथा है। रोमन अंकों का प्रयोग आँकड़ों के लिए भी किया जाता है।

2. रोमन अंकों का प्रयोग अध्यायों तथा संसद के अधिनियमों अथवा विधेयकों की मुख्य धाराओं पर अंक डालने के लिए भी किया जाता है।

3. रोमन अंकों के छोटे रूप और अक्षर उप-परिच्छेदों की संख्या बताने के काम में लिये जाते हैं। किसी ग्रन्थ की प्रस्तावना और परिशिट के पृष्ठ डालने के लिए भी इसी पद्धति को अपनाया जाता है।

5. यदि किसी वाक्य का आरम्भ अंक से हो तो उस स्थिति में अंक को दर्शाने के लिए अक्षरों का प्रयोग करना चाहिए।

6. यदि किसी संख्या के बारे में यह स्पष्ट करना हो कि अभी स्थिति स्पष्ट नहीं है तो ऐसी दशा में शब्दों का प्रयोग करना चाहिए।

7. यदि थोड़ी-थोड़ी दूरी पर बहुत-सी संख्याए आ जाएँ तो उन संख्याओं को अंकों में लिखना चाहिए।

(ड) पाद-टिप्पणियाँ टाइप करना
(FOOT NOTES)

पाद-टिप्पणी का संकेत सामग्री के बीच में सम्बन्धित शब्द के ठीक सामने किन्तु पंक्ति से थोड़ा ऊपर अंक टाइप करके करना चाहिए। आँकड़ों की सारिणी को छोड़ कर जिसमें अंकों के प्रयोग से धोखा हो सकता है। पाद-टिप्पणी के लिए सदैव ही अंकों का प्रयोग करना उचित होगा। विषय वस्तु के मध्य तारक चिह्न अथवा अन्य प्रकार के दूसरे चिह्नों को प्रयोग करने की विधि को नहीं अपनाना चाहिए। पाद-टिप्पणी में %, @, &, +, ×, f आदि प्रतीकों को कभी प्रयोग नहीं करना चाहिए क्योंकि इनमें से हर किसी का अपना एक अलग विशेष अर्थ होता है।

मुद्रण के लिए तैयार की गई सामग्री के मध्य में पाद-टिप्पणी को स्पष्ट करने का विधि निम्न प्रकार है—

पाद-टिप्पणी को पृष्ठ के अन्त में टाइप करना चाहिए जिसमें उसका निर्देश चिह्न स्पष्ट किया गया हो और पाद-टिप्पणी की पंक्तियों के बीच में एक ही अन्तर छोड़ कर टाइप करना चाहिए। मूल विषय वस्तु को पाद-टिप्पणी से अलग करने के

लिए उनके मध्य एक पूरी रेखा खींच देनी चाहिए। कभी-कभी यह रेखा पूरी न खींचकर मध्य में ही छोड़ दी जाती है।

टाइप मशीन के कुछ विभिन्न चिह्नों और विभिन्न अक्षरों को मिलकर पाद-टिप्पणी के संकेत बनाये जा सकते हैं।

यदि टाइप सामग्री मुद्रणालय में छपवाने के लिए तौर की जा रही हो तो पाद-टिप्पणी उस अंश के ठीक नीचे स्पष्ट की जानी चाहिए जिससे उसका सम्बन्ध है। इस प्रकार की पाद-टिप्पणियों के ऊपर एक-एक रेखा टाइप कर देनी चाहिए और यदि टाइप सामग्री छपने के लिए न हो तो पाद-टिप्पणी को उसी पृष्ठ पर अन्त में टाइप करना चाहिए। निर्देश चिह्न और पाद-टिप्पणी की पंक्तियों के मध्य केवल एक ही अन्तर छोड़ना चाहिए। मूल विषय वस्तु को पाद-टिपपणी से पृथक करने के लिए उन दोनों के मध्य, एक आधी रेखा खींच दी जाती है।

1. तारक *(यदि कुंजी पटल पर न हो तो तो तरीकों से बनाया जा सकता है।	1.छोटा x और योजक (हाईफन) मिलाकर, या 2. बड़े A और नीचे किए हुए छोटे v को मिलाकर
2. कटारी †	1. बड़ा I और थोड़ा ऊँचाउठा हुआ योजक चिह्न (-) मिलाकर, या 2. तिरछी रेखा और थोड़ा ऊँचा उठा हुआ योजक चिह्न (-) मिलाकर, या 3. बड़ा I और थोड़ा ऊँचा उठा हुआ सम्बन्ध-कारक एपास्ट्राफी (,) चिह्न मिलाकर।
3. दुहरी कटारी †† या (इक्वेशन)	1. बडा I और समीकरण चिह्न (इक्वेशन) दो योजक (हाईफन) मिलाकर, या 2. तिरछी रेखा और समीकरण चिह्न या दो योजक (-) चिह्न मिलाकर, या 3. बड़ा I और दो संबंधकारक चिह्न (एपास्ट्राफी) मिलाकर।
4. शृंखला चिह्न (सेक्शन मार्क) §	एक बड़े S को दूसरे बड़े S पर थोड़ा चढ़ाकर या एक छोटे s को दूसरे छोटे s पर थोड़ा चढ़ाकर।

(ढ) टाइप की अशुद्धियों का शुद्धिकरण
(CORRECTIONS)

टाइप कार्य करते समय अशुद्धियों का होना स्वाभाविक है। अत: टाइप कार्य में होने वाली अशुद्धियों को सदा ही रबड़ से शुद्ध करना चाहिए। साफ प्रतियों मे अशुद्ध टाइप किये गये शब्द के ऊपर शुद्ध शब्द टाइप करना या टाइप करके उसे काटना एकदम वर्जित है और इस प्रकार की इस आदत को कभी नहीं अपनाना चाहिए। अशुद्ध शब्द को रबड़ से मिटाने का कार्य इस सफाई से और स्वच्छता से करना चाहिए कि पाठक को पता ही न चले कि शब्द या अक्षर मिटाया गया है। अशुद्ध शब्द को रबड़ से मिटाते समय निम्नलिखित बातों पर विशेष रूप से ध्यान देना चाहिए। यथा

(i) टाइप अक्षर को मिटाने के लिए अच्छे प्रकार का रबड़ प्रयोग में लाना चाहिए।

(ii) टाइप मशीन के बेलनाकार को एक ओर करके कागज को थोड़ा ऊपर कर लेना चाहिए। इस विधि से अशुद्ध शब्द को मिटाने में सुविधा रहेगी और रबड़ से मिटाने की गर्द मशीन के अन्दर नहीं पहुँच पाएगी।

(iii) टाइप किये गये स्थान की स्याही को मिटाने के लिए पहले नरम रबड़ का प्रयोग करना चाहिए। उसके बाद ही सख्त रबड़ का प्रयोग बहुत ही धीरे से करना चाहिए ताकि कागज का धरातल कम ही घिसे और कागज फटने न पाये। यथा सम्भव रबड़ को कागज पर चारो ओर घुमाना चाहिए। इस प्रकार कागज फटेगा नहीं।

(iv) मिटाते समय रबड़ की गर्द को मशीन के अन्दर नहीं जाने देना चाहिए उसे फूँक मारकर मशीन से उड़ा देना चाहिए।

(v) भूल कर भी रबड़ को अथवा कागज को गीला नहीं करना चाहिए।

(vi) यदि रबड़ गंदी हो जाए तो रबड़ को अच्छे प्रकार के रेगमाल पर धीरे-धीरे रगड़ कर साफ करना चाहिए। मोटे कपड़े पर रगड़ कर भी रबड़ को साफ किया जा सकता है।

(vii) अशुद्धि को मिटा लेने के बाद शुद्ध शब्द को बहुत ही धीरे से हल्के दाब से टाइप करना चाहिए ताकि छाप वैसी ही दिखायी

पड़े जैसी मूल अक्षर की थी।

(viii) कार्बन प्रतियों की अशुद्धियों को सुधारने के लिए नरम रबड़ ही प्रयोग करनी चाहिए। मिटाते समय रबड़ का दाग या धब्बा अन्यत्र नहीं पड़ना चाहिए।

(ix) कार्बन प्रतियों पर मिटाते समय प्रति के नीचे एक मोटा साफ कागज या फाइल कवर का टुकड़ा रख लेना चाहिए। दूसरे पृष्ठ पर मिटाने के लिए उसी कागज को, फाइल के इस टुकड़े को, उसके नीचे रख देना चाहिए। जब सभी कार्बन प्रतियों पर से अशुद्ध शब्द मिटा दिया जाए तो उस कागज या फाइल के टुकड़े को निकाल बाहर करना चाहिए और शुद्ध शब्द टाइप कर देना चाहिए।

(x) अगर किसी निश्चित स्थान में ही एक या अधिक अक्षरों को टाइप करना हो तो बेलनाधार को अन्तर छड़ स्पेस बार या पश्चान्तक बैक स्पेसर से एक बार में आधी दूरी तक लाकर छूटे हुए अक्षर को टाइप कर देना चाहिए।

(xi) अगर टाइप किये गये कागज को दूसरी बार चढ़ा कर टाइप करना है तो कागज को चढ़ाकर रेखा मापनी (लाइन स्केल) की सहायता से टाइप की गयी मूल पंक्ति पर ठीक से बैठा लेना चाहिए। टंकक को चाहिए कि रेखा मापनी के अनुसार वह अक्षरों को शिरों-रेखाको ठीक प्रकार से बिठा ले।

(xii) स्टेंसिल की अशुद्धियों को ठीक करने के लिए यथा स्थानदर्शायी गयी विधि को ही अपनाना चाहिए।

(xiii) टाइप करते समय अशुद्धियों का होना स्वाभाविक है। टाइप की अशुद्धयों को अनमोदनार्थ टिप्पणी, अनुमोदनार्थ आलेख अथवा अनुमोदन के लिए प्रस्तुत की जाने वाली किसी भी प्रकार की सामग्री जैसे नोट्स, रिपोर्टस सारांश, वार्षिक रिपोर्टस आदि में ही शुद्ध करना चाहिए। हस्ताक्षरार्थ प्रस्तुत शुद्ध आलेख, टिप्पणी, नोट्स, रिपोर्टस, सारांश आदि में किसी प्रकार की शुद्धि नहीं की जानी चाहिए। टाइप में शुद्धियाँ करते समय निम्न प्रकार के चिह्न प्रयोग में लाने चाहिए। यथा—

alt.	स्थानान्तरित करें।	[	बाईं ओर खिसकाएँ
Cor cap	मोटे अक्षरों का प्रयोग करें	]	दाईं ओर खिसकाएँ
D.	मिटादें या हटा दें	Δ	छूटा छूटे हुए अक्षर या
D. Pr.	अधिक काला अक्षर टाइप		शब्द जोड़े।
	करें	—	दीर्घोच्चारक चिह्न न दें।
Ital.	टेढ़े अक्षरों में टाइप करें।	x	अस्पष्ट या टूटे अक्षरों पर
L.	दो अक्षरों के बीच का अन्तर		ध्यान दें। स्वच्छ अक्षर टाइप
	कम करें।	( )	करें।
l.c	छोटे अक्षरों का प्रयोग करें।	:	दूर-दूर टाइप अक्षरों को
iead in.	दो पंक्तियों के मध्य अन्तर	:-	मिलाएँ
	बढ़ाएँ	,	चिह्न न लगाएं
L.R.	हलके काले अक्षरों में टाइप	+	चिह्न न बढ़ाएं
	करें।	-	चिह्न न लगाएं
N.P	नया अनुच्छेद आरम्भ करें।		चिह्न न दें
Rom.	रोमन अक्षरों में टाइप करें।	$+^{+}$.	डेश लगाएं
run on.	एक ही पंक्ति बनाएँ।		चिह्न न लगाएं
Stet.	कटे अक्षरों को ज्यों का त्यों	dc,	ईटी केटरीया संक्षिप्त, एवं तथा
	रहने दें/टाइप करें	et	इत्यादि सूचक संकेत टाइप करें।
tr.	अक्षरों में भिन्नता आ गई है।	Cetera	विस्मय सूचक चिह्न न लगाएं
=	ऊँचे-नीचे अक्षरों की पंक्ति	!	पूर्ण विराम का चिह्न न लगाएं
	ठीक करें।	I	योजक चिह्न हाईफन
&	''एवं'' का संकेत दें।	-	लगाएं
,	लुप्ताक्षर का संकेत दें।	☛	संकेतक चिह्न हस्त चिह्न
*	तारांकित करें।	?	लगाएं
***	तारांक पुंज दें।	;	प्रश्नवाचक चिह्न न लगाएं।
macron	दीर्घ सूचक चिह्न न दें।	1	चिह्न न लगाएं
“ ”	उद्धरण सूचक चिह्न न लगाएँ		स्थानान्तर ठीक नहीं है। ठीक
§	परिच्छेद सूचक चिह्न न लगाएं		करें। अलग-अलग करें।
{}	धनु कोष्ठक दें।	#	सटे शब्दों को/अक्षरों को ठीक
( )	लघु कोष्ठक दें।		करें।
[ ]	दीर्घ कोष्ठक दें।	~	प्रभेद सूचक चिह्न न दें।

(ण) प्रूफ शोधन
(PROOF READING)

जब कोई विषय-वस्तु मुद्रणालय को मुद्रण हेतु भेजी जाती है और जब वही विषय वस्तु मुद्रित होने के पूर्व अक्षर संयोजन (कम्पोज) होकर शुद्धियों के लिए प्रस्तुत की जाती है तो उसी को प्रूफ कहा जाता है। मुद्रण हेतु मुद्रणालय को भेजी गयी सामग्री के आधार पर एक-एक अक्षर को जोड़ कर अक्षर संयोजक (कम्पोजीटर) कम्पोज करता है। जिन खानों में अक्षर, जिन्हें मुद्रणालय की भाषा में टाइप कहा जाता है, पड़े रहते हैं उन्हें केस कहते हैं। एक केस में एक प्रकार के पूरे अक्षर-स्वर और सभी मात्राओं के सहित व्यंजन भरे रहते हैं। अक्षर संयोजक उसी केस से एक-एक अक्षर उठाकर एक स्टिक में जिसे गेली कहा जाता है,जोड़ता रहता है। गेली की एक पंक्ति पूरी हो जाने पर दूसरी पंक्ति, दूसरी से तीसरी पंक्ति और इसी प्रकार आगे भीकम्पोजीटर अक्षरों को पंक्तिबद्ध करता रहता है और इस प्रकार पृष्ठ कम्पोज होते रहते हैं।

किसी भी पुस्तक या विषय-वस्तु को कम्पोज करने के उपरान्त कम से कम एक निदर्शन पत्रक अथवा फर्मा (फार्म या प्रॉफार्म) तैयार किया जाता है जो पुस्तक के आकार के अनुसार अष्ट पृष्ठीय, सोलह पृष्ठीय हो सकता है। टाइप संयोजन करते समय फर्मा कागज के आकार के आधार पर तैयार किया जाता है। कागज अनेक प्रकार के अनेक आकार में उपलब्ध होते हैं किन्तु पुस्तकों के मुद्रण हेतु अधिकांशतः निम्न आकार वाले कागज ही प्रयोग में लाये जाते हैं। यथा

20 गुणा 26	वर्ग इंच आकार के अष्ट पृष्ठीय
20 गुणा 30	वर्ग इंचआकार के सोलह पृष्ठीय
15 गुणा 25	वर्ग इंच आकार के अष्ट पृष्ठीय या चार पृष्ठीय
16 गुणा 26	यही
17 गुणा 27	यही
18 गुणा 22	वर्ग इंच आकार के अष्ट पृष्ठीय
23 गुणा 36	वर्ग इंच आकारके सोलह पृष्ठीय

टंकनमशीन के समान मुद्रणालयमें एक पृष्ठ पर केवल एक ही टाइप को प्रयोग में नहीं लाया जाता। कभी एक पृष्ठ एक ही टाइप में कम्पोज किया जाता है तो यदा-कदा एक पृष्ठ पर अनेक प्रकार के टाइप प्रयुक्त किये जाते हैं। कहीं काला टाइप तो कहीं एकदम सफेद टाइप। कहीं बारहपॉयंट, का मोनो टाइप प्रयोग किया

जाएगा तो कहीं एंटिक टाइप। किस प्रकार सोलह पायेंट का श्यामल ऐंटिक टाइप शीर्षक प्रयुक्त होगा तो कहाँ सोलह सफेद आदि-आदि। बारहपॉयेंट में भी अनेक प्रकार के टाइप होते हैं जैसे इटैलिक रोमन, पतला, मोटा, टेढ़ा आदि। अंग्रेजी भाषा में तो छः पोंट से लेकर अड़तालीस पॉयेंट तक के विभिन्न आकार-प्रकार के टाइप मुद्रणालय में रखे जाते हैं किन्तु हिन्दी में अभी छोटे से छोटा टाइप दस पॉयेंट का ही उपलब्ध है जो अधिकांशतः पाद-टिप्पणी में ही प्रयुक्त किया जाता है। लकड़ी के मोटे टाइप इश्तहार (पोस्टर) आदि में प्रयुक्त किये जाते हैं।

सर्वप्रथम मुद्रणालय में गेली प्रूफ तैयार किया जाता है। गेली प्रूफ में अनेकानेक प्रकार की अशुद्धियाँ रहती हैं। गेली प्रूफ शोधन उपरान्त भी एक ही बारमें सारी अशुद्धियाँ शुद्ध नहीं हो जाया करती। प्रूफ शोधन में जहाँ प्रूफ शोधन से अनेक अशुद्धियाँ छूट जाती हैं वहीं शुद्धिकरण के समय कम्पोजीटरसे भी अनेक अशुद्धियाँ शुद्ध करने से छूट जाती हैं। गेली प्रूफ को शुद्ध करने के उपरान्त भी कम से कम तीन बार प्रूफ पढ़ा जाता है। अन्त में प्रूफ पर सभी अशुद्धियों को सावधानी से शुद्ध करके छाप दिया जाए, टिप्पणी देकर अन्तिम प्रूफ पर छपाई हेतु प्रिंट ऑर्डर कर दिया जाता है। छापने के पूर्व भी एक बार मशीन का भी प्रूफ शोधन किया जाता है। मशीनके प्रूफ में अशुद्धियों पर कम ही ध्यान दियाजाता है। मशीन के प्रूफ में तो विशेष रूप से स्याही का सोजन देखा जाता है और विशेष रूप से इस तथ्य पर बल दिया जाता है कि पूरे फर्मे की छाप स्पष्ट हैं अथवा नहीं।

प्रूफ शोधक को प्रूफ शोधन में बहुत ही दक्ष होना चाहिए और प्रूफ शुद्धि के प्रत्येक चिह्न से उसे परिचित रहना चाहिए। यों प्रेस को विषय वस्तु भेजते समय उसे उसी प्रकार टाइप किया जाना चाहिए जिस रूप में उसे मुद्रित कराना है। विषय वस्तु में कम्पोजिंग में प्रयुक्त किए जाने वाले सभी प्रकार के टाइप, दो पंक्तियों के मध्य का अन्तर, शीर्षकों में प्रयुक्त किया जाना वाला टाइप आदि सभी प्रकार के तथ्यों का उल्लेख रहना चाहिए।

प्रूफ शोधन करते समय प्रूफ शोधक को विशेष रूपसे यह ध्यान रखना चाहिए कि प्रूफ शोधन के आवश्यकतानुसार सारे चिह्न उपान्त में लगाये जाते हैं। कम्पोज की गयी सामग्री में तो केवल या चिह्न ही प्रयुक्त किया जाता है। चिह्न या कम्पोजीटर को केवल यह निर्देश करता है कि कहाँ किस प्रकार की शुद्धि करनी है और उससे कम्पोजिंग में किस प्रकार की भूल हुई है। इस प्रकार प्रूफ शोधक की अपेक्षा कम्पोजीटर को भी प्रूफ चिह्नों की पूरी-पूरी जानकारी रखनी पड़ती है ताकि वह उन्हीं चिह्नों के आधार पर अपने द्वारा कम्पोज की गई विषय वस्तु को शुद्ध कर सके। मार्ग दर्शन के लिए प्रूफ शोधन के समय प्रयुक्त किये जाने वाले विभिन्न प्रकार के चिह्नों को दिया जा रहा है।

प्रूफ शोधन में प्रयुक्त किए जाने वाले
प्रूफ शोधन चिह्न (उदाहरण सहित)

चिह्न	विषय वस्तु जो संशोध की गयी प्रूफ चिह्नों सहित	प्रयुक्त चिह्नों का तात्पर्य	चिह्नों के अनुसार शुद्ध करने के उपरान्त
दि/	बहुत ही अनावश्यक है ये दोनों बैंक ड्राफ्ट	अक्षर अथवा शब्द को निकाल दो	बहुत ही आवश्यक है ये दोनों बैंक ड्राफ्ट
	गैर-कांग्रेसी सरकारों के	निकाल कर परस्पर मिला दो	गैर-कांग्रेसी सरकारों के
को/	प्रमाण-पत्र / नवीकृत करना	उपांत में लिखा शब्द बढ़ाओ	प्रमाण-पत्र को नवीकृत करना
( )	हत्याओं के लिए जिम्मे/दार	दोनों शब्दों को परस्पर मिला दो	हत्याओं के लिए जिम्मेदार
‿	करने / का प्रश्न / ही नहीं	शब्दों के मध्य का अन्तर कम करो	करने का प्रश्न ही नहीं
⊥	प्रमाणीकरण/ नियम	उठे स्पेस को नीचे दबा दो ताकि छपाई में न आ सके	प्रमाणीकरण नियम
#	बिहार/में राष्ट्रपति/शासन	स्पेस डाल कर शब्दों को अलग करो	बिहार में राष्ट्रपति शासन
eq.#	शीघ्र ही/ निपटान / किया जाए	शब्दों के मध्य स्पेस में समानता लाओ	शीघ्र ही निपटान किया जाए
¶	अपने नेत्र भी दान कर दिये। /एक पूर्वालोकन में गत सप्ताह	नया परिच्छेद बनाओ	अपने नेत्र भी दान कर दिये। एक पूर्वालोकन में गत सप्ताह
no ¶	नशीले पदार्थों के साथ-साथ यह टेली फिल्म नेत्रदान का संदेश भी देती है।	नया परिच्छेद नहीं। एक ही परिच्छेद बनाओ रन-ऑन करो	नशीले पदार्थों के साथ-साथ यह टेली फिल्म नेत्रदान का संदेश भी देती है।
□	□ प्रूफ पढ़ते समय विशेष	एक em का स्थान छोड़ो	प्रूफ पढ़ते समय विशेष
□□	□□ सर्व प्रथम मुद्रणालय से	दो em का स्थान छोड़ो	सर्व-प्रथम मुद्रणालय से
□□□	□□□ जहाँ तक भारत का	तीन em का स्थान छोड़ो	जहाँ तक भारत का
[	/[उग्रवादियों द्वारा विधायक की हत्या के बारे में	बाईं ओर को खिसकाओ	उग्रवादियों द्वारा विधायक की हत्या के बारे में
]	]उग्रवादियों द्वारा विधायक की हत्या के बारे में	दाईं ओर को खिसकाओ	उग्रवादियों द्वारा विधायक की हत्या के बारे में
][	]बिहार में चुनाव[	एकदम मध्य में करो	बिहार में चुनाव
⊔	उसके बाद तत्स्था⊔नेता (नीय)	नीचे करके ठीक स्थिति में लाओ	उसके बाद तत्स्थानीय नेता
⊓	प्रवक्ता के अनु⊓ जाँच (सार)	ऊपर खिसका कर ठीक स्थिति में लाओ।	प्रवक्ता के अनुसार जाँच
x	समय-समय /र प्रश्न उठता	दोषपूर्ण अक्षर को बदलो	समय-समय पर प्रश्न उठता
⁊	आज दुनिया की हर दम्पत्ति	उलटे अक्षरों को सीधा करो	आज दुनिया की हर दम्पत्ति
w.f.	पानी में रहने से बच्चों को	टाइप गलत है। टाइप बदलो	पानी में रहने से बच्चों को
tr	सोवियत की एक संघ	शब्द को यहाँ लाओ	सोवियत संघ की एक
??	उपरोक्त (रोगों) का पता	क्या यह शुद्ध है ?	उपरोक्त रोगों का पता
Sp.	(2) पंक्ति को फिर से	अक्षर-विन्यास ठीक करो	दूसरी पंक्ति को फिर से
⊐	स्वाभाविक एवं उत्कट ललक मातृत्व सुख पाने की	इन दोनों शब्दों का स्थान संकेत के अनुसार बदलो	मातृत्व सुख पाने की स्वा- भाविक एवं उत्कट ललक
b.f.	हृदय की जटिल बीमारियों	मोटे फेस (टाइप) में बदलो	हृदय की जटिल बीमारियों
b.f. ital	जनसत्ता संवाददाता	इटैलिक टाइप में बदलो	जनसत्ता संवाददाता
rom.	जनसत्ता संवाददाता		जनसत्ता संवाददाता

		रोमन (सामान्य) टाइप में बदलो	
	आज के प्लास्टिक युग में	इटेलिक में नहीं सामान्य टाइप में बदलो	आज के प्लास्टिक युग में
u.c.	श्वेत-श्याम टेलिविजन भी	बड़े टाइप (अपर केस) में बदलो	श्वेत-श्याम टेलिविजन भी
Caps.	टैंक भी प्लास्टिक के बनेंगे	उभरे काले टाइप (लार्ज केपिटल) में बदलो	टैंक भी प्लास्टिक के बनेंगे
s.c.	कब्रिस्तान की तीन मंजिलें	मोनो टाइप में बदलो	कब्रिस्तान की तीन मंजिलें
c.s.c.	कहीं-कहीं प्रूफ-रीडिंग	हर शब्द का प्रथम अक्षर बड़ा, दूसरे अक्षर यथा-स्थिति	कहीं-कहीं प्रूफ रीडिंग
×	बोफोर्स दलालों को	टूटा अक्षर बदल दो	बोफोर्स दलालों को
Stet	तभी मिलेगी हमें स्थिरता	काटे गये शब्द को ज्यों का त्यों रहने दो	तभी मिलेगी हमें स्थिरता
2	Water, HO	इन्फीरियर अंक लगाओ	Water, H_2O
2	$X^2 \cdot\cdot Y^2 = Z$	सुपीरियर अंक लगाओ	$X^2 \cdot\cdot Y^2 = Z^2$
≡	कार्यालय	शब्द को ठीक करो, ऊंचा-नीचा है	कार्यालय
‖	नेपाल में इस एक दिवसीय मतदान में देश के 75 जिलों में एक करोड़ ग्यारह लाख बयालीस हजार 968	पंक्तियां आगे पीछे हैं सभी को एक सीध में करो	नेपाल के इस एक दिवसीय मतदान में देश के 75 जिलों में एक करोड़ ग्यारह लाख बयालीस हजार 968
Ld.	सुन्दर, सुव्यवस्थित तथा सम्पूर्ण आवासीय सुविधाओं से युक्त अपार्टमेंट्स लेने का	बिना लेड है, एक-एक लेड डालो	सुन्दर, सुव्यवस्थित तथा सम्पूर्ण आवासीय सुविधाओं से युक्त अपार्टमेंट्स लेने का
Ls. #	कौशाम्बी अपार्टमेंट्स	स्पेस डालो	कौ शा म्बी अ पा र्ट में ट् स
। या ⊙	यहां पर सम्बन्धित बैंक का नाम	यहां विराम (।) या फुल-स्टाप (.) लगाओ	यहां पर सम्बन्धित बैंक का नाम।
,	बैंक आफ हैदराबाद पंजाब एंड सिंध बैंक	अर्ध विराम (,) लगाओ	बैंक आफ हैदराबाद, पंजाब एण्ड सिंध बैंक
; या ⊙	पाम पेट का पैलेस में	अल्प विराम (;) लगाओ	पाम पेट का; पैलेस
: या ⊙	नेहरू तारामंडल 'हमारा पड़ोसी चन्द्रमा'	कोलन लगाओ	नेहरू तारा मंडल : 'हमारा पड़ोसी चंद्रमा'
' / '	एक अनूठा ग्रंथ, कार्यालय कार्यविधि	' ' चिह्न लगाओ	एक अनूठा ग्रंथ, 'कार्यालय कार्यविधि'
" / "	हम अगर राम के सच्चे भक्त हैं तो हमें गली-गली घूम कर वोट मांगने की क्या जरूरत है	" " चिह्न लगाओ प्रश्नवाचक चिह्न लगाओ	"हम अगर राम के सच्चे भक्त हैं तो हमें गली-गली घूम कर वोट मांगने की क्या जरूरत है ?"
- / या =	13691 को अधिकतम	- हाइफन चिह्न लगाओ	13-6-91 को अधिकतम
em	सार्वजनिक सूचना पालिका केन्द्र	em डेश चिह्न लगाओ	सार्वजनिक सूचना — पालिका केन्द्र
en	1989 1990	en वाला डेश लगाओ	1989-1990
?	"क्या इसका राम हमें आकर रोटी देगा"	प्रश्नवाचक (?) चिह्न लगाओ कापी देखो	"क्या इसका यह मतलब है कि राम हमें आकर रोटी देगा ?"
!	"रोको" वह चिल्लाई।	विस्मय-बोधक चिह्न लगाओ	"रोको" !, वह चिल्लाई
(/)	लेखक पृष्ठ 2 देखिए	लघु कोष्ठक लगाओ	लेखक (पृष्ठ दो देखिए)
[/]	अगले पृष्ठ पर जारी रखा जाए	दीर्घ कोष्ठक लगाओ	[अगले पृष्ठ पर जारी रखा जाए]

प्रूफ शोधन के उक्त चिह्नों के अतिरिक्त प्रूफ शोधन के समय निम्नलिखित कुछ और भी चिह्नों को प्रूफ शोधक द्वारा प्रयुक्त किया जाता है। यथा

सम्बन्ध सूचक चिह्न	नया पैरा आरम्भ करें
तारक चिह्न	तारांक पुंज चिह्न
दो तारक चिह्न	प्रभेद सूचक चिह्न
तीन तारक चिह्न	परिच्छेद सूचक चिह्न

किन्तु इसमें से भी अधिकांश चिह्न न पाद-टिप्पणी को दर्शाने के लिए ही प्रयुक्त किये जाते हैं। अतः इनका विशेष महत्त्व नहीं है।

प्रूफ शोधन के इन चिह्नों के अतिरिक्त यदि प्रूफ शोधक को किसी अन्य चिह्न की आवश्यकता अनुभव हो तो विषय वस्तु में / या चिह्न लगाकर उपांत में उसका स्पष्टीकरण कर देना चाहिए। उदाहरणार्थ हिन्दी में सम्बन्ध सूचक चिह्न, यदा-कदा भी प्रयुक्त नहीं किया जाता जबकि अंग्रेजी में प्रूफ शोधन के समय इसको यदा-कदा प्रयुक्त किया जाता है।

उक्त सभी चिह्नों को अवलोकन करने पर यह तथ्य उजागर होता है कि ये सभी चिह्न वहीं है जिनका वर्णन टाइप कार्य को संशोधित करने के लिए पूर्ववत् अगले पृष्ठ पर किया जा चुका है। अन्तर केवल इतना ही है कि टंकित कार्य में इन सभी चिह्नों को प्रयोग में नहीं लाया जाता क्योंकि टाइप कार्य में तो केवल वर्ण विन्यास पर ही विशेष रूप से ध्यान दिया जाता है।

जैसा कि पूर्ववत् अगले पृष्ठ पर स्पष्ट कर आए हैं कि %, +, आदि जैसे चिह्नों को प्रूफ शोधन के समय कहीं भी प्रयोग में नहीं लाना चाहिए क्योंकि विषय-वस्तु में इनके प्रयोग से विषय वस्तु का भाव ही परिवर्तित हो जाता है। अतः बिना आवश्यकता के इन चिह्नों को पाद-टिप्पणी में भी प्रयुक्त नहीं करना चाहिए। आवश्यकता पड़ने पर +,+⁺, तथा जैसे चिह्नों को पाद-टिप्पणी के रूप में प्रयोग किया जा सकता है।

यहाँ प्रूफ शोधन का एक उदाहरण प्रस्तुत किया जा रहा है। सर्व प्रथम प्रेस को भेजी गयी टंकित वस्तु को दिया गया है। उसके उपरान्त उसके आधार पर तैयार किया गया गेली प्रूफ का उदाहरण है जिसमें प्रूफ शोधन के अधिक से अधिक चिह्नों को प्रयोग करके दर्शाया गया है। गेली प्रूफ के उपरान्त अन्तिम प्रूफ दिया गया है जिस पर मुद्रण हेतु आदेश है। इसी अन्तिम प्रूफ के आधार पर मुद्रित होकर जो रूप उजागर हुआ उसे इसी पुस्तक में दिया गया है।

प्रेस की प्रति

12 प्वाइंट मोनो | 23×36÷16 आकार पर सारा मैटर 24 एम में कम्पोज होगा। रेखांकित शब्द काले टाइप में कम्पोज करें।

हिन्दुस्तानी —16Pt

हिन्दुस्तानी शब्द भारत की किसी भी वस्तु, व्यक्ति और किसी भी भाषा के लिए विशेषण के रूप में प्रयुक्त हो सकता है। भाषा के संदर्भ में सरल हिन्दी या सरल उर्दू के बोलचाल के रूप को हिन्दुस्तानी कहा जाता है। यानी ऐसी भाषा जिसमें न संस्कृत शब्दों का बाहुल्य हो और न फारसी शब्दों की भरमार। इसी कारणवश हिन्दुस्तानी हिन्दी और उर्दू की अपेक्षा अपनी मूल भाषा खड़ीबोली के अधिक निकट है क्योंकि खड़ीबोली में संस्कृत और अरबी-फारसी शब्दों का बाहुल्य नहीं पाया जाता। व्यवहार में हिन्दुस्तानी भाषा समस्त भारत में बोली और समझी जाती है। हिन्दुस्तानी भाषा में अभी तक साहित्य न के बराबर है और जो है वह बहुत ही सामान्य एवं निम्न कोटि का है जिसे साहित्य का नाम नहीं दिया जा सकता।

हिन्दुस्तानी नाम यूरोपवालों की देन है। कुछ लोग हिन्दुस्तानी को खुरासानियों की देन भी मानते हैं। जिस प्रकार अरब और ईरान के मुसलमान इस देश की भाषा के लिए जुबाने हिन्दी या हिन्दुस्तानी का प्रयोग करते थे उसी प्रकार खुरासानी लोग भी इस भाषा के लिए जुबाने हिन्दुस्तानी या केवल हिन्दुस्तानी नाम प्रयोग में लाते थे किन्तु जन-साधारण में हिन्दुस्तानी शब्द का प्रयोग भी बाबर के शासन काल में हुआ माना जाता है। यों हिन्दुस्तानी शब्द का प्रयोग लगभग तीन सौ वर्षों से होता रहा है पर यूरोपियन यात्रियों और पादरियों ने कहीं इसका प्रयोग हिन्दी अर्थ में किया है तो कहीं उर्दू के अर्थ में प्रयोग किया गया है। उन्नीसवीं सदी के प्रारम्भ में अंग्रेजी शासकों ने हिन्दुस्तानी शब्द का प्रयोग एक विशिष्ट अर्थ में किया था।

पुरानी हिन्दी में अरबी-फारसी और अंग्रेजी जैसी विदेशी भाषाओं के शब्दों के मिश्रण से बोलचाल की जो एक नई भाषा बनी वही हिन्दु-

स्तानीहिंदलाय । वहो हिन्दुस्तानी भाषा विशाल हिन्दी प्रान्त के लोगों की परिमार्जित भाषा भी कही जा सकती है । हिन्दुस्तानी भाषा में तत्सम शब्दों का प्रयोग कम ही होता है । नित्य व्यवहार में देशी-विदेशी शब्दों की भरमार रहती है ।

प्रूफ-शोधन का उदाहरण

पथ-प्रदशनार्थ नीचे गेली प्रूफ और अन्तिम प्रूफ का एक-एक उदाहरण दिया जा रहा है । गेली प्रूफ में अधिक से अधिक चिह्न प्रयुक्त करके दर्शाये गये हैं ।

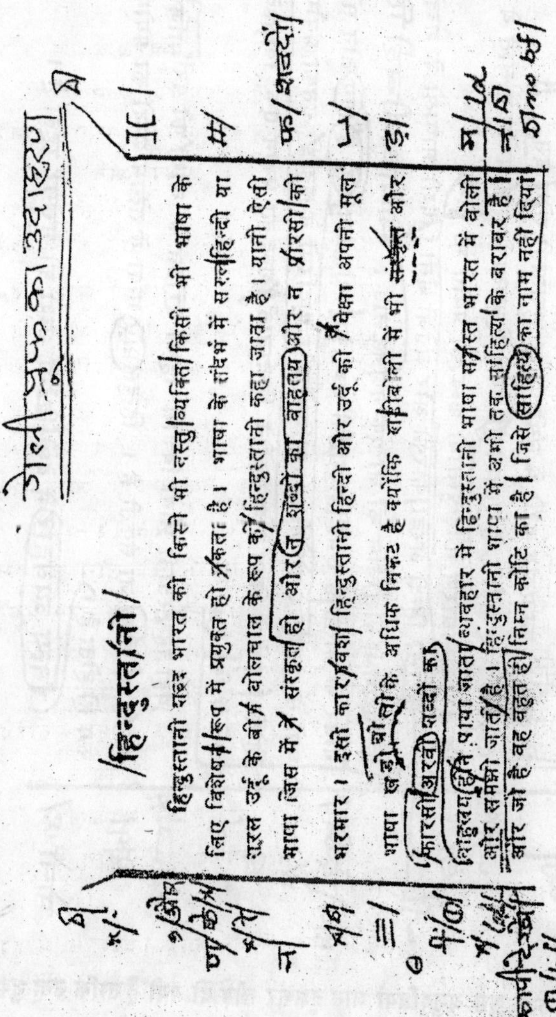

गेली प्रूफ का उदाहरण

हिन्दुस्तानी

हिन्दुस्तानी शब्द भारत की किसी भी वस्तु/व्यक्ति/किसी भी भाषा के लिए विशेषण रूप में प्रयुक्त हो सकता है। भाषा के संदर्भ में सरल हिन्दी या सरल उर्दू के बीच बोलचाल के रूप को हिन्दुस्तानी कहा जाता है। यानी ऐसी भाषा जिस में न संस्कृत हो और न शब्दों का बाहुल्य और न फ़ारसी की भरमार। इसी कारणवश हिन्दुस्तानी हिन्दी और उर्दू की अपेक्षा अपनी मूल भाषा खड़ी बोली के अधिक निकट है क्योंकि खड़ीबोली में भी संस्कृत और फ़ारसी अरबी शब्दों का बाहुल्य नहीं पाया जाता। व्यवहार में हिन्दुस्तानी भाषा समस्त भारत में बोली और समझी जाती है। हिन्दुस्तानी भाषा में अभी तक साहित्य के बराबर है। और जो है वह बहुत ही निम्न कोटि का है। जिसे साहित्य का नाम नहीं दिया

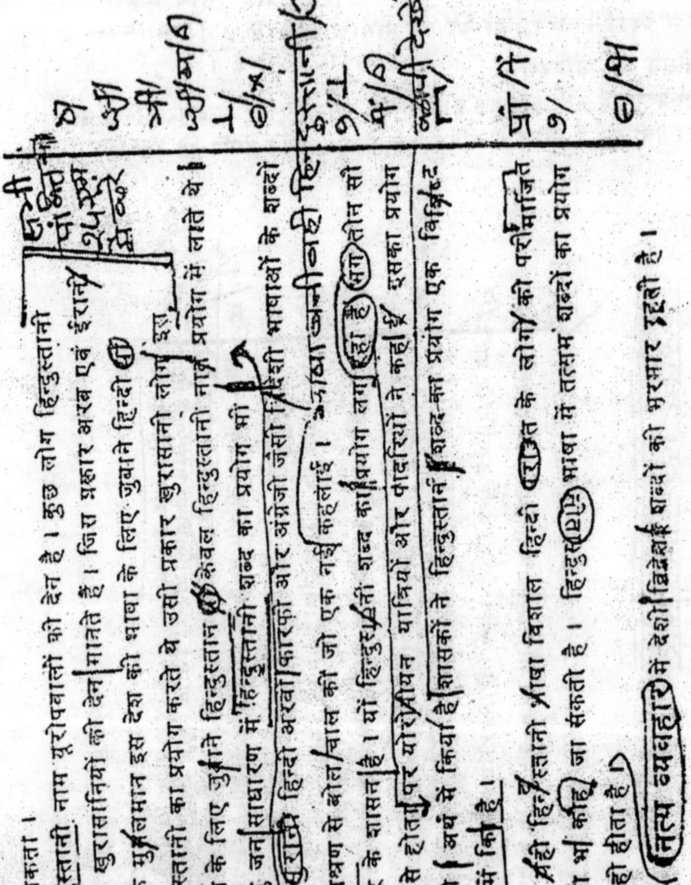

जा सकता ।

हिन्दुस्तानी नाम यूरोपवालों की देन है । कुछ लोग हिन्दुस्तानी को खुरासानियों की देन मानते हैं । जिस प्रकार अरब एवं ईरानी के मुसलमान इस देश की भाषा के लिए जुबाने हिन्दी का हिन्दुस्तानी का प्रयोग करते थे उसी प्रकार खुरासानी लोग इस भाषा के लिए जुबाने हिन्दुस्तान या केवल हिन्दुस्तानी नाम प्रयोग में लाते थे। किन्तु जन साधारण में हिन्दुस्तानी शब्द का प्रयोग भी पुरानी हिन्दी अरबी फारसी और अंग्रेजी जैसी विदेशी भाषाओं के शब्दों के मिश्रण से बोल चाल की जो एक नई कहलाई । बाबर के शासन है । यों हिन्दुस्तानी शब्द का प्रयोग लग रहा है भग तीन सौ वर्षों से होता पर योरोपीयन यात्रियों और पादरियों ने कहा ई इसका प्रयोग हिन्दी अर्थ में किया है शासकों ने हिन्दुस्तानी शब्द का प्रयोग एक विशिष्ट अर्थ में किा है ।

यही हिन्दुस्तानी भाषा विशाल हिन्दी राज्त के लोगों की परीमार्जित भाषा भी कही जा सकती है । हिन्दुस्तानी भाषा में तत्सम शब्दों का प्रयोग कम ही हीता है ।

नित्य व्यवहार में देशी विदेशी शब्दों की भरमार रहती है ।

इस गैली प्रूफ में कुछ अशुद्धियां जान बूझकर छोड़ दी गयी हैं ताकि उन्हें शुद्ध किया जा सके ।

उक्त गेली प्रूफ के उपरान्त दो बार और प्रूफ शोधन किया गया। तीसरे और अन्तिम प्रूफ का जो रूप उजागर हुआ उसे यहाँ दिया जा रहा है। इसी अन्तिम प्रूफ पर मुद्रण हेतु आदेश दिया गया है। यथा

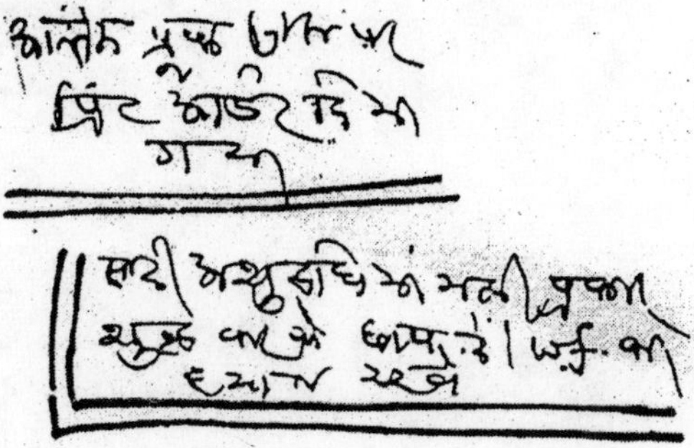

(च) हिन्दुस्तानी

हिन्दुस्तानी शब्द भारत की किसी भी वस्तु, व्यक्ति और किसी भी भाषा के लिए विशेषण के रूप में प्रयुक्त हो सकता है। भाषा के सन्दर्भ में सरल हिन्दी या सरल उर्दू के बोलचाल के रूप को हिन्दुस्तानी कहा जाता है ऐसी भाषा जिसमें न संस्कृत शब्दों का बाहुल्य हो और न फारसी शब्दों की भरमार। इसी कारणवश हिन्दुस्तानी हिन्दी और उर्दू की अपेक्षा अपनी मूल भाषा खड़ी बोली के अधिक निकट है क्योंकि खड़ी बोली में भी संस्कृत और फारसी-अरबी शब्दों का बाहुल्य नहीं पाया जाता। व्यवहार में हिन्दुस्तानी भाषा समस्त भारत में बोली और समझी जाती है। हिन्दुस्तानी भाषा में अभी तक साहित्य न के बराबर है और जो है वह बहुत ही सामान्य एवं निम्न कोटि का है जिसे साहित्य का नाम नहीं दिया जा सकता।

हिन्दुस्तानी नाम यूरोपवालों की देन है। कुछ लोग हिन्दुस्तानी को खुरासानियों की देन भी मानते हैं। जिस प्रकार अरब एवं ईरानी के मुसलमान इस देश की भाषा के लिए जुबाने हिन्दी या हिन्दुस्तानी का प्रयोग करते थे उसी प्रकार खुरासानी लोग इस भाषा के लिए जुबाने हिन्दुस्तान या केवल हिन्दुस्तानी नाम प्रयोग में लाते थे। किन्तु जन-साधारण में हिन्दुस्तानी शब्द का प्रयोग भी बाबर के शासन काल में हुआ माना जाता है। यों हिन्दुस्तानी शब्द का प्रयोग लगभग तीन सौ वर्षों से होता रहा है पर यूरोपियन यात्रियों और पादरियों ने कहीं इसका प्रयोग हिन्दी अर्थ में किया है तो कहीं उर्दू के अर्थ में प्रयोग किया गया है। उन्नीसवीं सदी के प्रारम्भ में अंग्रेजी शासकों ने हिन्दुस्तानी शब्द का प्रयोग एक विशिष्ट अर्थ में किया था।

पुरानी हिन्दी, अरबी-फारसी और अंग्रेजी जैसी विदेशी भाषाओं के शब्दों के मिश्रण से बोलचाल की जो एक नई भाषा बनी वही हिन्दुस्तानी कहलाई। यही हिन्दुस्तानी भाषा विशाल हिन्दी प्रान्त के लोगों की परिमार्जित भाषा भी कही जा सकती है। हिन्दुस्तानी भाषा में तत्सम शब्दों का प्रयोग कम ही होता है। नित्य व्यवहार में देशी-विदेशी शब्दों की भरमार रहती है।

कार्यालय प्रबन्ध : सफल प्रबन्धक

भाग-2